歎異抄講話《たんにしょうこうわ》

石田慶和

法藏館

歎異抄講話＊目次

〔凡例〕

本書における引用は、浄土真宗編纂委員会編『浄土真宗聖典』〔註釈版〕（本願寺出版社発行）、並びに真宗聖典編纂委員会編『真宗聖典』（東本願寺出版部発行）により、それぞれの掲載箇所の頁数を（　）内に前者を先に、後者を後に記しました。引用の表記は主に前者に従い、また、句読点等一致しない場合も、前者に従っています。

歎異抄講話

装幀　井上二三夫

第一講　「序文」について

1

『歎異抄』と『教行信証』

　本日から、明光寺さんの『歎異抄』の講座に参加させていただき、みなさんとご一緒に『歎異抄』を拝読していきたいと思います。

　先ほどご住職からご紹介がありましたが、明光寺さんのこの講座は、随分古くから、私がまだ京都女子大に勤めておりました頃に、もう開催されておりまして、宮地廓慧《かくえ》先生や佐々木徹真先生など、いろんな先生方が講義をなさっていました。私がその末席につらなるというのは、はなはだ光栄なことです。私も七十歳を越えましたので、機会があれば親鸞聖人の教えをみなさん方にお伝えをしたいと思っていますので、このたび参加させていただいた次第です。

　聖人の教えの一番肝心なことは、やはり私どもが信心を喜ぶ身になるということですから、ただ教えを聞いて納得して、それでよいというものではありません。みなさんお一人お一人が、親鸞聖人と同じように、仏さまから回向《えこう》された信心を喜ぶ身になるという、昔から申しますように「身も南無阿弥陀仏、こころも南無阿弥陀仏」と申しますか、名号と一つになる、そういうことが一番肝心なことで、それ以外にはないと言っていいのではないかと思います。そのために『歎異抄』を拝読するのであります。

今日は最初ですので、親鸞聖人の教えの一番肝心なところはどこにあるかということを申し上げて、それから『歎異抄』の話に入っていきたいと思います。

みなさんよくご存じのように、浄土真宗は親鸞聖人によって立教開宗された教えでありますが、それはやはりインド、中国、日本と三国にわたる長い伝統を持っておりまして、その伝統が三経七祖、すなわち浄土三部経と、三国の七人の先輩たちの教えとして伝えられています。その三経七祖を通して伝わってきた教えについて、私どもにとって一番肝心なところ、その教えの一番の根本はここにあるのだということを、親鸞聖人は教えられたわけであります。

その根本というのは、いつの時代にも、どこででも、誰にでもあてはまる真実の教えでありまして、時代がどんなに変わろうと、その教えによって私たちが本当に生かされると言いますか、つかの間の人生でありますが、そのつかの間のいのちを与えられたこの機会に、そのつかの間のいのちを超えて、仏教では「生死《しょうじ》を超える」と申しますが、生死輪廻《りんね》というものを超えて、永遠のいのちに参ずる、尽きない生命の世界に入る、そういうことを教える教えが、浄土真宗の教えです。

そのためにはどうすればいいかというと、親鸞聖人は、己《おのれ》を捨てて弥陀をたのめと、自己を捨てる、親鸞聖人は自己とはおっしゃいませんが、己のはからいを捨てて、仏さまのお心と私どもの心とが一つになる。それが親鸞聖人の教えの中心です。

のちほど『歎異抄』から、直接の聖人の肉声と言ってもいいですが、聖人の直接のお言葉を通して、その教えをうけたまわることになりますが、親鸞聖人は、法然上人のお言葉を通して、そこに、さとりの世界からの、仏さまの世界からの直接の呼びかけに出遇《であ》われた。「親鸞におきては、ただ念仏して弥陀にたすけられまゐらすべしと、よきひとの仰せをかぶりて信ずるほかに別の子細なきなり」（『歎異抄』第二条、八三二頁・六二七頁）とおっしゃっておりますけれども、その中身は、法然上人の言葉を通して、親鸞聖人は仏さまの世界からの呼びかけに遇われた、そのことによって長いあいだ迷っていた生死輪廻《しょうじりんね》というものから出ることができた、その自らの経験に即して、それをできるだけ私どもにわかりやすく伝えたいという、そういうお気持ちでお説きになったのが、聖人の教えであります。

聖人は、九十年という長いご生涯のあいだに、たくさんの著述をなさっております。その中心になりますのは、やはり『教行信証《きょうぎょうしんしょう》』、正式の名は『顕浄土真実教行証文類』と申しますが、これはおそらくお若い頃から執筆を始めて、ずっと推敲を重ねられたものです。そのほかにも『浄土文類聚鈔《もんるいじゅしょう》』とか『愚禿鈔《ぐとくしょう》』『入出二門偈』『尊号真像銘文』『一念多念証文』『唯信鈔文意』、あるいは和讃《わさん》など、こういったものを、かなり晩年になってから、著述に専念なさったのは七十四歳ぐらいからだと言われておりますけれども、次々とお作りになりまして、浄土の教えの真髄を私どもに伝えようとなさいました。

一番中心となりますのは、先ほど申しましたように、立教開宗の書とされております、ふつう『教行信証』と申しております書物ですけれども、これは漢文で書かれた非常に難しい本です。ちょっと私どもが手に取っても歯が立たない、簡単には読めないくらい難しい書物ですが、そういう書物をお作りになると同時に、またたくさん和讃をお作りになったり、あるいは先輩たちのお書きになったものに註釈を加えていらっしゃる。聖人はいなかの文字も知らない人のためにくどくどしく書いた、というようなことを記されていますけれども、そう誰にでもわかるというふうには思えないくらい高度の内容を持っているものもあるのです。そういう書物を通して私どもに浄土の教えを伝えようとされた。私たちはそういう書物の中から、聖人のおこころを汲み取っていかなければならないわけであります。

そうしたものの中で、今日『歎異抄』が非常によく読まれるようになった、と申しますか、一般化しました。これは聖人のご著作ではありません。聖人の亡くなった後に、ご門弟の一人が編纂したものとされています。それが現代では非常に尊重されるようになりました。その経緯を少し申しておきたいと思います。

今日のように、親鸞聖人と言えば『歎異抄』、『歎異抄』と言えば親鸞聖人というふうに、『歎異抄』がよく知られるようになりましたのは、明治以降です。それまではそんなに知られておりませんでした。それまではどうだったかというと、少なくとも東西両本願寺系では、蓮如上人の教えが圧倒的な指導力と申しますか、力を持っておりまして、一般の門信徒のみなさん方は、蓮如上人の『御文章《ごぶんしょう》』（『御文《おふみ》』）を拝読される。それからみなさんもよくお唱えになると思いますが、「領解文《りょうげもん》」（大谷派では「改悔文《がいけもん》」）ですね、「もろもろの雑行《ぞうぎょう》　雑修《ざっしゅ》自力《じりき》のこころをふりすて」という「領解文」で、浄土真宗の教えというものを受け取っておられました。

ところが明治以降になりますと、少し空気が変わってきます。人々のものの考え方が少しずつ変わってくるのです。それはとくにヨーロッパの近代文明というものが入ってまいりますから、従来日本人が精神生活の基盤としておりましたような仏教的なものの考え方がだんだん受け入れにくくなってくる、だんだんわかりにくくなってくる。「領解文」は伝統的なものですから、今でも唱えてはおりますけれども、その内容はだんだんわかりにくくなってきています。そういうこととおそらく時期を一つにして、『歎異抄』というものが一般の人々に受け入れられるようになってきたのではないかと思います。

みなさんよくご存じのように、真宗大谷派の改革の中心とされております清沢満之先生とか、あるいは近角常観先生、金子大栄先生、曽我量深先生とか、そういう先生方は『歎異抄』を大変尊重されました。その他にも、池山栄吉先生とか信国淳先生とか、そういう先生方のお書きになっているものを読んでおりますと、『歎異抄』によって自分が導かれた、ということが書かれております。

それから一般の人たち、文学者の中にも、亀井勝一郎さんだとか倉田百三さんだとか、野間宏さん、そういう人たちも『歎異抄』を取り上げていらっしゃる。そこで、親鸞聖人と『歎異抄』が密接に結び付いて理解されるようになってきたのです。

『歎異抄』というのは、とくに前半の十条が親鸞聖人の語録、言行録です。

道元と如浄

ここで少し別な話をいたしますが、日本の禅宗の曹洞宗、その開祖とされております道元禅師の主著に、『正法眼蔵《しょうぼうげんぞう》』という非常に有名な書物があります。日本の文、和文の著作で、これほど優れた思想内容をもったものはほかにないと言われるぐらいに立派な書物です。ところが道元禅師のお弟子さんに、道元禅師より二歳お年が上ですが、懐奘《えじょう》さんという方がおられまして、その懐奘さんという方は、道元禅師に、常随と申しますが、いつもついていらっしゃいました。そして道元禅師の言行録を伝えられた。それが『正法眼蔵随聞記』です。岩波文庫で、『歎異抄』も小さいですけれども『随聞記』も小さい本で、これもまた立派な本です。『随聞記』を拝見しますと、道元禅師のお姿というものが彷彿としてまいります。道元禅師がどういう方であったかということがよくわかります。この『正法眼蔵』と『随聞記』との関係が、親鸞聖人の場合には『教行信証』と『歎異抄』の関係だと言われるわけです。

哲学者の西田幾多郎先生も鈴木大拙先生も、そういう意味で『歎異抄』を非常に尊重されました。親鸞聖人の非常に理論的な、漢文で書かれた『教行信証』、おそらく当時の日本の仏教界、「南都《なんと》・北嶺《ほくれい》のゆゆしき学生《がくしょう》たち」に対して堂々と論陣を張るという、そういうような意味を持った『教行信証』よりも、親鸞聖人の折々の法語を記録した『歎異抄』に、人々は心を動かされるという、それはちょうど、道元禅師の思想的な書物として有名な『正法眼蔵』、これはもちろん立派なものですけれども、それにもまして『随聞記』によって道元禅師の人となりを知る、そういうことと同様の意味をもつのです。

道元禅師が中国で教えを受けられたのは如浄《にょじょう》さんという方ですが、その如浄さんに対して、道元禅師がどういうお気持ちを持っていらっしゃったかということが、『随聞記』によってよくわかる。

親鸞聖人の場合は法然上人ですけれども、「たとひ法然聖人にすかされまゐらせて、念仏して地獄におちたりとも、さらに後悔すべからず候ふ」（八三二頁・六二七頁）ということは、私たちは『歎異抄』を通して、聖人のお言葉として聞くわけですから、たいへん大きな力を持っているわけです。『歎異抄』にはそういう意味があるということを、『歎異抄』を読むときに、まずみなさん方はよく知っておいていただきたいと思います。

浄土の教えを聞くからといって、禅の教えを聞いてはいけないということはありませんから、道元禅師もまた非常に立派な方ですので、ここで道元禅師のことに少し触れておきますと、道元禅師はお師匠さんの如浄さんのことを仏さまと思っていらっしゃった。如浄さんという方は中国の禅僧で、天童山の住持、住職です。

道元禅師の話を先にいたしますが、道元禅師はだいたいみなさんよくご存じだと思いますが、やはり親鸞聖人とほとんど同時代人です。早く亡くなってしまいましたが、西暦一二〇〇年、十二世紀の終わりにお生まれになって、そしてやはり比叡山で修行なさって、とくに禅の勉強をなさった。比叡山はその当時の最高学府です。中国の仏教が全部入ってきておりますからそこで勉強された。それでも自分の納得するような答えが得られないというので、当時の中国は宋の時代ですが、入宋された。そして中国でいろんな禅の指導者に会われて、もう帰ろうと思われた。中国で学ぶべきことは学んだ、これ以上いても、もう学ぶことはない、こう思われて日本へ帰ろうとされた。そのときたまたま、天童山というところに如浄さんという方が新たに住持になられたから、日本へ帰るのだったらぜひ天童山へ行ってらっしゃいと勧める人がありまして、そこで道元禅師は如浄さんにお遇いになったのです。

このようにたまたまなんですね、人間が本当に人に遇う、浄土真宗では善知識《ぜんぢしき》と申しますが、本当に自分の生涯の師に遇うというのは、計画して、これこれのことをしてという、あるいは段階を踏んでということではないのです。たまたまそういう人に遇う。道元禅師も、もう国に帰ろうと思っていたときに、たまたま如浄さんに遇われた。

如浄さんという人はどういう人かと言うと、坐禅一筋の人で、朝は四時五時ぐらいに起きて衆僧とともに道場で坐禅をされる。禅宗の道場には滅多に入れませんが、時々行ってみられるといいと思います。私どもは坐禅の一つもできないような情けない人間ですけれども、京都はお寺が多いですから、たまには南禅寺だとか妙心寺だとかに行かれたらいいと思います。外からでもいいから道場を見てこられたらいい。禅宗のお寺には必ず道場というものがありまして、専門道場と申しまして、そこで禅僧たちが修行しているわけです。中のことはよくわかりませんけれども、禅僧さんがそこで坐禅、これは臨済でも曹洞でも一緒ですが、坐禅をなさっている。

それで、如浄さんは天童山の住持ですから、景徳寺の住職さんですから、そんなことをしなくてもいいわけですけれども、朝は四時ぐらいに起きて他の禅僧とともに坐禅をされる。夜は十一時十二時までされる。あんまり厳しい坐禅をされるので、どうしても若い僧侶たちは疲れてこっくりこっくりするわけです。緊張しますとかえって眠気が起こるときがありますから。そうすると如浄さんは拳骨で片っ端から殴《なぐ》っていくんです。目を覚ませと。あんまり拳骨で殴るものだから、こぶしから血が出ると、履《は》いていたスリッパで殴るという、昔の軍隊みたいですけれども。それは決して禅僧たちを厳しくしつけるというだけのことではない。どうしてそれがわかるかというと、如浄さんは、そういう厳しい指導をしたあとで、みんなの前に立ってこう言われる、私がこういうことをするのは大変あなた方に対して申し訳ないことだ、しかし私はお釈迦さまに代わって、仏さまに代わって行じているのだ、どうか諸君たちは慈悲をもって私を許してくれと。それで僧侶たちは、お師匠さんにそう言われて、頭を上げる者がいなかったという、それくらいの指導力のある人です。

それからあるときはやはり壇上に上がって、こう言われる。おまえたち、世間のことを見てみろと。世間の人たちはみな一生懸命働いているじゃないか、それを離れてこの山へ入ってきたのはどういうつもりだ、「生死事大《しょうじじだい》、無常迅速《むじょうじんそく》」、生死の問題というのは大問題だ、無常迅速ということは、時は人を待たない、光陰矢の如しと申しますが、いつなんどき私たちはいのちを落としてしまうかもしれない、そういうときに、ひとときでも坐禅に集中して道を極めようとしないで、居眠っているとは何事だ、と言って叱られるという、そういう非常に厳しいお師匠さんでした。

そのお師匠さんのところへたまたま道元禅師は行かれたのです。そうすると如浄さんは道元禅師を一目見たときから、あなたは外国人だけれども非常に優れた素質のある人だから、質問があったら遠慮せずにいつでも私のところへ来なさい、と、こうおっしゃって、道元さんを親しく指導された。道元さんはこの如浄さんのところで「身心脱落《しんしんだつらく》」と表現されるさとりの境地をひらいて帰ってこられた。

私が申したいのは、道元禅師は、如浄禅師というお師匠さんに心酔された。道元禅師は「正師《しょうし》に会わずんば学ばざるに如《し》かず」ともおっしゃっています。正師というのは、本当のお師匠さん。正しいお師匠さんに会わなかったら仏道を学ばないほうがいいとまで言われている。正師というのは何かというと、自分がさとりを開いて人々を指導する、地位とか名誉とか学問とかそんなことは問題ではない、自分がさとりの眼を開いてそれを人々に伝えるというのが本当の正師と言えるのだと、そういう人に会わなかったら学ばないほうがましだというふうにおっしゃった。

この道元禅師のお考えと言いますか、いろんな機会にお話しされたことが『正法眼蔵随聞記』に書かれているのです。みなさんもぜひ一度、これも小さい本ですから、読まれたらいいと思います。私がいま如浄禅師のことについて申しましたことも、『随聞記』の中に書いてあります。非常にいい文章です。

道元禅師は、如浄禅師の導きで眼を開かれて、それから日本の国へ帰って「空手還郷《くうしゅげんきょう》」（からっぽの手で郷里へかえってきた）とおっしゃった。道元禅師は自分のさとりの世界を、後に九十五巻の『正法眼蔵』にまとめて書かれましたが、その道元禅師の人となりは『随聞記』の中に出ているのです。『正法眼蔵』を通して道元禅師があきらめられた、明らかにされた禅の世界というものを学ぶことも大事なことですけれども、同時に『随聞記』を通して道元禅師がどういう修行の道を歩まれたかということを知ることも、非常に大事なことだと思います。

それと同じような意味を『歎異抄』というものも持っているということを私は申したいわけです。『歎異抄』には親鸞聖人の歩まれた道が語られているのです。

先に明治以降に『歎異抄』がよく読まれるようになったと申しましたが、とくに明治以降の知識人について、私はそこに少し問題があると思います。というのは、『歎異抄』の眼目と申しますと、眼目というのは一番の中心点ですが、これは第一条と第二条。これが『歎異抄』の眼目です。

第一条は弥陀の本願です。ここに浄土の教えの言わば真髄が書かれております。第二条はそういう浄土の教えに、親鸞聖人が出遇われたその事実そのままが書いてある。非常に見事な文章です。それを通して、私たちは親鸞聖人が浄土の教えをどういうふうに受け止めておられたかを知ることができます。おそらくその言葉は繰り返してご門弟たちに語っておられたのでしょう。一言一句の余分な言葉はありません。ひとことも加減を許さない、そういう言葉です。それが第一条に書かれている。阿弥陀仏の誓願によって救われるという、その信心が開かれる端的のときということが、実に凝縮した言葉で書かれている。その言葉を私たちが読んでその世界に入るということが『歎異抄』の眼目ですね。

そしてその次、第二条には「おのおの十余箇国のさかひをこえて」と、親鸞聖人に会いにきた東国の門弟たちに対して、聖人がおっしゃったことが書いてある。これも非常に大事なことです。これは、ああそういうことがあったのかと思って読むだけだったら『歎異抄』というものは絶対にわからない、そういうものです。

キルケゴール

この第一条と第二条とを繰り返し読んで、その眼目というものが私たちの心の中に本当におさまったときに、初めて『歎異抄』を読んだと言えるのです。

それはどういうことかというと、話が飛びますが、デンマークにキルケゴールという哲学者がおりました。キリスト教の人です。第二次大戦が終わった後、今からもう何十年も前ですけれども、実存主義というのが随分はやりました。その実存主義というのがはやったときに、私たちもそうですけれども、わかってもわからなくてもみな実存、実存と言ってました。その実存主義、実存という言葉の源が、このデンマークの哲学者、孤独な哲学者と言われたキルケゴールという人です。

デンマークの宗教哲学者ですけれども、このキルケゴールという人がイエス・キリストのことを言っているのです。その言おうとしていることを読んでみますと、キリスト教でイエス・キリストと言えば、キリスト教はイエスによって成立したわけですから、現在ではキリスト教の人は誰もイエスのことを神の子だと思っている。ところがそのイエスが本当に生きていたときはどうだったんだろうかと。おそらく、乞食のような格好をして、惨《みじ》めな格好をして、当時の言わば新興宗教みたいなものですから、その後ろに社会的には随分抑圧された人たちがついて歩く。そのときにイエスさんは、人々に、私を信じるかどうかということを言われているわけですね。

キルケゴールはそれを、今の時代に、もし、あなた方がそう言われたらどうするか、と聞くわけです。あなた方の目の前に、乞食のような格好をした人が来て、神の国に入ろうと思うなら私のあとについて来なさいと言ったら、あなた方はついて行くかと。そういうことが信仰だということを言っている。

私はそれを読みまして、『歎異抄』の第二条のところですね、親鸞聖人のお気持ちも同じではないか。東国からはるばるやって参りました門弟たちを前にして、親鸞聖人はおっしゃっている。東国の門弟たちは、聖人のあとをついて行くかどうかを迫られているのです。

おのおのの十余箇国のさかひをこえて、身命《しんみょう》をかへりみずして、たづねきたらしめたまふ御《おん》こころざし、ひとへに往生極楽のみちを問ひきかんがためなり。（八三二頁・六二六頁）

親鸞聖人が今ここに立っていらっしゃって、あなた方は遠い道を命がけではるばるやって来たけれども、私の言葉を聞いてついて来るのかどうかと。最後に「このうへは、念仏をとりて信じたてまつらんとも、またすてんとも、面々の御はからひなり」とおっしゃっておりますけれども、そのことが『歎異抄』の眼目です。そういう意味では非常に厳しい言葉が記されている。それが『歎異抄』を『歎異抄』たらしめている一番の核心です。

わざわざそんなことを言ったのは、別に明治以来の知識人たちを悪く言うわけではありませんが、今日では何かこう、非常にヒューマニスティックと言いますか、人間中心主義という角度から『歎異抄』を読む方が多いようですので、そうではないんだということを、これも初めの問題として申し上げておきたいのです。

明治時代以降というのは、ヨーロッパがそうですが、中世から近世になってヒューマニズムというものがさかんになった。ヒューマニズムが悪いというわけではありませんが、これはまあ歴史的にいろいろあって、ヒューマニズムというものが非常に叫ばれた時代ですから、そういう空気がそのまま日本へ入ってきますので、そういうヒューマニズムの空気を背景にして『歎異抄』が読まれたという、そういうことはやはり否定できないところです。しかしそれはやはりよく考えてみないといけない。『歎異抄』は決してヒューマニズムを鼓吹する書物ではありません。これは人間の世界を超えた世界からの呼びかけなんです。親鸞聖人がそれを私たちにお伝えになっている。そういうことが『歎異抄』の眼目です。それを中心に置いて初めて『歎異抄』は私たちの前にあるべき姿をとって現れてくる。そういう意味を持っているということを初めに申しておきたいわけです。

いろいろなことを申しましたが、一つは『正法眼蔵随聞記』を通して道元禅師がいかなる生き方をされたかということがはっきりするのと同じように、親鸞聖人のお姿は『歎異抄』の中のお言葉を通してはっきりするということ。もう一つは『歎異抄』には親鸞聖人が自分が直接教えに遇ったその事実を明らかにして、私たちに教えていらっしゃる。それを受け取るということが一番大事なことであります。

『歎異抄』については、今日たくさん解説書などがありまして、いろんなことが書いてありますけれども、私は『歎異抄』というものを拝読するときには、『歎異抄』の性格と、その位置付けと申しますか、聖人の他の著作との関係といったことを、初めによく理解をして、読んでいかなければならないというふうに思います。そういうことを『歎異抄』そのものを読む前に、申しておきたかったわけです。

『歎異抄』成立の由来

それでさっそく『歎異抄』に入っていきたいと思いますが、今日はその最初の序文です。『歎異抄』の成立についてはいろいろ説がありますけれども、ここに記されておりますように、おそらく親鸞聖人の晩年のお弟子であった唯円さんという方が、親鸞聖人の亡くなったあとに編纂されたものであろうと考えられております。この本の内容は、序文と、聖人の法語と、おそらくその唯円さんであろうと思われますが、聖人のご門弟のおひとりが書かれた歎異の文。歎異というのは序文の中に出てくる言葉ですが、それから結文という四つの部分からなっています。

最初の序文ですが、ここに言わば『歎異抄』という書物が成立した由来というものが漢文で書かれております。それを読んでまいります。

「ひそかに愚《ぐ》案《あん》を回《めぐ》らしてほぼ古今《ここん》を勘《かんが》ふるに、先師《せんし》の口伝《くでん》の真信《しんしん》に異なることを歎《なげ》き、後学相《こうがくそう》続《ぞく》の疑惑《ぎわく》あることを思ふに、幸《さいわ》ひに有縁《うえん》の知識《ちしき》によらずは、いかでか易行《いぎょう》の一門《いちもん》に入《い》ることを得んや。まつたく自見《じけん》の覚語《かくご》をもつて他力の宗旨《しゅうし》を乱ることなかれ。よつて故親鸞聖人の御物語《おんものがたり》の趣《おもむき》、耳の底に留むるところいささかこれをしるす。ひとへに同心行者の不審《ふしん》を散《さん》ぜんがためなりと云々《うんぬん》。」（八三二頁・六二六頁）

これは唯円《ゆいえん》さんの感懐と言いますか、気持ちがこもったお言葉です。「ひそかに」というのは、静かに思いをめぐらしてという意味です。こっそりとという感じですけれど、別にこっそりと隠れてしているわけではない。静かに、私なりの思いをめぐらしてという、そういうときに、「竊」という字、難しい字ですがこの字を書きます。「愚案」というのは愚かな私の思案ですね。私なりのいろんな思いをめぐらして、「ほぼ古今を勘ふるに」、昔のことや現在のことを、いろいろその概略を考えてみると、私どもの周囲の人たちには、「先師の口伝の真信」、先師はもちろん親鸞聖人です。口伝というのは口伝え。「口伝の真信」、この言葉から、『歎異抄』が親鸞聖人の晩年のお弟子のお書きになったものだということがわかるというふうにいわれるわけです。口伝ですから、直接聖人がお話しになったこと、聖人はこういうことを私たちにお伝えになった、そのお伝えになった本当の「信」というものが異なってきている。少なくとも私が聖人から直接にお聞きした信心というものと、今の人たちが勝手に言っている信心とは異なっている。どこが異なっているか。これは他力ということです。親鸞聖人は他力回向の大信心とおっしゃっていますが、それと異なってきている。他力回向ということがわからなくなってきている、そういうことを言っている。

「後学相続の疑惑あることを思ふ」というのは、そういうふうに異なってしまったので、あとになって勉強する人たち、「後学」、それから信心を相続する人たち、そういう人たちがいろいろ疑いをめぐらす。「後学」というのは誰のことか、これから勉強する人たちのことか、それとも、それを言っている唯円さんのことか、ということについていろいろ説があるわけですが、まあこれは後々の人という意味で理解しておけばいいでしょう。

「幸ひに有縁の知識」、有縁の知識というのは、これは善知識のことです。「真の知識に会うことは難きが中になお難し」。善知識ということがあるということは、悪知識というものもあるということです。善知識というのは、私どもが「生死出づべき道」を求めているときに、その道を指し示されるのが善知識です。悪知識は「生死出づべき道」ではなくて、お金が儲かるとか病気が治るとか、そういうことを言う、ということになるでしょうか。「有縁の知識」というのは本当に私にとってご縁のある善知識。その知識に依らなかったら、「いかでか易行の一門に入ることを得んや」。易行《いぎょう》というのは易行道、これもよくお聞きになっていると思います。

易行道というのは浄土門ではいつも出てくる。源は龍樹《りゅうじゅ》菩薩、インドの八宗の祖と言われる龍樹菩薩です。その著作の『十住毘婆沙論《じゅうじゅうびばしゃろん》』に「易行品《いぎょうぼん》」というのがありまして、仏道を学んで、一所懸命自分の力でなんとか悟りに達しようというのは、これは難行道、陸のけわしい道を一所懸命歩くようなものだ。ところが他力に帰するということは、易行の水道、水の道をですね、船に乗って行くようなものだという。それで難易二道という、そういう二つの道があるということが言われておりまして、浄土教で易行の一門と申しますときには、龍樹菩薩のお考えをふまえて言っていることです。

その易行の一門に入るといっても、それはただ勝手に入れるわけではない、善知識の導きによって初めて私どもは易行の一門に入ることができるんだと。「いかでか易行の一門に入ることを得んや」、どうして易行の一門に入ることができようかという、そういう意味ですね。

「まつたく自見の覚語をもつて」、この「覚語」というのは、「覚悟」という字を使っている本もありますが、ここは別にそうたいして深い意味があるわけではなくて、自分の理解、解釈という意味で言っているのでしょう。自分自身の勝手な解釈で、他力の教えというものを乱してはなりませんと、こういう意味です。

そこで私は、亡くなった親鸞聖人の「御物語の趣」、ときに触れて聖人がおっしゃった御物語、「耳の底に留むるところ」という、これも非常に印象の深い言葉ですね、本当の言葉というものは耳の底に留まるのです。私たちは右の耳から左の耳へたいていみな通っていってしまう、どんな大事なことでも通っていってしまいますが、やはり肝心な言葉、大事な言葉というのは、そのときはふわっと聞いていても、どこか耳の底に留まる。そういう言葉はやはり突き刺さってくるのです。スッといってしまう言葉は、どんなに立派な学問上の真理も、それはまあたいしたことではない。自分にとって非常に肝心なことは、耳の底に留まる。おそらく唯円さんにとっては、ここに記されている言葉、たとえば「このうへは、念仏をとりて信じたてまつらんとも、またすてんとも、面々の御はからひなり」などという言葉は、強く耳の底に留まったのでしょう。

聖人はこうおっしゃった。この上は、あなたが念仏をとってその道を歩くか、それとも捨てるか、それはあなた方のはからいだ、とおっしゃった。その「はからひ」は、いつもおっしゃっている「はからひ」とはまた違うのですが、そういう言葉が、大きな力を持って迫ってくる。それが「耳の底に留まる」。それで、私はそういう言葉を聞いたと。言葉数は少ないけれども、一つ一つは非常に大きな重みを持った言葉を耳の底に留めている。それをここで記そうと。「いささかこれをしるす」と書いてあります。

何のためにそれをするかというと、「ひとへに同心行者の不審を散ぜんがためなり」、同じ道を歩もうとする人たちの不審を「散ぜんがためなり」。これは蓮如上人もそうおっしゃっています。ものを言いなさい、心の中で思っていては本当に自分の不審とするところは去らない、だから一番肝心なことは、同行や道を知っている人にいろいろ訊《たず》ねなさい、そのことによって私がふっと気がつくことがあるという。おそらく唯円さんもそういうつもりで同心行者の人たちの不審を散ずるために、ここに記すんだと、こうおっしゃっているのです。

以上が唯円さんの書いた序文です。これから親鸞聖人の語録が記されます。

第二講　第一条「弥陀の誓願」

親鸞と道元

本日は第二回目ですが、はじめに、前回お話をいたしましたことの要旨をまとめておきたいと思います。

親鸞聖人のご著作の中心は『教行信証』でありまして、これは教団の根本聖典でもあります。この書物を宗門では「ご本典《ほんでん》」とか「ご本書《ほんじょ》」とか申しまして、非常に大切にしております。この書物には、親鸞聖人の浄土の教えについてのお考え、聖人の教学の体系というものが、整然とした形で記されております。漢文の書物ですから、すぐにすらすらと読めるというものではありませんが、これは聖人の主著でありますので、聖人の教えを学ぼうとする者は、できるだけその書物に親しんで、そこから聖人の教えを承っていかなければならないと、私は考えております。

その他にも、『教行信証』のダイジェストといってもいいような『浄土文類聚鈔』であるとか、

『愚禿鈔』、あるいは、聖人が仏さまや浄土の教えの先達の徳などをたたえてお作りになった讃歌である「浄土和讃」・「高僧和讃」・「正像末和讃」、それからとくに聖人が東国の門弟たちに与えられたお手紙、「御消息《ごしょうそく》」と申しますが、そういうものもあります。

昔はそういうものを手近に拝見するということはできなかったのですが、最近は印刷技術も発達しましたので、誰もが容易に見ることができるようになりました。また教団でも、「聖典」として厳密な校訂をして刊行し、みなさんにご覧いただけるようにしております。

「聖典」の編纂ということは、なかなか難しい問題をもっておりまして、たくさんある古本のどれを底本にするかとか、対校本をどれにするかとか、また昔の文字と現在用いている文字とは違っていますし、それをどうするかとか、いろいろ考えなければならない問題があります。最近はそういう文献をめぐる学問も進んでまいりましたので、その研究成果も取り入れて「聖典」の編集をしますので、随分読みやすくなりました。

それはともかく、『歎異抄』は、そうした親鸞聖人のご著作とは少し違った性格をもっております。前回読みました序文に、その製作の趣旨が書かれています。

『歎異抄』は、ご門弟のお一人、おそらく唯円という方であろうと考えられているのですが、その方が聖人のお亡くなりになった後、「先師口伝の真信に異なることを歎き」と書いてありますから、聖人のおっしゃったことと違うことを言って人を惑わす者がいる、それを歎いて、「なくなく筆を染めて」とうしろの方には書いてありますが、そういう気持ちで書かれたものです。「歎異」というのは、「異を歎ずる」ということで、「異」というのは聖人のおっしゃったことではないこと、聖人の教えからそれたことです。そういうことをいう者があると、それは歎かわしいことだと。「後学相続の疑惑」というのは、後で学ぶものが迷ってはならないと、そのためにお書きになっている。

前半の十条には、おそらく聖人の晩年のお弟子であったと思われる唯円さんが、直接聖人からお聞きになった言葉が記されています。それを「耳の底に留むるところ」とおっしゃっています。聖人がおっしゃった言葉で、耳の底に残っているものがある、それを書き留めよう。後半の八条は、聖人が亡くなった後、出てきたいくつかの異義、間違った考えをあげて、それは正しくない、「聖人のおおせにあらざる異義」であると批判する。そういうことが内容になっています。

そういう成立の事情をもっている『歎異抄』でありますが、前回は、日本の曹洞宗の祖とされます道元禅師の主著の『正法眼蔵』と、お弟子さんの懐奘さんという方が、これも道元禅師の亡くなった後に編集された語録である『正法眼蔵随聞記』とを紹介いたしまして、その関係、すなわち主著と語録との関係が、『教行信証』と『歎異抄』との関係に対応するということを申しておりました。

そのときに、『随聞記』を紹介して、その書によって、道元禅師がお師匠さんの中国の禅僧であった如浄禅師をどういうふうに思っていらっしゃったかということがうかがわれるというお話をして、それが親鸞聖人が法然上人を「よきひと」とか、「勢至菩薩の再誕」と仰いでおられたお気持ちと同じであると申したかったわけです。

人間というものは、そういう優れた指導者、禅の方では「正師」と申しますが、浄土教では「善知識」、そういう方によって導かれる。親鸞聖人が法然上人を慕われるように、道元禅師は如浄禅師を慕われる、そういう関係において生死の迷いというものが破られると、そういうことを言いたかったのです。

道元禅師は「只管打坐《しかんたざ》」ということをおっしゃった。人がひとときでも真剣に端坐するならば、全世界がさとりとなる。先日もテレビで永平寺を映していましたが、永平寺は、道元禅師が「一個半個」の学人を養成したい、ひとりでもいいから本当に仏道を学ぶ者を育てたい、と思われて開かれたお寺です。そこでの様子は「懦夫《だふ》をして立たしめる」と申しますか、厳しいものをもっています。禅宗は、やはり浄土門から申しますと、自力聖道門で、捨家棄欲で、家を捨て欲を棄てて修行しなければなりません。そういう修行僧の姿が、私たちに深い感銘を与えることは、いつの時代でも変わりはありません。私たちは煩悩具足の凡夫として日常を過ごしていますが、どこか心の中に、折角人間として生まれてきたからには、迷いの世界から出たい、離れたいという願いがあります。そういう願いが、禅宗の方たちの様子を見たり、そのお言葉に触れたりすると、触発されると申しますか、目覚《めざ》めてくるのではないでしょうか。

それはともかくとして、道元禅師の『正法眼蔵』が親鸞聖人の『教行信証』に、『随聞記』が『歎異抄』に、それぞれ対応し、『随聞記』を読んで道元禅師の生きたお姿を見るように思うごとく、『歎異抄』を読んで親鸞聖人のお姿を目の前に見るように思う、ということを申しておりました。かつて亀井勝一郎という評論家が、『歎異抄』の「告白性」ということを言いましたが、たとえば、第九条の唯円房と聖人との対話に、聖人の肉声と申しますか、生きたお声が聞こえると言ってもよいかもしれません。

とにかく『歎異抄』は、親鸞聖人がじかにご門弟に自分の信念を語られるという、そういう内容をもっておりますので、とくに明治以降、非常に有名になりました。それまでは宗門の奥深くに隠されていたというようなことを言う人がありますが、それは誤解でありまして、明治以前も尊重されておりました。蓮如上人も、何度も繰り返して読んでいらっしゃったのですから、禁書だとか秘密の書だとかそういうものではありませんでした。ただ一般によく読まれるようになったのは、明治以降でありまして、清沢満之さんであるとか、近角常観さんであるとか、あるいはその門下の暁烏敏・金子大栄・曽我量深といった先生方、あるいは大谷大学の池山栄吉・信国淳先生というような人々が『歎異抄』に親しまれたのです。

ヨーロッパの世界観

現在では、『歎異抄』は有名で、それについて書かれた本も無数といっていいくらいありますが、そうなった理由というものがあるように思います。それはどういうことかと申しますと、前回にも申しましたが、明治以前は、浄土真宗の教えは、だいたい蓮如上人の『御文章』を中心に布教されていたと言ってよいと思います。

みなさんよくご存知の「領解文」、これは蓮如上人の『御文章』をベースにしたもので、それが布教伝道のかなめだったのです。

もろもろの雑行雑修自力の心をふりすてて、一心に阿弥陀如来、われらが今度の一大事《いちだいじ》の後《ご》生《しょう》、御《おん》たすけ候へとたのみまうして候ふ。たのむ一念のとき、往生一定御たすけ治定《じじょう》と存じ、このうへの称名《しょうみょう》は、ご恩報謝《おんほうしゃ》と存じよろこびまうし候ふ。この御ことわり聴聞《ちょうもん》申しわけ候ふこと、御開山聖人御出世の御恩、次第相承《しだいそうじょう》の善知識《ぜんぢしき》のあさからざる御勧化《ごかんけ》の御恩と、ありがたく存じ候ふ。このうへは定《さだ》めおかせらるる御掟《おんおきて》、一期《いちご》をかぎりまもりまうすべく候ふ。

（一二二七頁・八五三頁）

と、昔はご法座のおわりには、「ご一同に、ご領解出言《しゅつごん》」と申しまして、みんなでこれを唱えておりました。布教使さんは、この領解文の内容、安心・報謝・師恩・掟という四つテーマの話をされた。それによって、「信心正因《しんじんしょういん》・称名報恩《しょうみょうほうおん》」という浄土真宗の教えを伝えていたわけです。

ところが、明治以降は、ヨーロッパから近代的なものの考え方が入ってきます。とくに近代科学の世界観というものが一般化してきます。仏教の世界観は、それとは違います。一切の有情は、六道輪廻、地獄・餓鬼・畜生・修羅・人間・天上という六つの境涯を、自業自得、すなわち自分のなした行為の結果を自分で受けて、経《へ》巡《めぐ》ってゆく。死んでは生まれ、生まれては死んで、限りなく輪廻してゆく。だから今生で仏法を聞いて、その輪廻のわだちから逃れる、そうでなければ私たちは永遠に救われないのだと、仏教では教えます。蓮如上人が「後生《ごしょう》の一大事」ということを強調されましたが、それはこういう考え方を背景としているわけです。親鸞聖人は「生死出づべき道」とおっしゃいましたが、同じことです。「生死」というのは「輪廻」ということです。その生死輪廻から逃れる道を求めて、親鸞聖人は六角堂に参籠なさったのです。

それが、明治以降になると変わってきます。どういうふうに変わってくるかと言えば、たとえば、天動説と地動説です。天動説というのは、大地はじっとしていて、その上を月や太陽が回っているという考え方です。地動説は、私たちが住んでいるのは地球という球体で、それが太陽の周りを回っているという考え方です。天動説なら、じっとしている大地の下に、地獄界があるという、地動説は、限りなく広がる宇宙空間ということですから、天国も地獄もどこにあるのかということになってしまう。

そうすると、「後生の一大事」といっても、あまりアピールしない。それよりも、『歎異抄』に語られるいくつかの言葉の方が人々の心に訴えるものがある。世界観が変わっても、そういうことにかかわらない、人間の生きた宗教性に訴えるものがあるということで、『歎異抄』が一般に受け入れられるようになったのではないかと思います。しかし『歎異抄』に語られていることは、それだけではありません。現代の世界観にあまり抵触しないことばかりではありません。『歎異抄』の背景にあるのも、やはり宗教的な世界観です。

今の人たちは、昔のように自分の行為の結果で、来世は苦を受けるなんて思いません。脳のはたらきが停止したらそれでおしまいと思っています。しかし本当にそれでおしまいかと言えば、なかなかそれではすまないところがあります。科学的世界観が普及して、宗教的世界観は存在理由を失った、ということではおわらないところがあります。

宗教的な世界観というのは、科学的世界観のように、天体を観察して、その結果に基づいて世界を説明するというだけのことではなくて、世界や人間の存在の意味を明らかにする、人間の生きている目的を明らかにするという、そういう面がある。そういう面が宗教的世界観にはあるのです。

たとえば、お父さんが車をバックさせて、愛する小さい自分の子を轢《ひ》いてしまうというようなことが起こる。そういうことがどうして起こるのかということは、人間のふつうの判断、合理的な認識というものでは理解できません。そういうときに、それは業《ごう》のあらわれだと、前世からの約束だと、そういう説明をするわけです。そう説明をして、人生は苦の世界だという。そういう説明によって、苦の世界を輪廻する人間という存在の意味を明らかにしようとする、それが宗教的世界観というものです。だから私たちはそういう宗教的世界観が何を語ろうとしているかということを解釈しなければなりません。仏教の経典には皆そういうことがありますから、そこで何を言おうとしているかを解釈する必要がある。

そういう意味で申しますと、『歎異抄』にも人間存在というものの意味をあらわにするような表現があって、それが宗教的文献として『歎異抄』が重要である理由と言えると思います。しかし現代では、一般的には『歎異抄』のそういう面が十分理解されていないのではないでしょうか。そういうことを前回は申しておりました。それからもう一つ言っておきたいことがありますが、それは、鈴木大拙先生という方がいらっしゃいました。もう亡くなりましたが、世界的な禅学者として有名な方で、優れた英語表現で禅を世界に紹介されました。鈴木先生のおかげで、西洋の人も、東洋の考え方を理解するようになったと言われています。

その鈴木先生は、浄土教にもご造詣が深く『浄土系思想論』という本を書いていらっしゃいます。そこにこういうことが書いてあります。浄土教の人たちは、初めからお経にこう書いてある、ということを前提にして語る。たとえば、本願ということにしても、浄土ということにしても、お経に書いてあるからということを前提にしてものを言う。しかしそれでは事柄が抽象的になってしまう。むしろなぜ人間は菩薩の誓願というものを信じなければならないか、浄土ということがどうして語られるのか、浄土とこの現実界というものとはどうちがうか、どういう関係があるのか、あるいは名号《みょうごう》というものについても、私たちの宗教的経験に即して語らなければならない、そういうことをおっしゃっています。

これは私は卓見だと思います。浄土教の者は、初めからご本願とか、第十八願とか言いますが、大拙先生は、なぜそういう本願や浄土が語られなければならないかを説明できなかったら、どんな詳しい説明をしても、それは人々の心を素通りしてしまう、善導大師《ぜんどうだいし》や法然上人や親鸞聖人がおっしゃったことの背景にある宗教的経験というものに即して語るということがなければ、人の心を打たない、とおっしゃるのです。これは、とくに現代では、非常に大切なことだと私は思います。

そういうことを考えながら『歎異抄』を読んでいきたいと思います。

法蔵菩薩の願い

そこで、第一条に入ります。

「一　弥陀《みだ》の誓願不思議《せいがんふしぎ》にたすけられまゐらせて、往生をばとぐるなりと信じて念仏申《もう》さんとおもひたつこころのおこるとき、すなはち摂取不捨《せつしゆふしや》の利益《りやく》にあづけしめたまふなり。弥陀の本願には、老少《ろうしよう》・善悪《ぜんあく》のひとをえらばれず、ただ信心を要《よう》とすとしるべし。そのゆゑは、罪悪深重《ざいあくじんじゆう》・煩悩熾盛《ぼんのうしじよう》の衆生《しゆじよう》をたすけんがための願《がん》にまします。しかれば本願を信ぜんには、他の善も要にあらず、念仏にまさるべき善なきゆゑに。悪をもおそるべからず、弥陀の本願をさまたぐるほどの悪なきゆゑにと云々。」（八三二頁・六二六頁）

この第一条が真宗の眼目です。この文章を三つに分けて、「弥陀の誓願不思議にたすけられて」、「往生をばとぐるなりと信じて」、「念仏申さんとおもひたつとき」というふうに読んだら、その意味を理解することにはなりません。

「弥陀の誓願不思議」、不思議というのはこれは不思議の誓願ということで、仏さまの願いということです。願いというのは本願です。「願《がん》もつて力《りき》を成《じよう》ず、力もつて願に就《つ》く」（『教行信証』一九八頁・一九九頁）と申します。願力というのは仏さまの願の力です。「願」というのは願い。どんな願いか、それは衆生を救済しようという願いです。「力」ははたらき。願と力とがぴったり合って「畢竟じて差《たが》わず」、この言葉は、曇鸞大師《どんらんだいし》の『論註《ろんちゅう》』の中にあります。これは「成就《じょうじゅ》」という言葉を曇鸞大師が説明されて、どうして「成就」と言うのかというと、願は必ず力を起こす。力は必ず願についている。願と力は決して離れない。だから決してそれはむなしいものではない、そのはたらきが必ず起こる、それが「成就」ということだと、曇鸞大師は『論註』の中でおっしゃっています。親鸞聖人は『教行信証』の「行巻」にも「真仏土巻」にもこの文を引いていらっしゃいます。

「弥陀の誓願」。誓願は、これは人間の思議を超えているから誓願の不思議と申します。不思議にたすけられてじゃない。不思議の誓願です。「人間の思議を超えた本願によってたすけられて、往生をとげると信じて、念仏申そうとおもいたつこころが起こるとき」、この「とき」がみな同じときです。弥陀の誓願不思議にたすけられる、往生をとげると信ずる、念仏申そうとおもいたつ心がおこる。「おもいたつとき」とも「こころをおこすとき」ともおっしゃっていない。「こころのおこる」というのはどういうことか。私たちが心を一つにして、何とかしてくださいということじゃないのです。これはむしろ、仏さまの手によってつかまれるのです。それが「おこるとき」なのです。いつ、つかまれるか、それはいつでもどこでもつかまれる。なぜつかまれないのか、それは私たちが自分のはからいをするからです。はからいを捨てたときにつかまってしまうのです。そのつかまってしまうときを、「念仏申さんとおもひたつこころのおこるとき」と、こうおっしゃっている。念仏を申したらそうなるとか、申さなければならないとか、そういう気持ちを起こせとか、そんなこと少しもおっしゃっていない。これは非常に大事なところです。

「念仏申さんとおもひたつこころのおこるとき」、私が、これはそういうことをいうのかと、よくわかったように思った一つの例があります。それは山口県に、河村とし子さんという方がいらっしゃいます。神戸のクリスチャンのおうちにお生まれになって、たまたま山口県のご門徒の方と結婚なさった。別に自分がクリスチャンであるということを変えなくてもいいという条件で結婚なさったんですが、戦争中で山口県に疎開なさった。そこのおうちは浄土真宗の非常に熱心なおうちで、おじいさんおばあさんが、篤信の門徒さん。とし子さんは『歎異抄』を学びたいということがきっかけになって、聞法なさったのです。

そして一所懸命聞法なさるんだけれども、聞法すればするほど、教えを聞けば聞くほど、わからない。みんなお念仏して喜んでいる、ご信心を喜んでいるが、どうしてあんなに喜べるのかわからない。もうしまいには、こんなにわからないのだったら聞法をやめようと思う、とお父さんとお母さんに言うと、お二人が両手を合わせて、せっかくあなたがその気になったんだから、どうぞやめないで聞法してくださいとおっしゃる。それでまた聞法を続けていると、あるときに、たまたま自分が聞いてるように思っていたけれども、これは自分の力ではないと、ふっと気づいた。そのときに、非常に驚いたことには、今まで念仏なんか称えたくないと思っていたのに、あふれるようにお念仏が自分の口から出る、それが一番驚きだったと、そういうことをとし子さんが書いていらっしゃいましたが、私はそれが見事に浄土真宗の心のひるがえりというものをあらわしていると思いました。

「自力の心をひるがえして」ということを親鸞聖人もおっしゃっていますが、心をひるがえす、心のひるがえり、そういうものをよく表していると思いました。今まで絶対にお念仏なんか称えたくない、信心を喜ぶようになってもお念仏を称えたくないと思っていたのが、ふっと気持ちが転ずる、というのは心がひるがえったときに、あふれるように念仏が出てきた。それが一番びっくりしたことだというふうに、河村さんは書いておられたのですが、私はそれを読みまして、そのお気持ちがよくわかりました。

　南無阿弥陀仏というのはそういうものです。そういうものと言うとおかしいです、念仏を称えなさいと言って一所懸命称えるものでもなければ、強制されて称えるものでもない。それは仏さまのはたらきが私たちの中へ入ってくるのですから、それが本当に気づかれたときには、あふれるように出てくるのです。それが南無阿弥陀仏というものです。それを親鸞聖人は、ここで「念仏申さんとおもひたつこころのおこるとき」とおっしゃっている。その心が起こったときには、もう摂取不捨、住正定聚《じゅうしょうじょうじゅ》の身《み》となっている。正定聚というのは、決してそのポストから退かない、不退転とも申します、正定聚の数に入るということも申します。「入正定聚之数、必至《ひっし》滅度《めつど》」。滅度というのはさとりということ。これが親鸞聖人の『教行信証』の「証巻」のテーマです。

『教行信証』の「教巻」は、本当の教えは『大無量寿経』だということを断言的におっしゃっている。「行巻」は無碍光如来の名を称するのが本当の行だと、南無阿弥陀仏という名号、それを称えるのが本当の行だと、それが「行巻」。「信巻」は至心《ししん》・信楽《しんぎょう》・欲生《よくしょう》の三心、三心と申しましても中心は信ずるということ。しかも私が信ずるのではない、仏さまから与えられた信の世界が開かれるということ。そして「証」は住正定聚・必至滅度、そういう信の世界が開かれたならば決して退転しない。必至滅度というのは、現益《げんやく》・当益《とうやく》と申しますが、いのち終われば必ず浄土に生まれ、さとりを開くという。現世では迷いの生活を繰り返しているけれども、来世では必ずさとりの世界に導き入れられるという、そういういわば約束ですね。そういう約束があるということが非常に大きな意味を持つ。そこからまた還相《げんそう》という問題も出てくる。

この頃あまり還相ということは申しませんが、どうして親鸞聖人は還相ということをおっしゃったかというと、これは法然上人のお姿にそれを見ておられたのです。先にも申しましたが、法然上人が「念仏して弥陀に助けられよ」とおっしゃった、その言葉を聞いて親鸞聖人は、そのお言葉に信順された。そんなことをおっしゃる法然上人は決して並の人ではない、ただびとではないと思っていらっしゃった。浄土の世界からこの世へ還《かえ》って来て私を導こうとされた方だと親鸞聖人は思っていらっしゃった。だから還相という考え方が出てくる。思想として立てられたんじゃない。現実に生きてはたらく力として法然上人を仰いでおられた、その気持ちの表明が還相ということではないかと私は思います。

この第一条の初めに「誓願」ということが出てきます。誓願というのは何か。これは菩薩の願いです。『大無量寿経』では法蔵菩薩《ほうぞうぼさつ》の願いとして説かれています。どういう願いかというと、それは衆生を救済したいという願いです。どうしてそういうものが出てくるかというと、これは「さとり」というものの必然的なはたらきです。

浄土教の意義

前回にご質問がありまして、それとの関連で申しますが、そのご質問は、阿含《あごん》の経典にはあまり慈悲ということは語られていないが、大乗仏教でいう慈悲ということは、仏教自身が熟して出てきたのかというご質問でした。日本仏教は大乗仏教の系列に属しますので、たしかに慈悲・智慧相即ということを申します。釈尊の「さとり」というものも慈悲と智慧という二つの面をもっていて、それらは車の両輪のように常にはなれないと、そういうように申します。しかし、これはただそうだというのではなくて、なぜそういうことが出てくるのかということを考えなければなりません。

この問題は、浄土の教えは慈悲門であると申しますが、そういう浄土の教えがなぜ仏教から出てきたのかという、そういう問題でもあります。西洋の仏教研究者から言えば、仏教というのは、キリスト教とは違って、元来「自覚」の宗教であると、天地創造の絶対者である神さまというものはたてない、人間が自らの深い内面に目覚めるという、そういう教えではないか。阿弥陀さまによって助けられるというようなことをいうのは、恩寵《おんちょう》の思想で、仏教ではないのではないかと、そう考える人もいるのです。しかし、私たちは浄土教も仏教に他ならないと考えていますが、それならどうしてそう言えるのかということを明らかにしなければなりません。

私はそれは「さとり」ということの在り方から出てくると思います。みなさんは釈尊伝のなかに「梵天《ぼんてん》の勧請《かんじょう》」という話があるのをご存知でしょう。「梵天の勧請」というのは、釈尊が悟りをひらかれたとき、自分のひらいた境地というものは普通に理解できるものではない、このまま入滅してしまおうと考えられた、そこに長い沈黙があったとされています。ところがそれに対して、梵天というのはインドの神さまですが、梵天がお勧めをするのです。ちょうど泥田の蓮の花には、泥の中に深く沈んでいるものもあれば、水面に出て花をひらこうとしているものもあるように、生死の世界に埋もれている衆生の中にも、あなたの教えによって、そこから出ることのできるものもおりましょう、どうかそういう衆生のために教えをお説きくださいと、そういうようにお願いをします。そこで釈尊は沈黙から立ち上がって、転法輪と申しますが、教えをお説きになったと、そういう物語です。

これは仏教というものの本質をよくとらえた物語だと思います。一方では、釈尊が「さとり」をひらかれたのち、長い沈黙に入られたという、この沈黙ということにも深い意味があります。長尾雅人先生も以前にそういう論文をお書きになっていましたが、「さとり」というものは言葉によっては伝えられないという、言語的表現を超えるという側面があるということです。しかし、それと同時に、その沈黙を破って釈尊が足を踏み出されたということも、ここには語られているのです。それが「さとり」ということの本質、根本の在り方です。

もとより、「さとり」ということは、人間についても世界についても、すべての存在についての深い洞察ということでありましょうが、同時にその洞察が外へはたらき出てゆくという、そういう側面をもっている、大乗仏教では、「不住涅槃・不住生死」ということを申しますが、「慈悲によるが故に涅槃に住せず、智慧によるが故に生死に住せず」という、そういうことが仏教の本質で、浄土門というのは、そういう慈悲によってさとりの境地に安住しないという、そういう面が具体的に教えとして展開するという、そういうことではないかと私は思います。

大乗仏教というのは、仏さまの「さとり」ということがそなえている「不住涅槃・不住生死」という二つの側面、あるいは智慧と慈悲の側面といってもいいでしょうが、それが自利利他のはたらきとして発動する、それがとくに慈悲としてあらわになるところに浄土の教えというものが出てくるのであり、その浄土の教えの入り口と言いますか、私たちがそれに触れる尖端が「名号」であると、そう言えるのではないでしょうか。

私たちの心の深いところには、生死の世界を出たい、迷いの世界を出たいという願いがある、それは蓮の花が泥の中に埋もれていても、時がくればその泥から頭をもたげて水面へ出ようとするのといっしょであり、その泥のなかから出ようとするその願いをキャッチするのが菩薩です。菩薩というのは、そういう衆生の心の深いところにある願いをキャッチして、それを受けとめ実現させようとする。「弥陀の誓願不思議」というと、何か私たちから遠いところにあるみたいですが、そうではなくて、私たちの心の深い所に隠れているといいますか、ひそんでいる願い、生死の世界を離れたいという願い、それは煩悩におおわれていますが、それをキャッチした菩薩が、その願いを実現させようという誓願を建てるということです。

鈴木大拙先生がおっしゃるのはそういうことです。初めから、法蔵菩薩がいらっしゃって、世《せ》自在王仏《じざいおうぶつ》のもとで修行なさって、四十八願をお建てになって、その第十八願がこういう願でということを言っても、私たちの心には迫ってこない。私たちの心の深いところには、この生死の迷いの世界を離れたいという願いがある、それが宗教的要求というものです。浄土門は他力だから、そういう人間の自力的なことは言わないと申しますが、罪悪生死の凡夫にはそういう殊勝なものはないと言いますが、私はそうは思いません。

宗教的要求というのは、人間の一番深い要求です。それを指摘されたのは、西田幾多郎先生です。西田先生は『善の研究』という書物を書かれて、その中で「宗教」を論じ、その初めに宗教的要求を取り上げ、「宗教的要求は自己に対する要求である、自己の生命に就いての要求である」とされ、「我々の自己がその相対的にして有限なることを覚知すると共に、絶対無限の力に合一して之に由りて永遠の真生命を得んと欲するの要求である」（『西田幾多郎全集』第一巻一六九頁）とおっしゃっています。これは決して自力・他力というような問題ではありません。私たちの心の深い所に宿っている願いというものを、西田先生は宗教的要求とおっしゃったのです。

親鸞聖人はそういう願いというものは、まさに仏さまからさしむけられてあるというふうに受けとめられた、私たちがそういう願いを起こすとしても、それは仏さまにもよおされて起こすのだと、そういうように受けとめられた。これは親鸞聖人独特の受けとめ方です。私はそういう受けとめ方は、わたしたちの在り方というものをよく理解されていると思います。西田先生もよく理解されています。いずれにしても、私たちは、自分の心の深い所に宗教的要求というものがあるということに目覚めなければなりません。

人間というものは、現実の世界の中でいろいろの矛盾にぶつかって悩まざるを得ないのです。そういう悩みにぶつかると、人間は宗教的要求を感じるのです。「真摯《しんし》に考へ真摯に生きんと欲する者は必ず熱烈なる宗教的要求を感ぜずには居られない」（同一七三頁）と西田先生はおっしゃっています。そういうことが、現代においては見失われているのではないでしょうか。禅などでは「発菩提心」ということを強く申しまして、人々を督励すると思われますが、浄土真宗もそういう宗教的要求ということと決して無関係ではありません。それが誓願というものの背景です。

そこで、「念仏申さんとおもひたつこころのおこるとき」とおっしゃっていますが、その「こころ」はどこから「おこって」くるのか。「おこす」のではなくて「おこる」のです。わざわざ親鸞聖人がそこで「おこる」とおっしゃっているのはどうしてか。それは私たちの心の深い所に仏さまの願いというものがかけられているからです。自分で起こすように見えるけれども、自分で宗教的要求を起こすように見えるけれども、実はさとりの世界からの、仏さまからのもよおしというものがあって、そこに「念仏申さんとおもひたつこころ」が起こるのだと、そういう意味をもっているわけです。

この第一条の言葉は、親鸞聖人が、繰り返してご門弟たちに語っていらっしゃった言葉だと思います。ただ聖人は、浄土の教えはこういうことだとおっしゃっているのではなくて、私はこういうふうに仏さまの本願にお出遇いしたと、そういうことをおっしゃっているのです。だからこの文を一つ一つ区切って、「誓願不思議にたすけられて」、「往生をとげると信じて」、「念仏申そうと思いたって」というように読んでしまいますと、聖人のお心はとどかないのです。これは親鸞聖人が、私は誓願不思議にお出遇いしたと、そのことをおっしゃっているのです。

信心開発

それではどのようにしてお出遇いなさったかというと、それは第二条でおっしゃっているように、法然上人を善知識として、そのお言葉でお出遇いになったのです。その誓願というものは、私たちの心の深いところにある願いというものと呼応していると申せましょう。もとより私たちの願いが先にあってということではなくて、そういうことが起こってくるのは仏さまのもよおしということですが、しかしそこには何もなくて、たなからぼた餅のようにおちてくるということではありません。

それは親鸞聖人のご生涯を見てもわかりますように、比叡山で二十年の修行をなさって、天台宗の摩訶止観の常行三昧とか常座三昧とか、厳しい修行をなさって、それでも「生死出づべき道」を見いだせない。そういう思いで六角堂に参籠なさって、そこで法然上人にお遇いになって、上人がおっしゃった「念仏して弥陀にたすけられよ」というそのお言葉の中に仏さまの呼びかけをお聞きになった。それがここで「誓願不思議」とおっしゃっていることの中身です。

昔の人は今のようにテープがあるわけではありませんから、耳の底に留めている、これが聖人の一番大事なお言葉だと、唯円さんも他の門弟たちもみなそう思っている。聖人のおっしゃったことで一番大切なことはこれだと、このお言葉を聞いてみなさんも本願に気づいてほしいと、そういう気持ちがここにこめられています。

私たちがこのお言葉を聞いて、そこに聖人のお心を受け取って、本願の呼びかけに目覚める、それが「信」ということです。「信」というと、何かある信仰箇条をその通り間違いないと思い込むことをいうように思いますが、そうではなくて、むしろ仏さまの呼びかけということは、永遠の世界からの呼びかけということでもあるわけですから、それが南無阿弥陀仏という名号なので、その名号を聞いて私たちがそれにすべてを託するという、そこに「信」の世界がひらかれてくる。「信心開発《しんじんかいほつ》」と申しまして、「信心する」とか「信心を心がける」とか言わない、あるいは「信心獲得」とかあるいは「信楽《しんぎょう》 回施《えせ》」と聖人はおっしゃることもありますが、内容は同じで、肝心なことは、「信心」というものが私たちの心に開かれるということです。

それがどうして開かれないかと言えば、それは、私たちがいつも善悪ということにとらわれているからです。善悪というのは、当時の考え方としては、善因楽果・悪因苦果です。よいことをすれば楽の結果が生まれ、悪いことをすれば苦の結果が生まれる、これが因果の法則です。これは仏教に限らない、古代インドの考え方で、そこに輪廻ということも言われるわけです。当時のひとたちにとっては、この生を終われば次の生と、果てしなく輪廻を繰り返す、それが最大の恐れです。

現在の私たちだって、そういうことに何も確実な知識があるわけではありません。死んだらおしまいだと思っているだけのことで、本当にそう思っているのかと言えば、自分が死んだあともテレビは連続ドラマをやっているだろうし、新聞は毎日発行されるだろうし、そういうことは疑いません。どうしてそういうことがわかるのでしょうか。自分はどうなっているのかといえば、天国でお星さまになって皆を見守っているとか、お墓の中の土の下にいるとか、現代人は実に浅薄な死生観しかもっていないわけです。

昔の人はむしろ非常にダイナミックというか、生き変わり死に変わりの輪廻の世界は迷いの世界だと、本当に仏教の教えを信じていたかどうかは別にしても、少なくとも因果応報ということは真剣に考えていたと言えましょう。江戸時代の芝居だとか、浄瑠璃だとか、そういうものはみな因果応報という考え方を背景にしています。江戸時代以前の戦国時代も、室町時代も鎌倉時代もずっとそうです。自分の生というものとむすびつけて、因果応報ということを受け取っていたのです。そういうことからも、宗教的世界観というものは、人間の生きている意味にかかわるということがわかります。

親鸞聖人の教えはそういう善因楽果・悪因苦果という連鎖を断ち切るという、そういうラジカルな教えであったのです。ふつうの人はそういうことがなかなか理解できない。善因楽果・悪因苦果のほうはわかる。悪い事をしたものは、この世ではうまくいったとしても、来世では苦しむという、そういうことはわかる。しかし、そういう因果の連鎖を断ち切って、輪廻を脱却する道が開かれているということは、なかなか理解できないことです。親鸞聖人は、浄土の教えの真髄はそこにあるということをおっしゃったのです。

『教行信証』の「信巻」に「横超断四流《おうちょうだんしる》」ということが書かれています。横超と竪超《しゅちょう》、横に超えると竪《たて》に超える。竪超というのは、修行して一段階一段階と進んでゆく、五十二段階と申しますが、それを超えて最後にさとりに達する。これが自力聖道門といわれます。自分の力で迷いの世界を出ようとすれば、たいへんな努力を必要とする段階を一つ一つ超えて、五十二の段階を超えて初めてさとりの境地に入る。それに対して、横ざまに迷いの世界を超える、それが本願の教えであると、親鸞聖人はおっしゃるのです。

なぜそんなことが言えるのか。それは聖人が自らその本願のはたらきというものを体得されていたからです。そういう本願のはたらきを体得したというお気持ちが、そのままこの『歎異抄』のお言葉に出ているわけです。それが人々の心を打ったのではないでしょうか。

第三講　第二条「よきひとの仰せ」

女犯の偈

前回は第一条のお話をしておりました。第一条は親鸞聖人の教えが凝縮されていると申しますか、親鸞聖人の教えのエッセンスが込められている文章であって、誓願、「弥陀の誓願」という言葉から始まりますので、誓願と申しておきますが、誓願というのは本願です。本願、名号、信心、念仏、往生浄土、それから善悪についてと、そういう浄土真宗の教えの中心になるような言葉が、非常に簡潔にまとめられています。

親鸞聖人は、いちいちそういう教えをご理解なさって、その上で念仏門に帰入されたわけではありません。これは今日読むところにありますように、法然上人のお言葉に信順されることによって多年の問題が氷解する、そういう大きな心の転機を迎えられたわけでありますが、その法然上人の教えられた浄土の教えというものがどういうものであったかということを、後に省みられて、こういうお言葉で残しておられるのではないかと思います。

親鸞聖人は念仏の教えにお出遇いになったわけですが、念仏の教えというのはどういうことであったのか、それをのちにご門弟たちにお示しになりますから、そのお示しになる教えの内容を、弥陀の本願、それから名号、信心、念仏、往生浄土と、こういう形でおまとめになったのです。

この第一条は、『歎異抄』の中では、ある意味では一番難しいところです。私どもがたまたま聖人の教えに出遇わせていただいて、聖人の教えを喜ぶ身になりますと、聖人のお気持ちがよくわかるわけでありますけれども、初めてこの言葉を読んで、すぐさま聖人のお気持ちと同じようになるというのは、非常に難しいことです。しかし聖人としては、こういう教えの根本を、いつも繰り返してご門弟たちにお語りになった、そういうことであろうかと思います。

そしてあとには「老少善悪のひとをえらばれず」、これは、当時は現在と違いまして、善因楽果、悪因苦果、あるいは善因善果、悪因悪果。これは仏教の基本とされている因果の理、今生で善の因をおさめた者は来生で楽の果を得ることができる。今生で悪の種をまいた者は来生においては苦しみの果を得なければならない。これは因果の鉄則と申します。

因果の理、あるいは輪廻という考え方は、元来はインドの人たちの考え方として、全般的にあったものですが、我が国では当初から仏教の教えとして、動かし得ないことだと思って、みなそういうふうに信じていたわけです。だから、当時の『梁塵秘抄』という俗謡集の中には、生活のために鵜飼いをして、鵜に亀の肉を食わせる、そして鵜の首をくくって魚を捕らせる。この世はこういう殺生をして暮らしているが、来生、その結果がどう出てくるだろうかということを、本当に心も凍るような恐怖感で受け取っている人の歌が載っているのです。今はもうそういう気持ちはなくなってしまいましたが、その当時の人たちは、生活のために殺生をして生きているが、来生にはその結果として、自分の身に苦しみを受けなければならないと、本当にリアルに感じていたわけです。

それに対して親鸞聖人は、その因果の関係を断ち切ると申しますか、「横超断四流」、横ざまに迷いの世界を超える、そういう教えに法然上人のお導きによって出遇われたわけです。それがやはり親鸞聖人にとっては最大の、法然上人の教えについて受け取られた一番の中心点ではなかったかと思います。

ちょっと話が飛んでしまいますが、大阪大学の先生をしていらっしゃる平雅行さんという方の『親鸞とその時代』という本が法藏館から出ましたが、それを読んで、最近の歴史的研究の中で、注目すべきものだと思いました。これは初めから申しませんとわからないかもしれませんが、「親鸞伝」の研究というのは、日本歴史の問題としても非常に大きな問題で、とくに明治以降、多くの研究者たちが心血を注いだわけです。

明治時代には、ヨーロッパから近代の学問が入ってきまして、歴史学も近代の学問として受け入れられて、歴史学者は、近代の文献学とか実証的な歴史学というものを背景にして、過去の伝承を一つ一つ検討していくという、そういう仕事をしたわけです。親鸞聖人は、大教団の開祖ですから、研究者の関心も大きくて、いろいろ議論がありました。初めの頃には親鸞という人は歴史的な実在ではないと、親鸞抹殺論と申しますか、そういう非常に極端な意見もあったのですが、だんだん歴史家たちの研究が進んで、親鸞聖人という方は確かにいらっしゃった、とくに辻善之助という先生が筆跡の研究を通して、親鸞聖人という方は実際にいらっしゃった方で、それは公の記録にはないけれども、実在は疑えないということになりました。大谷大学の山田文昭先生ですとか、中沢見明先生など、いろんな先生方が「親鸞伝」の研究をなさって、親鸞聖人の歴史像というものが次第に明らかになりました。

それまでは親鸞聖人という方はどういう方かということは、宗門の伝承の中では、覚如上人のお書きになった『御伝鈔《ごでんしょう》』というものがありまして、それを通して理解しておりました。これは真宗の寺院では、報恩講のときなどにいつも読んで親しんでいたわけですけれども、近代の歴史学の研究者は、その『御伝鈔』の記述を一つ一つ確かめて、そしてようやく現代では、ある程度の親鸞聖人の歴史像というものの輪郭が出てきたわけです。その代表的なものが、赤松俊秀先生の『親鸞』（吉川弘文館刊）です。

しかしいくつかまだわからないところがあります。どうしてそういう話をするかというと、私は最近この平さんの本を読んでちょっと感心したので、その感心した気持ちがまだ冷めやらないので、ついそういうことを言ってしまうのですけれども、平さんはとくに親鸞聖人の、普通「女《にょ》犯《ぼん》の偈《げ》」といっている偈文《げもん》を取り上げています。これは『御伝鈔』の中にあるのです。親鸞聖人が比叡山で二十年修行なさって、比叡山の修行では自分の「生死出づべき道」というものが見いだせない、それで京都の六角堂で百日間参籠なさって、その参籠の九十五日目に、聖徳太子の御《ご》示現《じげん》にあわれて、そして法然上人にお遇いになったと、そういうことになっておりますが、その聖徳太子の御示現の文《もん》というのが何であったかについて、いろんな説があります。それを「女犯の偈」と一般には考えておりますが、はたして「女犯の偈」であったかどうかということについても、いろいろ議論があるくらいであります。

「女犯の偈」というのは『御伝鈔』の中にある偈文です。

行者宿報設女犯、我成玉女身被犯、一生之間能荘厳、臨終引導生極楽（行者、宿報にてたとひ女犯すとも、われ玉女の身となりて犯せられん。一生のあひだ、よく荘厳して、臨終に引導して極楽に生ぜしめん）（一〇四四頁・七二五頁）

という文章です。行者が宿報により、「宿報」というのは過去世の行為の結果です。先に申しました善因楽果・悪因苦果という因果の報いということです。宿というのは宿世、報は報いですから、過去世の行為の報いとして、「設女犯」というのはたとえ女犯をするともということ、「我成玉女」私は玉女となって、「身被犯」身は犯されて、一生のあいだ荘厳する、荘厳というのは飾り立てるという意味です。飾り立てるというのもおかしいですが、大事にするという意味です。そして臨終には引導して極楽に生ぜしむ、こういう偈文を受けられたと。今はほぼそういうふうに考えられています。

私の大学時代の先生の武内義範先生は、親鸞聖人が六角堂で受けられた聖徳太子の御示現の文は「女犯の偈」ではないと、否定的なお考えでしたが、歴史家たちはだいたい「女犯の偈」だったというふうに考えています。『親鸞夢記』という本がありまして、そこにこれがあるものですから、それをとっているわけです。だから歴史家たちは、親鸞聖人は比叡山で二十年の修行をなさって、そのときに一番大きな問題は、青年期だから、やはり性の問題、その性の問題に苦しんで悶々としておられたときに、「女犯の偈」をお受けになって、そして思いきって法然上人に遇われたと、こういうふうに考えているのです。

しかし私は、以前から、そういう考え方でいいのだろうかと、もし親鸞聖人が聖徳太子の御示現として「女犯の偈」を受けられたとしても、それが青年期の性的な悩みをあらわしていると、そしてそれがきっかけになって法然上人に遇われたというのは、どうも納得ができないような気がしていました。そこで私は、深層心理学のユングの考え方なんかを多少参考にしまして、聖人はむしろこれから進んでいく道について、示唆を与えられたのではないか、ということを申しておりました。六角堂は観音さまが本尊ですが、この場合観音さまが同時に聖徳太子の本地ということになりますから太子と一体なのですが、その観音さまの御示現として親鸞聖人が受けとめられたのは、観音さまはこれは私の願いだからほかの人たちにその趣旨を説明しなさいとおっしゃったので、それを受けられたというふうに『御伝鈔』には記されています。

平雅行さんは、この時代に僧侶が結婚するということはそんなに不思議なことではない、いくらでもあったことだと、そしてもう一つ重要なことは、この偈文とまったく相応ずるような文章が、これは真言宗の覚禅《かくぜん》という方の本の中にあって、『覚禅抄』という本がありまして、その中にそういう趣旨の文章があって、それを親鸞聖人はご存じだったはずだと。

ただ観音さまが、覚禅さんの本では「如意輪観音《にょいりんかんのん》」ということになっている、如意輪観音が行者のために女性として姿を現して犯される、というようなことが書いてある。その文章をよく知っていらっしゃったであろう、ただ『覚禅抄』の中にある観音さまが行者に犯されるという文章と、親鸞聖人が感得された文章とは、違うところがある。どこが違うかというと、「宿報」ということだと。親鸞聖人がなぜ法然上人のところへお越しになったかというと、宿報、すなわち過去世の縁ですが、それを断ち切るという、そういう趣旨がこの中に込められている。それで親鸞聖人は、その教えに非常に強い関心を持って、法然上人のところへ行かれたのだというふうに、これと同じ言葉ではありませんけれども、平さんはそういう趣旨のことを言っておられます。

私はその説を読んで、初めて親鸞聖人のその御示現の文に対するお気持ちというのがわかったような気がいたしました。私もそう思うのです。親鸞聖人がなぜ六角堂で聖徳太子の御示現を受けてそこから思いきって法然上人のところへ行かれたかというと、行者が過去世の縁でそういう目にあってもそれを断ち切るという、そういう教えが法然上人の教えの中に込められているということに気づかれた。だから、私がこのあいだ申しました、親鸞聖人の教えの、あるいは親鸞聖人が法然上人を通して見いだされた教えの一番の真髄は、それはやはり「横超」、浄土の教えというものは横超の教え、「横超断四流」、迷いの世界を断ち切る。それは何によって断ち切られるかというと、これはもちろん他力、仏力、あるいは本願力によって断ち切られる、そのことにお気づきになった、そこがやはり親鸞聖人の親鸞聖人たる一番根本のところだということを、平さんの最近の指摘を通して、私はあらためて確認したような気がいたしました。

この偈文というのは、行者が過去世の縁で女犯を犯しても、観音さまが玉女になって、極楽に生まれさせるということですから、親鸞聖人にとっては、観音さまも勢至菩薩も阿弥陀仏の脇侍《わきじ》ですから、三者は一体です。キリスト教でも三位一体と申しますが、三者一体なので、仏さまの力というものが、過去世にどういう因縁があってもそれを断ち切る力があるということを感得されて、そして法然上人のところへ行かれた。そういう理解、受け取り方が一番素直と言いますか、親鸞聖人のお気持ちに沿ったものではないかと思います。

そういうふうに考えますと、親鸞聖人が法然上人のところへ思いきって行かれたそのお気持ちがよくわかる。この教えによって初めて私は過去世からの迷いから脱することができると、「生死出づべき道」とおっしゃっていますけれども、生死というのは輪廻ということですから、ただ生きる死ぬということだけではありません、生死輪廻、六道輪廻ですね、善因楽果・悪因苦果という生死輪廻というものをいかにして断ち切るかということが親鸞聖人の青年時代の最大の問題だったのです。そのために比叡山で二十年修行なさった。

その二十年の修行というのは大変な修行です。われわれは何ということなしに比叡山へ入られて、二十年間修行されて、とくに山をお下りになる前は、常行三昧堂で常行三昧の修行をなさっていたというふうに聞いておりますけれども、この常行三昧というのは、これは武内先生がおっしゃっているのですけれども、仏像を真ん中に置いて、周りをめぐる。それは一時間も歩いていると足がパンパンに腫れてくる。まして一日、二日、三日というふうに、休まないことはありませんけれども、歩いていると足が腫れ上がってしまって動けなくなるようなそういう修行です。当時の人たちはそれに耐えて、常行三昧を通して仏立三昧を経験する。仏立三昧というのは仏さまが現前する、そういう修行をなさっている。

ところが聖人は、それによっては生死出離の道を見いだすことはできないと思って比叡山から六角堂へやって来て、そして六角堂で参籠なさったのです。参籠なさったときに、聖徳太子のお示しとして、どういう過去世の因縁があっても観音さまの力でそれを断ち切ることができるという教えを聞いて、そこで初めて親鸞聖人は法然上人のところへ行かれたのだというふうに理解するのが、聖人の大きな転機というものの背景がよくわかるのではないかと思います。

善鸞と東国門弟

次に、第二条を読みます。まず本文の第一節をあげます。

「一　おのおの十余箇国のさかひをこえて、身命《しんみょう》をかへりみずして、たづねきたらしめたまふ御《おん》こころざし、ひとへに往生極楽のみちをとひきかんがためなり。しかるに念仏よりほかに往生

のみちをも存知し、また法文等《ほうもんとう》をもしりたるらんと、こころにくくおぼしめしておはしましてはんべらんは、おほきなるあやまりなり。もししからば、南都《なんと》北嶺《ほくれい》にもゆゆしき学生《がくしょう》たちおほく座《おわ》せられて候《そうろ》ふなれば、かのひとにもあひたてまつりて、往生の要《よう》よくよくきかるべきなり。親鸞におきては、ただ念仏して弥陀にたすけられまゐらすべしと、よきひとの仰《おお》せをかぶりて信ずるほかに別の子細《しさい》なきなり。」（八三二頁・六二六頁）

そこで今日のところへ入ってまいりますが、今日のところは、第一条が親鸞聖人の教えの中心点を凝縮した形で語っているとしますと、この第二条は親鸞聖人が教えに出遇われたこと、人間には一生には大きな出遇いということは何回かあると思いますが、その出遇いのことを語っていらっしゃる。その前で聞いているのは東国の門弟たちです。これも最近の研究では、第二条の背景になっているのは、おそらく親鸞聖人のご子息である善鸞《ぜんらん》さんという方の義絶という事件ではないかと言われております。文章そのものはわかりやすいものです。

「おのおの十余箇国のさかひをこえて」とありますが、十余箇国というのは、関東から京都にいたる途中の国々、常陸、下総、武蔵、相模、伊豆、駿河、遠江、三河、尾張、伊勢、近江、山城といった国々です。東海道五十三次ですから、東国の門弟たちというのは親鸞聖人が流罪にあわれて、越後、新潟の辺からはるか関東のほうへおいでになって、それが三十五歳ぐらいから六十歳ぐらいまでのあいだですが、そして次第に関東、常陸の辺りの人たちを教化されまして門弟たちができた。

ところが親鸞聖人は六十歳ぐらいのときに帰京されます。年齢ははっきりいたしませんが、六十歳ぐらいで京都へ帰られる。おそらくそれは『教行信証』の撰述のためである。東国でも、その当時伝来しておりました書物をご覧になり、『教行信証』の骨格をお作りになってはいたわけですけれども、京都へ行ったほうがいろんな書物を見る便が多いであろうとお考えになって、そして六十歳ぐらいに京都へお帰りになった、というふうに考えられております。これも現代の歴史学の研究の成果としてだいたい見当がついております。

そして六十歳ぐらいになって京都へ帰られて『教行信証』を完成、完成とまではいきませんけれども、だいたい考えておられたような構成を終えられる。それからあと、和讃であるとかあるいは『唯信鈔文意』『一念多念証文』というような和文の著作を作られた。あるいは漢文の著作も作られたりして、ずっと京都にいらっしゃったようです。

その京都に帰られた親鸞聖人を慕って東国の門弟がやって来る。やって来た理由は、おそらく善鸞さんの異義という事件が起こったからであろうというふうに考えられております。

善鸞さんは、東国で門弟たちのあいだにいろんな問題が起こってきた、その問題を裁くために親鸞聖人から差し向けられて行かれたのですけれども、その善鸞さんが東国において、私はお父さんから特別の教えを聞いた、第十八願というのはしおれた花だ、お父さんが最後におっしゃったのはもっと別の教えだ、というふうに門弟たちに教えられた、と伝えられているのですね。それで、実際どういうことを教えられたかということはよくわかりませんけれども、おそらく善鸞さんは賢善精進《けんぜんしょうじん》という、一所懸命努力しないといかんのだということを教えられたのではないかと、これも推測ですが、とにかくそれで東国の門弟たちのあいだに大きな動揺が起こったわけです。

その混乱を鎮めるために親鸞聖人は、このときもう八十歳を越えておられたわけですが、初めはご存じなかったのですが、だんだん善鸞さんのおっしゃっていることなんかが聞こえてまいります。東国の門弟たちの中で一番中心になっておりましたのが性信《しょうしん》さんという人ですけれども、その性信さんの言い分のほうが正しいということに気がつかれて、最終的には善鸞さんと親子の縁を切ってしまわれるわけです。悲痛な思いで書かれた手紙が残っております。

これは『御消息集』をご覧になるとわかりますが、もう親と子の関係というものを断ち切ってしまう、子供であるということは思い切る、親であるということは思うな、というふうな、そういう非常に激しい言葉で善鸞さんを義絶されてしまった。そしてようやくそれで東国の門弟たちの動揺が収まるわけですが、しかし門弟たちのあいだにはまだいろいろ疑問がある。

善鸞さんは親鸞聖人のご子息ですから、ご子息が私はお父さんからいろいろ特別に聞いていると言われると、門弟たちの気持ちも動揺するわけです。本当じゃないかしらと思う。そういう気持ちを持った門弟たちが今、親鸞聖人の前に集まっている。そして親鸞聖人のおっしゃることを聞こうとしている。そういう場面をお考えになりますと、この第二条の言葉が語られる空気というのか、親鸞聖人がこういうことをおっしゃっているお気持ちというものがよくわかるだろうと思います。

親鸞聖人はそういう東国のご門弟たちを前にして、あなた方は関東から京都まで十余箇国という国々を越えて命がけでやってきた。その気持ちはただ往生極楽、往生極楽というのは先ほどから申している生死出離ということと同じことです。極楽というのは浄土ですから、生死の迷いを離れる、生死出離ということと同じで、迷いの世界を離れるという意味で理解されるといいのではないかと思います。迷いの世界を離れたいと思ってこられたのだと。しかし私が念仏以外の、ほかの浄土往生の道を知っていると、あるいはそれについてのいろんな経典の文章なんかを知っていると、それをもっと聞きたいと、あなた方が飽き足りないような思いでいらっしゃったのならば、それは大変な間違いだ。もしあなた方がそういう念仏以外の教えを知りたいと思うのだったら、南都というのは奈良ですし、北嶺は比叡山です、奈良にも比叡山にも「ゆゆしき学生」、立派な学者さんたちがたくさんいらっしゃるから、そういう人たちにも会って浄土往生の道はどういうものかということをお訊《き》きになったらよかろう。こう前段でおっしゃっているわけです。これは非常に厳しい言い方です。

そこからあと、親鸞聖人の偽らないじかの気持ちが出てまいります。「親鸞にをきては、ただ念仏して弥陀にたすけられまゐらすべしと、よきひとの仰せをかぶりて信ずるほかに別の子細なきなり」。「よきひと」は法然上人ですから、法然上人の「ただ念仏して」、この「ただ」という語をどの言葉へかけるかということもまたいろいろ議論のあるところですけれども、「念仏して弥陀にたすけられまゐらすべし」という、これが法然上人の言葉です。その法然上人の仰せを受けて、信ずる以外には、別の子細はない。ほかに何も別の道はない。唯信ということになりますと「ただ」はやはり信にかかる。「唯信独達」と浄土真宗では昔から申しておりますけれども、信の道以外にはないのだと、こういうことをおっしゃっているわけです。

イエスに従うか

これはどういうことか。だいたいの場面はおわかりになるだろうと思いますけれども、こういう場面がどういう意味を持っているかということを、非常にクリアに、そのことの深い意味を明らかにしたのは、先にも申しましたように、キルケゴールだと私は思います。

キルケゴールという人は非常に優れた思想家で、キリスト教的実存という立場を明らかにして、近代の、あるいは現代につながるキリスト教というものの意味を、あらためて私たちに示した人ですが、そのキルケゴールの著作の中に宗教哲学の三部作というのがありまして、それが『恐れとおののき』『死にいたる病』『キリスト教の修練』です。キリスト教の、あるいはキルケゴールの思想をここで論じるわけではありませんので、ちょっと紹介だけしておきますが、この三つの著作に、それぞれキルケゴールの宗教についての、とくにキリスト教についての深い思索が展開されています。

この場合関係があるのは『キリスト教の修練』で、キルケゴールはそこでどういうことを言っているかというと、この前にも申しましたが、もう一度ごく簡単に申しますと、仏教もそうですけれど、キリスト教ももう二千年の歴史がある。イエスと言えば、キリスト教の中心の人、神さまですから、キリスト教徒の誰もがイエス・キリストの教えに従っています。

しかし、イエスという人は、生きておられた時代にはどういう人であったか、ということをキルケゴールは問いかけるわけです。イエスがおられた時代には、イエスが本当に神さまの子として尊敬されていたわけではない。イエスは乞食のように、みんなから蔑まれ、あるいは石をもってなげうたれるような、そういうふうに、みんなから卑《いや》しめられている人ではなかったか。そのイエス・キリストが人々に向かって、私についてこいとおっしゃる。その「私」についていくことができるのか、ということをキルケゴールは問いかけるわけです。

今のキリスト教は、ローマカトリック教会もあるし、プロテスタント教会もあるし、世界の何億という人がキリスト教徒です。そういうときのキリストじゃない。イエス・キリストがこの地上に現れたとき、貧乏な、ろくに食べ物も食べられない、ぼろの着物を着ている、そして人々に対して、あなた方は私についてこい、と言われる、そのときに、あなた方はそれについていくことができるのか、とそういうことを訊くわけです。これはやはり宗教というものの本質を突く考え方です。

仏教の場合でも、私たちは、大きな伽藍《がらん》、浄土真宗本願寺派であるとか、真宗大谷派であるとか、大きな教団の中心人物として親鸞聖人を仰いでおりますけれども、親鸞聖人がここでおっし

郵便はがき

料金受取人払

京都中央局
承認

17

差出有効期間
平成17年3月
31日まで

(切手をはらずにお出し下さい)

6 0 0 - 8 7 9 0

5 0 8

京都市下京区
正面通烏丸東入

法藏館
営業部 行

ご購読有難うございました。このカードで、小社への直接のご注文、図書目録の請求等、必要事項をご記入のうえ、 ご投函下さい。

ご購入の書籍名

お買上げ書店名　　　区
市
郡　　　町　　　書店

ご購入の動機
□店頭で見て　□書評・紹介記事　□新聞・雑誌広告
□その他（具体的に　　　　　　　　　）

●本書へのご意見・ご感想または小社出版物へのご希望（出版してほしいテーマ、ジャンル、著者名など）をお書き下さい。

ゃっているのはそういうことではありません。親鸞聖人は、この場合は法然上人ですけれども、ただ念仏して弥陀にたすけられよと法然上人がおっしゃったから私はそれについていくと、こうおっしゃっているわけです。その場合に、私たちも同じことを問われている。キルケゴールの言葉では「同時性」と申します。「同時性」ということが信仰の根本だということを申します。私はやはりこれは、この第二条というものを考える場合に、非常に重要なことだと思います。

親鸞聖人を立派な方だと思ってついてゆく人は、今はたくさんいらっしゃるでしょうけれども、本当に問いかけられているのは、法然上人の場合もそうですし、法然上人はその時代の人たちから猛烈な攻撃を受けて、最後には流罪にされています。親鸞聖人もそうです。あるいはイエスさんもそうです。そういう多くの人々から猛烈な攻撃を受けて、乞食同様に卑しめられて、石をなげうたれるような、そういう人が、自分に対して、私の言うことについてくるかと言われたときに、あなたはそれについていくかということをキルケゴールは言うわけです。「同時性」ということは自分が同じ時に生きているということ。それが信仰というものの根本だと。

キルケゴールの場合はキリスト教ですけれども、私はキルケゴールのそういう考え方を読んでいて、これは親鸞聖人が最後のところで「このうへは、念仏をとりて信じたてまつらんとも、またすてんとも、面々の御はからひなり」とおっしゃった気持ちと同じだと思いました。

信仰ということには、キルケゴールは「決断」という言葉で言ったのですけれども、やはりそういうところがある。私がこの人についていくかどうかということを、一人一人が問われている。

親鸞聖人は、少なくともよきひと法然上人のおっしゃることについていきます、ということをおっしゃっているわけですから、そういうところに宗教的な一つの気持ちの決着と申しますか、気持ちが決まるというところがあるわけです。

「親鸞におきては、ただ念仏して弥陀にたすけられまゐらすべしと、よきひとの仰せをかぶりて信ずるほかに別の子細なきなり」。「念仏して弥陀にたすけられまゐらすべし」と言われたからといって、それじゃほかの法然上人のご門弟たちと一緒に、お念仏して浄土へ参りましょうかと、みんなと一緒ならいいという、そういう気持ちで言うのか、それとも親鸞聖人は、ここではそういうことをおっしゃって、俗な言葉で言えば一か八かという決断を迫るというか、それにあたる言葉が決断という言葉しかないので、決断という言葉を仮に使いますけれども、そういうことが問われている場というものがあるのではないでしょうか。この第二条は、そういうことを私たちに問いかけている文章だということを知らなければならないと私は思います。

法然上人の導き

「念仏は、まことに浄土に生《うま》るるたねにてやはんべらん、また地獄におつべき業《ごう》にてやはんべるらん。総じてもつて存知せざるなり。たとひ法然聖人にすかされまゐらせて、念仏して地獄におちたりとも、さらに後悔すべからず候ふ。そのゆゑは、自余《じよ》の行《ぎょう》もはげみて仏に成るべかりける身が、念仏を申して地獄にもおちて候はばこそ、すかされたてまつりてといふ後悔も候はめ。い

づれの行もおよびがたき身なれば、とても地獄は一定《いちじょう》すみかぞかし。」（八三二頁・六二七頁）

そこで初めてこの文章が生きてくるわけです。親鸞聖人は「念仏は、まことに浄土に生るるたねにてやはんべらん、また地獄におつべき業にてやはんべるらん、総じてもつて存知せざるなり」とおっしゃっています。門弟たちは、東国で善鸞さんによって起こされた大きな混乱の中で、どこへ自分の身を置いていいかわからない、そういう切羽詰まった気持ちを持って親鸞聖人の前へ出てきた。親鸞聖人はそれに対して、あなた方が難しい理屈を知りたいのだったら比叡山へ行きなさい、奈良へ行きなさい、そこで勉強しなさい、私の言うことは単純だ。単純だけれどもそこには自分の命を賭けた一つの気持ちの決着というものがあるのだという、そういう気持ちでおっしゃっているわけですから、それを聞いている人もおそらく非常に緊張して聞いている。その中には『歎異抄』を記された唯円さんもいらっしゃったのだろうと思います。

これはおそらく親鸞聖人の八十四歳くらいのときのお言葉です。そのお言葉を聞いて、やはりお師匠さんのおっしゃるとおりについていきますと。これはほかのお手紙の中にもありますけれども、空にいっぱい菩薩や仏さまが現れて、あなたの信じていることは嘘だ、そんなものは全部嘘だと言っても、いったん信心を固めた人は、決して動揺してはならないということを親鸞聖人はおっしゃっていますから、そういう気持ちというものを、聞いている人は親鸞聖人のお言葉を通して受け取るわけです。ああ、親鸞聖人がおっしゃっているのはそういうことかと。私たちは善鸞さんの言葉に心を動かしたけれども、そんなことは問題ではない、親鸞聖人の言うことを聞くのではないのだ、仏さまの言うことを聞くのだと。仏さまのおっしゃることを聞いて、そこで本当に仏さまから与えられた、恵まれた信というものによって、私たちの生死の問題というものが解決するのだということを、おそらくご門弟たちはこれを聞いてはっきりしたのでしょう。それでなければこういう言葉は残ってきません。

それに対して親鸞聖人は、自分の気持ちとして、「念仏は、まことに浄土に生るるたねにてやはんべらん、また地獄におつべき業にてやはんべるらん。総じてもつて存知せざるなり」とおっしゃいます。こんなことは、その時代の他の人には言えないような、非常に思いきった言葉です。

念仏をするのは極楽に生まれるためだと思っている人だったら、これを聞いてびっくりしますね。念仏をして地獄に堕《お》ちるのか浄土に生まれるのかそんなことは私は知らないと。たとえ法然上人に騙《だま》されて念仏して地獄に堕ちても私は後悔しない。それは理由がある、どうしてか、「自余の行もはげみて仏に成るべかりける身」、ほかの行、ほかの自力の行業というものを励んで、これは懺悔《さんげ》をしたり、あるいは坐禅をしたり、いろんなこと、あるいはさっき申しました常行三昧というようなこともあるでしょうけれども、親鸞聖人は比叡山で、そういうことによって自分が生死を解脱《げだつ》することができない、ということを、痛切に自分の経験として持っておられますから、だからこういうことをおっしゃるわけです。自力の行業によって迷いの世界から出られるという、そういう身なら、法然上人に騙された、という、そういう後悔もあるだろうけれども、「いづれの行もおよびがたき身」、これは親鸞聖人のお気持ちを非常に明確に表している言葉です。

私はどういう行も及びがたい。形は坐禅もすることもできるでしょうし、懺悔をすることもできるでしょうし、常行三昧をすることもできるでしょうけれども、聖人の本当の気持ちとしては、内外、すなわち心の内も外も一貫した行でなければ本当の行と言えないわけですから、そういう意味ではどんな行も及びがたい身だ。だからそういうことでは自分は迷いの世界を出ることはできないのだから、そこで「地獄は一定すみかぞかし」とこういうふうにおっしゃっている。聖人は、そういう自分の偽りない気持ちというものを、東国の門弟たちを前にして、非常にわかりやすい言葉で、一つ一つ門弟たちの心をえぐるような形でおっしゃっているところに、第二条の非常に深い、大きな意味があるわけです。

先ほども申しましたが、聖人はそういう世界にどうして達せられたか。それは法然上人の導きによってです。法然上人の言葉に気づかれたのは一瞬かもしれませんが、そのことを通して生死の迷いというものが断ち切られたのです。「六趣四生《ろくしゅししょう》、因亡《いんもう》じ果滅《かめつ》す」（二五五頁・二四四頁）、六趣四生というのは六道輪廻のことですから、そういう原因というものがすっかりなくなってしまった。因もなくなり果も滅する。そういう世界が開かれたわけです。

そういう世界から、門弟たちに対して、私が法然上人を通して聞いてきたことはこういうことだ。どういう行でもそれを行じて自分がさとりに到達できるということなら、それは念仏をして地獄へ堕ちて、騙されたということで憤慨もするだろうけれども、私はどういう行もできない身なのだ、どういうことも完成することができない身だ。ただ仏さまの力にすがるしかないのだ、そのすがるということが信ということにほかならないわけですから、自分のそういうすべてを捨てて仏さまの力に乗託することによってこういう世界が開かれた、それをあなた方が取るか取らないかという、そういうことなのだ、ということをおっしゃっていると思います。

『恵信尼消息』

「弥陀の本願まことにおはしまさば、釈尊の説教虚言《きよごん》なるべからず。仏説《ぶつせつ》まことにおはしまさば、善導《ぜんどう》の御釈《おんしやく》 虚言したまふべからず。善導の御釈まことならば、法然の仰《おお》せそらごとならんや。法然の仰せまことならば、親鸞が申すむね、またもつてむなしかるべからず候ふか。詮《せん》ずるところ、愚身《ぐしん》の信心におきてはかくのごとし。このうへは、念仏をとりて信じたてまつらんとも、またすてんとも、面々《めんめん》の御はからひなりと云々《うんぬん》。」（八二三頁・六二七頁）

ここもまた非常に深い意味があるところですけれども、親鸞聖人は「弥陀の本願まことにおはしまさば」とおっしゃっています。「本願まこと」という、どうしてこんなことから出発するのか。現在の私たちは、釈尊のお説きになったとされるお経というものが本当に釈尊がお説きになったものかどうか、それを文献学的に検討して、はたして『大無量寿経』というのは、釈尊の金《こん》口《く》の説法と申しますか、金口の説法というのは釈尊がじきじきに説かれたということですが、そういう金口の説法かどうか。いやそれとものちの時代に増幅されて『大無量寿経』というのができたのではないか、それじゃ釈尊の教えと言えないではないか、というふうな考え方をします。

そうすると、そういう考え方から言えば、釈尊の説教が「まことにおはしまさば」ということから始まりますけれども、親鸞聖人はそういう言い方はまったくなさっていないのです。

聖人にとっては、真実の教えというのは、それによって自分が生死出離へ導かれた「本願まこと」なのです。本願がまことであったら、そしたら釈尊が嘘の教えを説かれるはずがない。釈尊の教えがまことだったら、善導さんが嘘の御釈をお説きになるわけがない。善導さんがおっしゃることが本当だったら、法然上人のおっしゃることはまことだ。法然上人のおっしゃることだったら、私が申すことも「またもつてむなしかるべからず候ふか」。私の言うこともむなしくないはずだ。こうおっしゃっているわけです。

「詮ずるところ、愚身の信心におきてはかくのごとし」。私の信の世界とはこういうものだと。「詮ずるところ」ですから、つまりは私の信ずる世界はそういう世界だ。「このうへは、念仏をとりて信じたてまつらんとも、またすてんとも、面々の御はからひなり」という言葉で終わっていらっしゃるわけですけれども、この場合の「御はからひ」というのは、聖人がはからいを捨てよというときにおっしゃる「はからい」ではありません。むしろこれは、先ほどのキルケゴールの言葉から申しますと、人々にやはり決断を迫ると言いますか、自分の言葉に対してどういう思い切りをするかということを迫る、そう言う意味でおっしゃっている。聖人の気迫というものがそこに表れている言葉です。あなた方は私の言うことを本当だと思うのか思わないのか。それは私が言うよりもむしろあなた方自身の問題だ、というそういうお気持ちがあふれているのではないかと思います。

そういう聖人のお気持ちというのは『歎異抄』だけではなくて、これは大正時代になりましてから本願寺の倉庫から発見された『恵信尼消息《えしんにしょうそく》』の中にも、ほとんど同じその事態を表す言葉が発見されまして、おそらく親鸞聖人が繰り返して恵信尼さんにも、あるいは身近なご門弟たちにも語っていらっしゃったことだということが確認されるようになり、一層、その重要性というものが深く受け取られるようになったわけです。

『恵信尼消息』というのは親鸞聖人の奥さんの恵信尼さんが、親鸞聖人が亡くなってから、ご息女の覚信尼《かくしんに》さんのところへ五、六通手紙を出された、その手紙のことですが、おそらく恵信尼さんは、若いときに親鸞聖人が繰り返して語っていらっしゃったことを忘れがたいこととしてお書きになっているに違いない。

これもいろいろ歴史家が推測するのですけれども、親鸞聖人が亡くなったときに特別な瑞相というものはなかったので、覚信尼さん、お嬢さんですが、それを恵信尼さんへの手紙に書いたらしいのです。それに対して恵信尼さんが、あなたのお父さんはこういう人だったということを、お若いときのことを思い出してお書きになったのが『恵信尼消息』の第一通です。

その中に、親鸞聖人がご門弟を前にして、私は法然上人がおっしゃることについていったのだということをおっしゃった、そのことが書かれておりますので、おそらく親鸞聖人は繰り返して法然上人との出遇いを恵信尼さんにもおっしゃったし、ご門弟たちにもおっしゃっていたに違いない。それぐらい親鸞聖人にとっては法然上人との出遇いというものが決定的な意味を持っていたのです。そういう法然上人を、親鸞聖人は、勢至菩薩の再誕であると、あるいは場合によっては、阿弥陀如来があらわれていらっしゃるのだというふうに受け取っておられた。宗教的世界というのは、そういう意味を持っているのです。

第四講　第三条「悪人正機」

悪人正機

今日は第三条ですが、その全文を次にあげます。

「一　善人《ぜんにん》なほもつて往生をとぐ、いはんや悪人《あくにん》をや。しかるを世《よ》のひとつねにいはく、「悪人なほ往生す、いかにいはんや善人をや」。この条、一旦《いったん》そのいはれあるに似たれども、本願他力の意趣《いしゅ》にそむけり。そのゆゑは、自力作善《じりきさぜん》のひとは、ひとへに他力をたのむこころかけたるあひだ、弥陀の本願にあらず。しかれども、自力のこころをひるがへして、他力をたのみたてまつれば、真実報土《ほうど》の往生をとぐるなり。煩悩具足《ぼんのうぐそく》のわれらは、いづれの行にても生死《しょうじ》をはなるることあるべからざるを、あはれみたまひて願《がん》をおこしたまふ本意《ほんい》、悪人成仏《じょうぶつ》のためなれば、他力をたのみたてまつる悪人、もつとも往生の正因《しょういん》なり。よつて善人だにこそ往生すれ、まして悪人はと、仰せ候ひき。」（八三三頁・六二七頁）

これは悪人正機《あくにんしょうき》としてよく知られた文章で、高校の教科書にも引かれることがあるようです。しかし、これは親鸞聖人のお言葉ではなくて、法然上人のお言葉ではないかという説もありまして、法然上人のお言葉を親鸞聖人がご門弟たちにおっしゃっているのではないかという人もあり、いろいろ解釈が分かれるところです。

それはともかくとして、はじめには「善人なほもつて往生をとぐ、いはんや悪人をや」と言われています。悪人正機、あるいは悪人正因ということもありますが、善人でさえも浄土往生ができる、まして悪人が往生できるのは当然であるという意味です。

そういう考えは人間の努力を否定する考えであると、厳しく退ける人もあるようです。たとえば、有名な日本歴史の研究者であった津田左右吉博士は、その『文学に現れたるわが国民思想の研究』という著作の中で、こういうことをおっしゃっています。人間の力は弱小であるが、それを知るのは精進努力をするからだ、またそれを知ることによって精進努力がなされる、救済は手をこまねいてまつべきではない、しかし親鸞は、こういう精進努力をすてた、宗教上、自力に頼らずすべて他力にまかせるという気分と態度が現世の生活に及ぼされるなら、それは決して健全なものではない、親鸞のごときは平安朝末期の退廃的気風の一発現とすべきである、と。

またほかにも悪人正機という考え方を批判されて、それが悪を助長するものだという人もありますが、『歎異抄』の文をよく読んでみますと、聖人はそういうことをおっしゃっているのではないということが理解されるだろうと思います。ここでは、自力作善の人と、他力をたのみたてまつる悪人という対比でおっしゃっているのです。道徳的な意味での善人・悪人とおっしゃっているのではありません。そしてそのお考えは、親鸞聖人のお考えにおいて一貫しているものです。自力作善の人というのは、聖道門の人です。聖人は自分を浄土の教えによってしか救われがたい者だとされています。そういう立場に立って、この第三条を語っていらっしゃることを忘れてはなりません。

次のところはこういうことです。そういう事情だのに、一般のひとはこういう。「悪人でさえも往生ができる、まして善人なら浄土往生はたしかだ」と。そういうことは、いかにもその理由があるようにみえるけれども、本願他力の教えの趣旨にそむいている。そのわけは、自力作善の人は、ひたすら他力をたのむ心が欠けているから、弥陀の本願の対象ではない。というのは、自力作善の人は自分の力をたのんでいるのだから、それ以上にたよりとするものをもたない、自分の力によって善根功徳を積んで、浄土往生を遂げたいと思っている。しかし、そういう人も、何らかの機会に、自分の力によってはさとりの世界に達することはできないということに気がついて、他力をたのむ。ここで、「自力のこころをひるがへして」とおっしゃっていますから、善人の心のままではありません。自分は自力作善に徹底できるようなものではないということに気がついて、ということです。

これは非常に大切なことです。日常でも、自分に理屈があると思うときには、私たちはその理屈をおしだす、そしてそれを相手におしつけようとします。そういうときには、決して自分が間違っているとは思いません。自己主張というものが根強くある、そういう自己主張というものがあるかぎりは、仏さまの力によってすくわれるということはあり得ないのだというのが聖人のお考えです。

教えから申しますと、自力作善というのは聖道門の教えで、難行の陸路を歩む菩薩のような方であるかもしれませんが、その根本の自己主張ということからいうと、同じなのだと、本当の宗教的世界というものは、その自己主張を捨てたところに初めて出てくるというのが親鸞聖人のお考えです。ここに自力作善の人がいて、ここに他力をたのむ悪人がいて、そのどちらがいいかということではありません。私たちの生き方の根本には、つねに自己主張というものがあって、それによって自分は正しいと主張する、そういうことがある限りは、人間というものは救われないものだというのです。それは、一面では善根功徳というものかもしれませんが、その善根功徳というものは、「雑毒の善、虚仮の行」と申しまして、毒がまじり、嘘いつわりのものであるとされます。どうしてそれが毒がまじり嘘になるかというと、それはその根本に自己主張というものをもっているからです。聖人は、おまえたちはこうだというような言い方はされませんが、そういう人間の生き方を見通した上で、このようにおっしゃっているのです。

「煩悩具足のわれらは、いづれの行にても生死をはなるることあるべからざるを、あはれみたまひて願をおこしたまふ本意、悪人成仏のためなれば」とおっしゃっていますが、そもそも本願はどうして起こったかと言えば、それは、自分の力でいつわりのない善根功徳を積み、それによってさとりの世界に達することのできる者のためではありません。いずれの行も及びがたい者のためです。そういう者は生死輪廻を離れることができない、それを哀れんで、本願を建てられたのです。

先にも申しましたように、本願というものが説かれる根本にあるのは、仏の智慧と慈悲のはたらきです。一切の衆生の苦悩を除こうという慈悲のはたらきが本願の基礎にあるのです。だから「他力をたのみたてまつる悪人」が本願の目当てであり、浄土往生の正因であるとおっしゃるのです。そこで、「善人だにこそ往生すれ、まして悪人は」と、法然上人はおっしゃったのです、と言って文章が閉じられています。

他の条は「云々」という言葉で終わっていますが、第三条だけが「仰せ候ひき」という言葉で閉じられているので、これは法然上人のおっしゃったことを紹介されているのだと理解されるわけです。ただそこは少し理解の分かれるところです。

それはともかく、ここでは悪人正機ということが正面に出ておりますが、親鸞聖人ご自身の理解としては、『恵信尼消息』にもありますように、法然上人が「よき人にもあしきにもおなじやうに生死出づべき道をば、ただ一すぢに」おっしゃったのを「うけたまはりさだめ」たというのですから、善人悪人ということより、念仏往生ということを教えの中心においていらっしゃったと思われます。しかし、当時の法然門下には一念義と多念義との激しい対立がありました。

一念義は、必ずしもただちには結びつきませんが、造悪無碍《ぞうあくむげ》（どんな悪を行っても浄土往生には何のさしさわりもない）という主張につながり、多念義は賢善精進《けんぜんしょうじん》（賢者や善人らしく勤めはげむ）という主張につながるところがあったのです。法然上人の門下が、どうして何度も厳しい弾圧を受けなければならなかったかというと、その大きな理由の一つは、この一念義の人たちの行動にあったと言われます。

一念義の人たちの中には、念仏によって救われるというなら、念仏行は自力行ではないのだから、一度念仏を申したらそれで十分ではないかと、また念仏によってどんな者も救われるというなら、念仏を申した後、どんな悪いことをしても何のさしさわりもないではないかと、そういう主張をする人もあったのです。そういう人たちの行動に対して、当時の政治的な勢力は、それが社会的道徳を混乱させるので、弾圧せざるを得なかったとされます。

多念義の方は、法然上人も日課何万遍という称名念仏をされて行業正しく生活されているのだから、私たちも生きているかぎりは行業正しく努力しなければならないという主張をされるのですから、政治的な立場とは衝突しません。しかし、それでは他力ということはどうなるのでしょうか。とにかくこうした二つの立場の対立があったのです。

親鸞聖人は、こうした一念義・多念義の対立に対して、隆寛《りゅうかん》という方の『一念多念分別事』という文書を尊重されて、『一念多念証文』という文をお書きになり、一念がいいとか多念がいいとかではなくて、他力の念仏によって往生するのだということを明らかにされましたが、それは、先に申しました、法然上人が「よき人にもあしきにも、おなじやうに生死出づべき道」をお説きになったのを「うけたまはりさだめ」たということに通じるわけです。

阿闍世王の救い

浄土真宗の教えは、今日、悪人正機ということで知られておりますが、親鸞聖人のお気持ちとしては、善人も悪人も他力念仏によって救われるというのが、法然上人からお聞きになったその教えの根幹だったと言えましょう。それでは、聖人は悪人というものに対して特別な意味をお認めにならなかったかといえば、それはやはりそうではなくて、『教行信証』の「信巻」の後半に、『涅槃経』の引用をなさって、「難化《なんげ》の三機、難治《なんち》の三病」(二九五頁・二七一頁)ということをおっしゃっていますから、そこには聖人の悪人ということについてのもう一つの深いご理解があることを知らなければなりません。

『涅槃経』の引用というのは、『観無量寿経』に登場する阿闍世王《あじゃせおう》の後日談といってよいものですが、そこには、阿闍世王のような五逆《ごぎゃく》・謗法《ほうぼう》・一闡提《いっせんだい》という「難化の三機・難治の三病」(化導し難い三種の機類・治療し難い三種の病人)の者、すなわち善根のまったくない悪人も、醍醐《だいご》の妙薬である「大悲《だいひ》の弘誓《ぐぜい》」をたのむならば、必ず治療されるということが記されておりまして、阿闍世王は悪逆の者であるが、釈尊の導きで、「無根《むこん》の信《しん》」を得て喜んだということが書かれています。その趣旨は、阿闍世王のような悪人でも救われるということであり、しかもそのプロセスは、そのまま私たちが信心を決定することによって迷いの世界から救われるということと同じであって、決して無関係なことではありません。それは、阿闍世王という象徴的な存在を通して人間の姿を語っていらっしゃるわけで、親鸞聖人は「信巻」後半の『涅槃経』の引用において、いかなる悪人も本願によって救済されるということをおっしゃっているのです。

一方では、法然上人の教えに従って「よき人にもあしきにも、おなじやうに生死出づべき道」を教えられたということですが、他方では、阿闍世王のような悪人、それは自分にほかならないが、そういう者も本願によって救済されるということを、聖人は明らかにされたのです。

そういう点から言えば、ふつういう悪人正機ということとは違うかもしれませんが、善人でも悪人でも、いかなる人間も救ってやまないのが本願の教えであるが、とくに悪人こそ本願のめあてであるということを、聖人は確信していらっしゃったと言うことができると思います。それは、聖人ご自身が、自分は悪人であるというお気持ちを強く持っていらっしゃったからではないでしょうか。

そういうお考えはまた、『正像末和讃』の「愚禿悲歎述懐《ぐとくひたんじゅつかい》」（六一七頁・五〇八頁）の「浄土真宗に帰すれども　真実の心《しん》はありがたし　虚仮不実《こけふじつ》のわが身にて　清浄の心もさらになし」とか、「悪性《あくしょう》さらにやめがたし　こころは蛇蝎《じゃかつ》のごとくなり　修善《しゅぜん》も雑毒《ぞうどく》なるゆゑに　虚仮《こけ》の行とぞなづけたる」という歌によく現れています。

しかし同時に、これらの悲歎述懐は、「無慚無愧《むざんむぎ》のこの身にて　まことのこころはなけれども　弥陀の回向の御名《みな》なれば　功徳《くどく》は十方にみちたまふ」とか「小慈小悲もなき身にて　有情《うじょう》利益《りやく》

はおもふまじ　如来の願船《がんせん》いまさずは　苦海《くかい》をいかでかわたるべき」という歌に表現されているような、そういう悪人こそが救われてゆくという喜びと一つであるというところに、聖人の浄土の教えの受け取り方の大きな特色があることが知られると思います。後に「機法二種深信《きほうにしゅじんしん》」といわれるような信の世界が、親鸞聖人の生きられた信の世界であったということができましょう。

しかし、根本は、善人か悪人かの問題よりも、信心を決定することが大切だということは、動かし得ないことです。そういう考え方は浄土真宗の伝統の中には生きておりまして、蓮如上人も、「罪のあるなしの沙汰《さた》せんよりは、信心を取りたるか取らざるかの沙汰をいくたびもいくたびよし。罪消えて御たすけあらんとも、罪消えずして御たすけあるべしとも、弥陀の御はからひなり、われとしてはからふべからず、ただ信心肝要なり」（一二四四頁・八六二頁）とおっしゃっています。「悪人正機」ということの中身は、いかなる者も如来回向の信心によって救われるということを言おうとされているのであって、親鸞聖人の時代には、善人とか悪人とかが問題になりましたが、蓮如上人の時代になると罪があるとかないとかが話題になっていたのでしょうが、それに対して蓮如上人は、そんなことより信心を決定しているかどうかということが肝心なことだと、おっしゃったのです。

要するに、親鸞聖人が善人・悪人とおっしゃる場合は、善悪についての聖人の教えの中での意味付けというものがありまして、そこでおっしゃっているということに気づかなければなりません。それはふつうのモラルの次元でいう善い人・悪い人というのではないのです。

以前にドイツへまいりましたときに、ドイツの人に、悪人正機というなら、浄土真宗の人は刑務所から出てきたような人ばかりかと言われて、驚いた経験がありますが、悪人というと、社会的なルールに反することをして監獄に収容された人というように考えるようですが、それはそういう表現の誤解の可能性をよく表していると思います。

善人・悪人と申しますと、すぐ私たちも社会的に尊敬されるような人とか、他人を傷つけるような人とかを思い浮かべますが、聖人が『歎異抄』でおっしゃっているのは、決してそういうことだけではありません。そういうことも広い意味では含んでいますが、やはり一番基礎的なことは、他力をたのみたてまつる悪人と、自力をたのむ善人とを対応させておっしゃっているわけで、そういう意味では当然のことでもあるのです。他力をたのむというのは、自分にはそれしか道がないということに気づくのであり、自力作善というのは、自分にはどこか見込みがあって、あれもできるしこれもできると、自分をたのむというところがあります。そういう気持ちを捨てて、自分は人に誇れるような存在ではないと、「自力の心をひるがえす」、そういう悪業煩悩をもつ身だということに気づく者が、そこにはじめて本願のめあてということになるわけです。

「難化の三機・難治の三病」ということを申しましたが、三機・三病というのは五逆《ごぎゃく》・謗法《ほうぼう》・一《いっ》闡提《せんだい》で、それについては、「信巻」で詳しく説明されています。小乗の五逆と大乗の五逆、謗法は正法を謗《そし》る、現代で言えば宗教否定論とかニヒリズムにあたるものでしょう。一闡提は断善根《だんぜんこん》、善根をまったく持たない者。その代表として阿闍世王があげられます。父を殺しそのために体中にできものができる、そのにおいにたえられない、そこで母親に薬を塗って貰う、同時に阿闍世王は心に深い悔いを生じる、そこで耆婆《ぎば》が釈尊のところへつれてゆこうとする、しかし阿闍世王は大地がさけてそのなかへ堕ちることをおそれ、耆婆は得道の人だから私をささえてくれとたのむ。その阿闍世王に対して、釈尊はまず月愛三昧《がつあいざんまい》に入られ、光明をはなたれます、そうするとできものが治ってしまう。これは非常に意味の深いことです。

釈尊のようなすぐれた指導者は、オーラを発せられるのです。他のいろいろの人の説を阿闍世王は聞くのですが、それには満足しない、ここで釈尊の姿を見て、まずできものが治る、それから心の病も治るのです。

阿闍世王は、こう申します。私は毒樹の伊蘭《いらん》の種から伊蘭樹が生えるのを知っています、しかし伊蘭の種から香樹の栴檀《せんだん》樹が生えるのを見たことがありません、今はじめて伊蘭の種から栴檀樹が生えたのを見ました。伊蘭の種というのは私の身です、栴檀樹というのは、私の心に生まれた「無根の信」です、と。伊蘭の種から伊蘭樹が生えるのは当然のことですが、伊蘭の種から栴檀樹が生えるというのは、これは因果の関係を断ち切っているということです。阿闍世王は、「命短きを捨てて長命《ちょうみょう》を得、無常の身《しん》を捨てて常身《じょうしん》を得たり」（二八七頁・二六五頁）と申します。

親鸞聖人は『涅槃経』から、こういうことを書いた非常に長い部分を引用されています。そして最後に、阿闍世王は、「衆生のもろもろの悪心を破壊せば、われつねに阿鼻地獄にありて、無量劫のうちにもろもろの衆生のために苦悩を受けしむとも、もつて苦とせず」というのです。これは「願作《がんさ》仏心《ぶっしん》・度《ど》衆生心《しゅじょうしん》」と申しまして、信心を得るとその気持ちを他へもおよぼそうとするということを表しています。

そして親鸞聖人は、この『涅槃経』の引用の後に、「ここをもつて、いま大聖《だいしょう》の真説《しんせつ》によるに、難化の三機、難治の三病は、大悲の弘誓《ぐぜい》を憑《たの》み、利他の信海に帰すれば、これを矜哀《こうあい》して治《ち》す、これを憐愍《れんびん》して療《りょう》したまふ。たとへば醍醐の妙薬の、一切の病《やまい》を療するがごとし」（二九五頁・二七一頁）と記されています。これからもわかるように、聖人は、この引用を単なる物語として書いていらっしゃるのではありません。これを通して、ある普遍的な真実というものを語ろうとなさっているのです。

聖人が、阿闍世王が無根の信を得て喜び、願作仏心・度衆生心というような大きな心のひらけを経験したとここに書かれているのは、この物語が、自分が法然上人の導きで得た信の世界を語るものにほかならないと受け取られたからです。それが、この最後のご自釈の言葉に表現されています。それが悪人こそが救われるという聖人の教えの意味です。

『歎異抄』にはそんな詳しいことは書いてありませんから、端的に「善人なほもつて往生をとぐ、いはんや悪人をや」という言葉しか出ておりませんが、そのなかには、『教行信証』に語られているような人間の存在の本質というもの、それが他力の信によってひらかれるということ、そういう喜びがこめられているわけで、そこにはじめて『歎異抄』の「悪人正機」ということの深い意味が明らかになると思われます。

アウグスティヌス

そういう悪の問題は、キリスト教の場合にも深く追究されておりまして、その代表的な思想家がアウグスティヌスという人です。そのことを少し申しておきたいと思います。

アウグスティヌスは、カトリック教会の礎《いしずえ》をきづいた人で、古代末期に北アフリカにいました。若いときはローマで勉強して、初めはマニ教の善悪二元論、後には新プラトン主義を奉じていましたが、篤信のお母さんの影響で、最後にキリスト教に帰依しました。この人の思想は、『神国論』という著作にみられますが、ここで注目したいのは、その「恩寵」についての考えです。

アウグスティヌスは、人間には善への可能性が完全に失われていると考えます。そしてそれを救うのは、神の恩寵しかないと主張しました。それに対して、イギリスの修道士のペラギウスは、人間の善への可能性は残っている、人間の努力が救済の助けになると申しましたので、論争になったのです。カトリック教会は人間の努力を認める方向ですから、人間の善行をある程度尊重する考え方が強いのですが、宗教的な思想としては、アウグスティヌスの考え方の方が深いと言わなければなりません。

これは、アウグスティヌス自身が自分の経験に即して、人間が救済されるのは神の恩寵によるしかないと考えていたからです。現実のモラルの世界においては、そういうように言うよりも、人間には善への可能性があると、あるいは善いことをすれば善い報いがあると言わないと、社会的な生活は成り立たないかもしれませんが、宗教的な立場から言えば、人間には善への可能性がなくなっている、それがよみがえるのは神の恩寵によるしかないという考えの方が深いと思います。これは、先に、津田左右吉さんの親鸞批判の問題とつながっています。

アウグスティヌスは原罪《げんざい》を強調しますが、それは人間が自らのうちにアダムの犯した神からの背反を見いだすということです。そこに神の意志に反して自己主張しようとする人間の傾向が生まれます。その自己主張のゆえに、人間はそのままでは救済されないというのです。そういう考え方と、親鸞聖人の、善人はそのままでは浄土往生はできない、「自力のこころをひるがえして、他力をたのみたてまつれば」、はじめて往生ができるという悪人正機の考え方とは、どこか通じているのではないかと思います。

第五講　第四条「浄土の慈悲」

悪人の救い

四月から『歎異抄』を読んでおりますが、ここでは『歎異抄』の一条一条が、親鸞聖人の他のご著作などと、どういう関係にあるか、どうつながっているか、ということを考えながら読もうとしています。

第一条は、いまふうに申しますと、親鸞聖人の信仰告白といってよいものですが、それは『教行信証』の「信巻」の「信一念《しんいちねん》」ということをおっしゃっているところと深くつながっている、と申しますか、対応している。「信一念釈」というのは、「それ真実の信楽《しんぎょう》を案ずるに、信楽に一念あり。一念とはこれ信楽開発《かいほっ》の時剋《じこく》の極促《ごくそく》を顕《あらわ》し、広大難思《こうだいなんじ》の慶心《きょうしん》を彰《あらわ》すなり」（二五〇頁・二三九頁）という文章ですが、ここでは、「信」というものが、私たちの心に開発する、開き発するとおっしゃっております。『歎異抄』で、「念仏申さんとおもひたつこころのおこるとき」（八三一頁・六二六頁）というのは、「信巻」でいう「信楽開発」のときにほかならない。その「信楽（信心）」が開発するという事柄を、親鸞聖人は生涯をかけておすすめになったのでありまして、ご自分の信心の開発をふまえて、私たちにも、それ以外には私たちの救われてゆく道はないのだということを、明らかにしようとなさっています。

また、第二条は、東国の門弟たちを前にして、自分の青年時代、法然上人のお言葉を聞いたことを感慨を込めておっしゃっているのでありますが、そこには、ご自分のことをおっしゃっていると同時に、浄土教の伝灯と、それから聞いております門弟たちの決心と申しますか、自らの思いを定めることが肝心だという、そういう意味の言葉もおっしゃっています。

またそれは、聖人の夫人の恵信尼さんが残されたお手紙のなかの記事、聖人のおっしゃったこととして書きとどめられていることと深く一致しております。『歎異抄』の「たとひ法然聖人にすかされまゐらせて、念仏して地獄におちたりとも、さらに後悔すべからず候ふ」（八三二頁・六二七頁）という言葉は、『恵信尼消息』に聖人のお言葉として記されている「上人のわたらせたまはんところには、人はいかにも申せ、たとひ悪道にわたらせたまふべしと申すとも、世々生々にも迷ひければこそありけめとまで思ひまゐらする身なれば」（八一一頁・六一七頁）という言葉と、内容的には同じことをおっしゃっていると言ってよいでしょう。

それから、第三条は、「悪人正機説」としてよく知られていますが、この言葉はすでに法然上人もおっしゃっているとか、今日、いろいろ議論があるところですが、親鸞聖人の場合は、ふつうの善悪ということを問題にされているのではなくて、「自力作善の人」と、「他力をたのみたてまつる悪人」という、その対比でおっしゃっていることを十分注意をしなければならない、ということを申しておりました。

そして、親鸞聖人のお気持ちとしては、第一条の「他の善も要にあらず、念仏にまさるべき善なきゆゑに、悪をもおそるべからず、弥陀の本願をさまたぐるほどの悪なきゆゑに」という、善とか悪とかを超えた所に念仏往生という道があるということをおっしゃっているのでありまして、その背景には、法然門下の中に、法然上人と同じように日課何万遍と念仏を称えて行業正しい生活をしなければならないという主張をされる方もいらっしゃったし、あるいは、ひと声の念仏を称えたならばそれで十分で、その後はどんな悪いことをしてもよいのだという極端な考えの方もいらっしゃったので、それを多念義、一念義と申しますが、そういう考え方に対して、私が法然上人からうけたまわったのは、そのどちらでもない、念仏往生であると、その教えはふつうの善悪ということを超えているのだと、「善悪のふたつ、総じてもつて存知せざるなり」（八五三頁・六四〇頁）ということを聖人はおっしゃりたかったのです。

ただ、善悪のどちらかに重点をおくとすれば、それは「悪人正機」であると、悪人が救われてゆくということは、凡《すべ》ての人が救われてゆくということであり、それを強調されて、『教行信証』の「信巻」の後半に「難化の三機・難治の三病」ということをおっしゃって、五逆・謗法・一闡提というようなものも、本願をたのめば救われてゆく、具体的な例として『涅槃経』の阿闍世王を取り上げ、そういうものも救われてゆく、ということをおっしゃって、その主眼は「他力をたのむ悪人」ということ、善人は自分の力でなんとかしようとするが、悪人はなんともすることはできない、自分は他力をたのむより道がないという、そういう気持ちをもっている、そういう意味では「他力をたのみたてまつる悪人」が、本願のめあてであると、そういうお考えであったと思われます。

『歎異抄』の一つ一つの条は、親鸞聖人がおそらく折に触れて語られたことでありましょうから、その意味では断片的かもしれませんが、それらの背景には、親鸞聖人の浄土の教え全体についての深いご理解というものがありまして、それが『歎異抄』にも、『教行信証』にも、和讃にも、ご消息にも響きあっていると、そういうふうに思います。

西田幾多郎先生

今日は第四条に入ります。

「一　慈悲《じひ》に聖道《しょうどう》・浄土《じょうど》のかはりめあり。聖道の慈悲といふは、ものをあはれみ、かなしみ、はぐくむなり。しかれども、おもふがごとくたすけとぐること、きはめてありがたし。浄土の慈悲といふは、念仏して、いそぎ仏に成りて、大慈大悲心《だいじだいひしん》をもつて、おもふがごとく衆生《しゅじょう》を利益《りやく》するをいふべきなり。今生《こんじょう》に、いかにいとほし不便《ふびん》とおもふとも、存知のごとくたすけがたければ、この慈悲始終《しじゅう》なし。しかれば、念仏申すのみぞ、すゑとほりたる大慈悲心にて候ふべきと云々。」

（八三四頁・六二八頁）

ここでは何を問題にしているかというと、「慈悲」ということです。「慈悲」という言葉は、仏教では一般的な言葉で、抜苦与楽《ばっくよらく》、衆生《しゅじょう》の苦を抜いて楽を与えるという意味ですが、ふつうは衆生縁・法縁・無縁という三つの種類を区別しまして、衆生縁というのは対象を衆生としてはたらく慈悲、法縁は一切の存在に対してはたらく慈悲、無縁はいかなる特定の対象ももたない慈悲というように説明をするのですが、親鸞聖人はそういうことをふまえた上で、ここでは聖道の慈悲と浄土の慈悲ということをおっしゃっています。そういう聖道と浄土という区別を慈悲についてされる方は他にはいらっしゃらないのですが、聖人は聖道の慈悲は自力の慈悲で、浄土の慈悲は他力の慈悲であるとされます。

これはどういうことを言おうとされるのか、ただ単に慈悲という言葉について説明をしていらっしゃるのか、それともその背後に意味があるのかということを考えなければなりません。私はそこに聖人の深い人生経験というものがあると思います。

聖人は、ご自分のことをほとんど語られなかった方です。ただ一つの例外は、『教行信証』の「後書き」の「建仁《けんにん》辛酉《かのとのとり》の暦《れき》、雑行《ぞうぎょう》を棄《す》てて本願に帰す」（四七二頁・三九九頁）というお言葉です。これは、青年時代に法然上人にお遇いになって、決定的な回心《えしん》をされたそのときのことをおっしゃっているのですが、それ以外ではご自分のことをおっしゃることはほとんどありません。しかし、『歎異抄』のこういうお言葉を読んでおりますと、そこに聖人の人生経験というものが浮かび上がってくるように思います。聖人は、ご門弟に、慈悲というものにはこういう区別がある、聖道門でいう慈悲とはこういうことで、浄土門でいう慈悲というのはこういうことだと、そんなことを説明していらっしゃるのではないと思います。それでは、聖人がこういうことをおっしゃる背景とは、どういう背景であるかと申しますと、そういうことを考えるのに一番よい手がかりと申しますか、材料になりますのは、西田幾多郎先生の「わが子の死」（岩波文庫『西田幾多郎随筆集』上田閑照編所収）という文章です。

これは、もともとは西田先生の友人である藤岡作太郎（号は東圃）氏の著『国文学史講話』の序として書かれたものです。西田幾多郎先生は、北陸のご出身で、若いとき、金沢の旧制の第四高等学校の前身の学校にいらっしゃいました。そのときのご友人が、藤岡さんであり、また鈴木大拙さんであります。西田先生はこの人たちと生涯にわたって深い交わりをなさったのですが、この文章は、たまたま藤岡先生の本の序文を頼まれてお書きになったものです。それが、『歎異抄』の第四条を理解するためには非常によい手がかりになると思います。

どういうことが書いてあるかというと、西田先生が女のお子を亡くされた、その少し前に藤岡先生も、女のお子を亡くされている。そのお二人が、自分の子を亡くしたことに深い悲しみを感じながらお遇いになった。しかしお互いにそのことには触れない、話をしない。けれども、別れるときに、お二人は期せずして亡くした子のことを書いた文章を相手に託された。そのことが詳しく記されています。少し文章を引いてみますと、君と余と相遇うて亡児の事を話さなかったのは、互にその事を忘れていたのではない、また堪え難き悲哀を更に思い起して、苦悶を新にするに忍びなかったのでもない。誠というものは言語に表し得べきものでない、言語に表し得べきものは凡て浅薄である、虚偽である、至誠は相見て相言う能わざる所に存するのである。我らの相対して相言う能わざりし所に、言語はおろか、涙にも現わすことのできない深き同情の流が心の底から底へと通うていたのである。（岩波文庫『西田幾多郎随筆集』七三頁）

西田先生はこういうことを書いていらっしゃるのですが、この文章には、他にもご自分の親しい人たちとの死別ということがいくつか記されています。この西田先生のお言葉の中で、私の心を深く打つのは、おしまいの方に書かれているこういう言葉です。

特に深く我心を動かしたのは、今まで愛らしく話したり、歌ったり、遊んだりしていたものが、忽ち消えて壺中の白骨となるというのは、如何なる訳であろうか。もし人生はこれまでのものであるというならば、人生ほどつまらぬものはない、此処には深き意味がなくてはならぬ、人間の霊的生命はかくも無意義のものではない。死の問題を解決するというのが人生の一大事である、死の事実の前には生は泡沫の如くである、死の問題を解決し得て、始めて真に生の意義を悟ることができる。

こういうふうにおっしゃって、最後に、

いかなる人も我子の死という如きことに対しては、種々の迷を起さぬものはなかろう。あれをしたらばよかった、これをしたらよかったなど、思うて返らぬ事ながら徒らなる後悔の念に心を悩ますのである。しかし何事も運命と諦めるより外はない。運命は外から働くばかりでなく内からも働く。我々の過失の背後には、不可思議の力が支配しているようである、後悔の念の起るのは自己の力を信じ過ぎるからである。我々はかかる場合において、深く己の無力なるを知り、己を棄てて絶大の力に帰依する時、後悔の念は転じて懺悔の念となり、心は重荷を卸した如く、自ら救い、また死者に詫びることができる。

これは何度読みましても、そのたびに大きな感銘を受ける文章でありまして、西田先生は優れた哲学者であり、そのご著作はなかなか難しいものですが、そのお人柄はこういうエッセーを通してしのぶことができるように思います。そして、ここに西田先生が書いていらっしゃるような人生経験というものが、『歎異抄』の第四条の背景ではないかと、私は考えます。

聖道と浄土の慈悲

親鸞聖人はご自分のお子たちを亡くされたのか、亡くされてはいないのか、それはわかりませんが、私は東国でいろいろな経験をなさっている、その経験を背景にしてここでおっしゃるようなお言葉があると思います。それはただ聖道の慈悲はこういうものだ、浄土の慈悲はこういうものだ、ということをおっしゃっているのではないのであって、実際は、親鸞聖人の直接の経験というものがそこにあって、その中からこういうことをおっしゃっているのだということをよく理解しなければならないと思います。

『歎異抄』にはどう記されているかというと、聖道と浄土と慈悲に区別がある、聖道の慈悲というのは、人間をふびんに思ったり、いとしんだり、いつくしんだりするのだと、しかし思うようにたすけとおすことは、きわめてまれなことである、これに対して、浄土の慈悲というのは、念仏していそいで仏になって、大慈悲心で思うように衆生を利益することをいうと。

これは何をおっしゃっているかというと、還相回向《げんそうえこう》ということです。「念仏して」といっても、聖人の場合は口先だけで念仏するわけではありませんから、信心をよろこんで念仏してということですが、そうすれば浄土に生まれて速やかに仏になる、これは往生即成仏で、いのち終わると同時に仏になる、そして大慈悲心をもって思うように衆生を利益することができる。この世でどんなにかわいそうだ、ふびんだと思っても、思うように助けることはできないのだから、この慈悲は一貫しない。だから念仏することだけが、末通った、最後まで一貫した大慈悲心だと、こういうようにおっしゃっているのです。

これはふつうにはなかなか理解できないことですが、さきほど例としてあげました西田先生のように、我が子の死というものに直面して、その深い悲しみにぶつかっているものにとっては、聖人の言葉というものは生きてくるのです。決して今生だけのことではない、来たるべき生において、仏になって衆生を利益することができるのだとおっしゃっているのです。以前にそういうことを申しましたときに、それでは私たちは、この世ではつらいことにあっても、お念仏するしかないのですかと質問されまして、しばらく考えていたことがあるのですが、聖人はそういうことをおっしゃっているのではないと思います。

聖人のご消息にこういうことが記されています。東国のお弟子の慶信という人が、聖人にお手紙を差し上げていろいろ質問されているのですが、それに聖人がお答えになる、さらに蓮位《れんい》という方が添え状をお書きになって、慶信さんに返事をなさっているのですが、そこに慶信さんのお父さんのことが書いてある。それについて、聖人が人生の愛別離苦というか、死別の悲しみというものを深く経験されている、それを拝見して、聖人が聖道の慈悲・浄土の慈悲とおっしゃる気持ちがよくわかるように思いました。

慶信さんのお父さんは覚信坊という方ですが、その方が東国からはるばる京都へ行こうとされる。しかし途中で病気になられたのです。そのときに、みなは東国に帰りなさいというけれども、覚信さんは「死するほどのことならば、帰るとも死し、とどまるとも死し候はんず。また病《やまい》はやみ候はば、帰るともやみ、とどまるともやみ候はんず。おなじくは、みもとにてこそをはり候はば、をはり候はめと存じてまゐりて候ふなり」（七六六頁・五八七頁）とおっしゃった。死ぬほどの病気なら、東国に帰っても死ぬだろうし、ここにとどまっても死ぬだろう。また病気が治るなら、帰っても治るだろうし、ここにいても治るだろう。おなじことなら、聖人のおそばで死ぬなら死にたいと思う、ということです。

聖人はそのことをお聞きになって、涙を流されたと書いてあります。聖人は、そういう親しい人との死別の悲しみを、何度も経験されているのです。その経験に基づいてこういう第四条のようなお話をなさっているということを、考えなければなりません。そういうふうに考えますと、初めて第四条の一つ一つの言葉が生きてくるのです。

今生にどれほどかわいそうだと思っても、思うように助けることはできない、だからそういう慈悲というものは一貫しない、もしそうなら一貫する慈悲というものは何かと言えば、それは本願に乗託して、本願のはたらきで浄土へ生まれて、それから現世へ帰って、思うがままに衆生を利益することだと。それが還相回向ということですが、しかし今の人間にとってはそれは神話的な表現で、一体だれがそんな浄土から帰ってきたのかというでしょうが、聖人のお気持ちでは、この還相ということはリアリティをもっていたのです。

還相の菩薩の姿を、聖人は法然上人に見ていらっしゃったと思います。その還相の菩薩のはたらきが、現にわたしたちの生活の中に生きているのだという、そういうお気持ちがあった。それが、聖人にとっては、末通った大慈悲心であると、よろずのことはそらごとたわごとで、まことあることはないが、それだけがただ一つ決してあやまりのないもので、それ以外にはないのだという、それが聖人のお考えであったと思います。

日常の生活ではそういうことはないかもしれませんが、誰もが出会わざるを得ない非日常的な事態、たとえば、いままで元気で働いていた人が急死して突然姿を消してしまうというような事件、そういうことが起こりますと、それは家族の人たちにとっては、耐え難いことです。そういうことにぶつかったときの人間の悲しみというものを深く洞察して、そこで本当に力を与えられるのは、これしかないということでおっしゃったのが、この「慈悲に聖道・浄土のかわりめあり」という聖人のお言葉であるように思います。

親鸞聖人がこのように『歎異抄』の第四条で、聖道の慈悲・浄土の慈悲ということをおっしゃっているのは、ただ単に慈悲には二つ区別があって、自力の慈悲はこういうものだ、他力の慈悲はこうだということをおっしゃっているということにつきないのでありまして、聖人がそういうことをおっしゃる背景には、聖人ご自身の深い人生経験というものがあり、それに基づいておっしゃっているのです。

その具体的な実例として、西田先生の「わが子の死」というエッセーを紹介いたしました。西田先生も、こういうことをほかにはお書きになってはいませんので、よほど深い心の衝撃があってお書きになったものと思われますが、その中には、愛するものとの死別ということがどんなに苦しいものであるかということを語っていらっしゃいます。そして、人生というものがただこれだけのものだったら、これほどつまらないものはない、ここにふかく意味がなければならないということをおっしゃっておりますが、その意味というのは、親鸞聖人のお言葉からすれば、浄土に生まれるということにほかならないのでありまして、浄土そのものが人生に意味を与えるということになるのではないかと思います。

お年をめした方は、いろんな形で、愛するものとの死別ということを経験なさっていると思われますが、そのときに感じる人間の悲しみの深さというものは、表現を超えるものです。そういうときに本当に私たちに語りかけ、力になるのは、こういう聖人の「今生に、いかにいとほし、不便とおもふとも、存知のごとくたすけがたければ、この慈悲始終なし。しかれば、念仏申すのみぞ、すゑとほりたる大慈悲心にて候ふべき」というようなお言葉ではないでしょうか。ただ、これはお念仏を申しておればそれでいいということではありません。念仏を通して、生死を超える世界というものが開かれたときに、そこで深い悲しみがおのずから癒《いや》されてくるのだという、そういうお気持ちが込められているのであります。

私がそういうふうに思いますのは、私の次男も生まれたときから心臓が悪くて、三歳で亡くなってしまいましたが、幼くして死んでしまった子のことはいつまでも忘れることはできないもので、そういう自分の経験に即して、聖人のお言葉が決してありきたりの慰めをおっしゃっているのではなくて、生死を超える世界を見通して出てくる言葉であり、それによって初めて私たちは本当に慰められるのだ、ということを申したかったわけであります。

キリスト教のアガペー

それから、もう一つ申し上げておきたいことは、キリスト教でも、慈悲とは申しませんが、愛ということは非常に重要なテーマになっています。キリスト教、あるいはヨーロッパでは、愛ということについては、アガペーとエロスとが区別されます。エロスというのは、今はあまりいい意味では用いませんが、元来は向上の愛、自ら教養をつんで向上してゆく愛。これも人間にとっては非常に大切なはたらきです。たとえば、プラトンの対話編『饗宴』では、エロスのはたらきが大切なはたらきとされています。これも宗教的な意味をもっていて、はじめは形のあるものに美を感じるが、次第に精神が向上してゆくと、形のないもの、美そのもの、美のイデアに達する、それがほんとうの知の向上であるという、そういう人間精神の向上のはたらきをうながすものがエロスであると申します。

これに対して、キリスト教のアガペーは降下の愛、神から下される愛である、相手に価値があろうとなかろうと問題ではない、「天の父は善人にも悪人にも太陽を照らし、正しいものにも正しくないものにも雨を降らす」という、一視同仁というか、何の区別も差別もない愛をいうとされます。そういう愛がキリスト教徒にとって大切なはたらきです。

こういうように、愛ということについていろいろ考えがありますが、私はキリスト教もやはり根本は、愛ということにおいて、自分を捨てるということが中心ではないかと思います。というのは、先だって、ラジオの深夜放送でこういうことを放送しておりました。

あるクリスチャンの女医さんが回復不可能な病気にかかられた、その方はルルドへ巡礼に行かれた、ルルドは非常に有名な聖地で、奇跡の起こるところとして知られています。世界中のカトリックの信者さんがお参りをするのです。その女医さんもルルドへいかれた。それは決しておかしいことではありません。自分のいのちが危機にぶつかっているときに、奇跡を求めるということとは、ごく自然なことです。女医さんはルルドへ行ってマリアさんに祈ろうとされた。そのとき周囲にたくさんの難病の子供たちをご覧になったのです。そのとき、彼女は、私を治す奇跡を起こすよりも、この子たちの病気を治す奇跡を起こしてくださいと祈った、ということです。私はその放送を聞いて、深い感銘を受けました。それは、その女医さんの祈りに強く動かされたからです。

キリスト教では隣人愛ということを申します。神が私たちを愛するように隣りの人を愛するということです。この場合も、女医さんは隣人愛に目覚められたと理解されるかもしれません。しかし、その女医さんの祈りは、隣人愛ということにつきないのではないかと私は思います。その女医さんは、難病の子供たちを見たときに、自分を捨てている、というのは、自分の病気を治してほしいという願望を捨てているのです。そのことによって、彼女は、生死を超える道を見いだしたと私は思うのです。それが奇跡ということです。

本当の奇跡というのは、いままで自分のことに、自分の病気を治したいという気持ちに凝り固まっていた人が、難病に苦しむ子供たちを見て、自分のとらわれを捨てたということ、自分の願望を捨てたということ、それが奇跡ということであり、またそれが信仰ということではないでしょうか。そういうところで、キリスト教も仏教も通じているように思います。

この『歎異抄』の第四条で言われていることは、聖道の慈悲、自力の愛情というものは、現実の生においては末通ったものにならない、そういうことに気づいて、自分の願望を捨てるところに、かえって末通った世界が開かれるということを表しているのではないかと思います。西田先生が先の文の最後に「我々はかかる場合において、深く己の無力なるを知り、己を棄てて絶大の力に帰依する時、後悔の念は転じて懺悔の念となり、心は重荷を卸した如く、自ら救い、また死者に詫びることができる」とおっしゃっているのは、そういう意味ではないでしょうか。そういう点では、キリスト教のアガペーということも、聖人の言われる浄土の慈悲ということと、そんなに遠くはないような気がいたします。

　親鸞聖人は、とくに「悲歎述懐讃」に、「小慈小悲《しょうじしょうひ》もなき身《み》にて　有情《うじょう》利益《りやく》はおもふまじ」とおっしゃっていますが、その小慈小悲もないということには、衆生の苦悩を見ても、それを助け遂げることができない自分だ、ということがあらわされています。それでは、小慈小悲もないということでおわっているのかというと、そうではなくて、「如来の願船いまさずは　苦海をいかでかわたるべき」とおっしゃっています。それは「大悲の願船に乗じて光明の広海に浮かびぬれば、至徳《しとく》の風静かに、衆禍《しゅうか》の波転ず」と『教行信証』でおっしゃることと深く応じているのです。

　表面的に読みますと、私たちのすることは小慈小悲だから、そんなことをしないで、念仏するだけが仏さまの教えに添う道だとおっしゃっているように見えますが、本当はそんなことをおっしゃっているのではないのであって、現実の私たちの生活において、思いをこめ心をつくして何とかしてやりたいと思っても、し通せない悲しみというものがあり、そういう悲しさつらさというものをふまえた上で、自他共に救われる道は、大悲の願船に乗ずるしかないのだということを言おうとされるところに、聖人の浄土の慈悲ということの意味があろうかと思います。

還相回向

最後に、もう一つだけ申し上げておきたいことは、還相回向ということです。『教行信証』の中では、往相・還相の回向があるということをおっしゃっておりまして、往相の回向について真実の教・行・信・証があると。往相といいますのは、往生浄土の相状という意味で、還相というのは、還来穢国《げんらいえこく》の相状ということです。これは、聖人のお考えでは、往生即成仏でありますから、いったん浄土へ生まれて、今度は仏となって「おもふがごとく衆生を利益する」というのが還相ということです。

したがって、二種の回向と申します場合には、往相・還相という二つの回向が、仏さまのはたらきとしてあるということです。往相の方は、真実の教・行・信・証によって浄土へ往生するということです。還相については、とくに「証巻」の後半におきまして、曇鸞大師の『論註』を引用なさって述べていらっしゃる。それがどういう意味をもつかということは、いろいろ考えられることですが、こういうことをなぜおっしゃったのかと言えば、私は、聖人が、浄土の教えも大乗仏教にほかならないということを言おうとされたのではないかと思います。

大乗仏教というのは、自利利他《じりりた》の教えです。自分だけが浄土へ生まれて、そこで安楽を得るということではない、ということ、それを明らかにしようとされるお気持ちが、根本にあったのではないでしょうか。自利利他ということをいうために、聖人は曇鸞大師の同じ言葉を、「信巻」（二四七頁・二三七頁）と「証巻」（三二六頁・二九二頁）に、二度も引用されています。それは「かの安楽浄土に生ぜんと願ずるものは、かならず無上菩提心《むじょうぼだいしん》を発するなり。もし人、無上菩提心を発せずして、ただかの国土の受楽間《じゅらくけん》なきを聞きて、楽のためのゆゑに生ぜんと願ぜん、またまさに往生を得ざるべきなり」という言葉です。この無上菩提心というのは、聖人によれば、「信心」にほかならないのであり、その無上菩提心が願作仏心・度衆生心であるとされます。ということは、信心開発したならば、その信心は衆生を済度《さいど》しようという心にほかならないということです。

聖人のお考えでは、浄土は決して安楽を楽しむ世界ではない、浄土に生まれたならばただちに穢国、すなわちこの現世へ帰って衆生を済度するはたらきに出るのだと、そういうことを言おうとされているのです。もとよりそれを私たち自身がするということはできません、それは二種の深信ということがありますので、罪悪生死の凡夫である私が衆生を済度するということはできませんが、そういう衆生済度のはたらきが仏さまによって回向される、私たちに回し向けられる、それが還相というはたらきだと、そういうことを言おうとされたのではないかと思います。

それと、もう一つは、親鸞聖人にとっては、法然上人はただびとではない、還相の菩薩であったと、これは親鸞聖人の法然上人に対する見方として特別な見方で、ほかの方に対してそうおっしゃったわけではありませんが、法然上人に対してだけ、自分の往生の善知識として、菩薩とみていらっしゃった。そこに還相ということが、非常にリアリティをもってとらえられていたのだと思います。

そういう還相ということが、そのまま聖道の慈悲・浄土の慈悲とおっしゃることにつながっている。そして、わたしたちもいずれはこの生を終わって浄土に生まれたならば、思いのままに衆生を済度することができるのだと、今生でどんなに不憫《ふびん》だと思っても、たすけとげることはできない、しかしいったん浄土に生まれたならば、仏さまの力によって、ご縁のある人から済度することができるという、そういう約束というか、希望というか、そういうこととして、ここに記されていることが生きてくるのであります。

『歎異抄』の浄土の慈悲というような言葉は、教えとしては抽象的であるかもしれませんが、その教えが具体的に生きてきたときに、どういうはたらきを持つかということを、聖人はご門弟たちに語っていらっしゃる。次の第五条では、親鸞は、父母の孝養のために一遍の念仏も申さないけれども、いったん浄土に生まれたならば、仏さまのはたらきによって、縁のあるものを度することができるのだとおっしゃいますが、そういう意味も、第四条にはふくまれているのでありま す。『歎異抄』の一つ一つの条は、日常の言葉で語られておりますが、そこには深い聖人のお考えがこめられているのだということを、よくご理解いただきたいと思います。

第六講　第五条「孝養父母」

父母の孝養

今日の第五条は「父母《ぶも》の孝養《きょうよう》」ということです。

「一　親鸞は、父母《ぶも》の孝養《きょうよう》のためとて、一返にても念仏申したること、いまだ候はず。そのゆゑは、一切の有情《うじょう》はみなもつて世々《せせ》生々《しょうじょう》の父母・兄弟なり。いづれもいづれも、この順次生《じゅんじしょう》に仏に成りてたすけ候ふべきなり。わがちからにてはげむ善にても候はばこそ、念仏を回向して父母をもたすけ候はめ。ただ自力をすてて、いそぎ浄土のさとりをひらきなば、六道《ろくどう》・四生《ししょう》のあひだ、いづれの業苦《ごうく》にしづめりとも、神通方便《じんずうほうべん》をもつて、まづ有縁《うえん》を度《ど》すべきなりと云々《うんぬん》。」（八三四頁・六二八頁）

孝養父母ということは、ここでは追善供養《ついぜんくよう》ということで、亡くなった父母のために法事などをして供養するということですが、ここでは、そういう追善供養としては念仏を申さないということを聖人がおっしゃっているようにみえますが、私はそれだけのことではないと思います。そこにはやはり深い意味があります。

　孝養父母という言葉はどこから出ているかと言いますと、これは『観無量寿経』の序文（九二頁・九四頁）に、三福《さんぷく》ということが説かれていますが、その三福の最初に出てくるのです。西方極楽国土に生まれたいと思うものは、三福を修すべしと、その三福とは、一つには孝養父母、それから奉事師長《ぶじしちょう》・慈心不殺《じしんふせつ》・修十善業《しゅうじゅうぜんごう》と、こういうように記されています。奉事師長というのは、自分を指導してくださる先生によくお仕えするということです。慈心不殺というのは、ものの命をとらないということであり、修十善業というのは、身《しん》・口《く》・意《い》でおこなう十の悪い行為、すなわち殺生《せっしょう》・偸盗《ちゅうとう》・邪婬《じゃいん》・妄語《もうご》・両舌《りょうぜつ》・悪口《あっく》・綺語《きご》・貪欲《とんよく》・瞋恚《しんに》・愚痴《ぐち》といったことをしないということで、いずれも世間的な善根ですので、世福と申します。

『観経』については、善導大師が『観経疏』に詳しく註釈を書いていらっしゃいます。これは善導大師が心血をそそいでお書きになったもので、一字一句ゆるがせにしてはならないとおっしゃっているものです。法然上人は「偏依《へんね》善導」とおっしゃって、善導大師を非常に尊重されていますが、とにかくその『観経疏』の中で、二善三福について詳しくお説きになっています。

　二善というのは、定善十三観・散善三観で、三福とは、世福・戒福・行福。その初めの世福は道徳的行為です。その第一の孝養父母について、善導大師はこうおっしゃっています。「すでに父母あればすなはち大恩あり。もし父なくは能生《のうしょう》の因《いん》すなはち闕《か》け、もし母なくは所生《しょしょう》の縁《えん》すなはち乖《そむ》きなん。もし二人ともになくはすなはち託生《たくしよう》の地《ところ》を失《うしな》はん。かならずすべからく父母の縁《えん》具《ぐ》して、まさに受身《じゆしん》の処《ことわり》あるべし。……この義をもつてのゆゑに父母の恩重し」（『註釈版聖典』七祖篇三八一頁）

善導大師は、ここでは『観無量寿経』序文にある孝養父母ということについて、それはどういうことかということをおっしゃっているのですが、そのあとに、さらに二つの例をあげて、なぜ孝養父母ということが大切であるかということを説明なさっています。

どういう例かというと、あるとき、釈尊がいらっしゃった地方に大きな飢饉が起こります。釈尊も、三日もおあがりになるものがない、そこで、弟子の一人がたいへん心配して、自分の衣を売って食物を求め、それを釈尊に差し上げようとした、ところが、釈尊は、僧侶の着物は尊いものだから、それを売って買った食物を私は消化することはできない、それを消化することのできるのは、あなたを生み育てた大恩ある両親しかない、あなたの両親にこの食物をあげなさい、そしてそれを縁として仏道を伝えなさいとおっしゃった、そういうことから考えても、孝養ということは大切なことだというのです。

もう一つは、釈尊のお母さんは、釈尊を産んで七日目に亡くなりました。そこで釈尊は成道して後に、お母さんに説法されました。これはお母さんが自分を産んでくださった恩を報じるためです。釈尊でさえ親の恩を感じて孝養されるのだから、凡夫が孝養を尽くすのは当然であると、善導大師はこうおっしゃるのです。

『観経疏』は善導大師の著作ですから、こういうことは、親鸞聖人はよくご存知だったと思われます。しかもそこで、聖人が父母の孝養のために念仏を申さないとおっしゃるのはどういうことなのか。そこには「孝」ということについての深い洞察があると考えなければなりません。「孝」ということは中国での最大の道徳的徳目です。ところが、仏道というものは、場合によっては父母の恩を棄てなければならない。「流転三界中　恩愛不能断　棄恩入無為　真実報恩者」という言葉が経典にあります。中国のモラルの基礎である孝は、両親への恩愛の情によるものですが、その恩に背くというところが仏教にはある、三界を流転するなかにおいてはというのは、三界というのは欲界・色界・無色界という迷いの世界です、迷いの世界を流転している限り、恩愛は断ちがたい、しかし恩を棄ててさとりの境地に入ることが、本当に恩に報いることになるのだ、という意味です。これは僧侶になるときに称える言葉だとされています。

だからこの第五条も、ただ父母の孝養のために念仏を申さないということだけではなくて、中国のモラルの基礎である儒教的道徳と仏道との相違をふまえて、聖人はおっしゃっているのです。恩愛を棄てて仏道にはいることが、本当に恩に報いることになるということはなかなか理解できないことですが、しかし仏道を歩もうとするかぎりは、そういうことを知らなければならないという思いが、聖人のお心にはあるのです。

善導大師は、経典の文言に即して孝養父母をすすめていらっしゃるわけですが、親鸞聖人はさらに仏道というものの根本についての深い洞察というものがありますから、そこから、孝養父母ということについても、おのずから別の考え方が出てくるのです。

それについて、以前にも申しました道元禅師の『正法眼蔵随聞記』に、ここで問題にされていることと同じようなことが取り上げられている（岩波文庫『正法眼蔵随聞記』六三頁）ことを申しておきたいと思います。

あるとき、一人の僧が道元禅師にこう申しました。私には老母がおります、私は一人子です。私が母の世話をしており、恩愛の心も深く、孝行の気持ちも厚いのです、私が修行一筋になりますと、母は一日も生きてはいけないでしょう。どうすればよろしいでしょうかと。

これに対して道元禅師はこうこたえられます。これは大変難しい問題だ、自分でよく考えてみることだ、君が本当に仏道に志があるのなら、どんな手だてでも講じて、母上の生活ができるようにして、仏道に入るなら、それが双方にとって一番よいことだ、一生懸命思うことには、きっとよい手だても出てくるものだ。また母上の亡くなるのを待って、君が仏道に入るなら、孝行もでき、君の望みも達せられて結構なことだ。しかし老少不定で、君が先に死んでしまうことになれば、君は仏道に入れなかったことをくやまねばならないし、母上は君の修行を許さなかった罪をおかしたことになり、両方とも益のないことになる、もし今、君が世間を棄てて仏道に入れば、母上はたとえ餓死するとも、君を仏道に入らせた功徳は大きい、まことに棄てがたい恩愛だけれども、「棄恩入無為　真実報恩者」といわれている道理に従うことになる。一子出家すれば七世の父母が得道するともいわれている、この世のつかの間の身を思って、永劫安楽の因を空しく過ごしてはならないという道理もある。よくよく自分で考えてみたらよかろう、とおっしゃったと記されています。

ここには、孝の問題に真剣に対決しなければならなかった仏教徒の苦悩というものがよく読みとれるように思います。道元禅師も、基本的には、孝よりも仏道優先というお考えであったかと思いますが、親鸞聖人も、そういうお考えではなかったのでしょうか。そこから「父母の孝養のためとて、一返にても念仏まうしたること、いまだ候はず」という言葉も出てくるように思います。

現在の私たちは、お彼岸に先祖の墓参りをして、お念仏を称えて、なにか功徳があるように思っておりますが、親鸞聖人は、念仏はそういうものではないとお考えです。そしてその理由として、「一切の有情はみなもつて世々生々の父母・兄弟なり」とおっしゃっています。これも、東洋の独特の考え方で、すべての衆生は六道四生（地獄・餓鬼・畜生・修羅・人間・天上と卵生・胎生・湿生・化生）を経巡《へめぐ》る、その間に、あるいは父になり母になる、行基《ぎょうき》という人の歌に「やまどりの　ほろほろとなく声聞けば　父かとぞおもう　母かとぞおもう」というのがありますが、そういう気持ちが共通のものとしてあったのです。

そして、いのちがおわれば自業自得《じごうじとく》で、いろいろの生に生まれ変わるというふうに考えられていました。だから、父となり母となり兄弟となっても、それはたまたまの縁であって、みなつながっている。聖人の教えとしては、信心を喜ぶ身になれば、次の生では、往生即成仏ですから、ただ浄土に生まれるということではなくて、浄土に生まれるということは「さとり」をひらくということですから、そこで神通力（神足通・天眼通・天耳通・他心通・宿命通・漏尽通）をもつことができる、そこで縁のある者から済度することができる、とこうおっしゃるのです。

また「念仏を回向して」とおっしゃっていますが、これはどういうことかといえば、「回向」というのは「回転趣向《えてんしゅこう》」ということで、回し向けるということです。回向ということは、ふつう菩提回向・衆生回向・実際回向と三つにわけます。菩提回向というのは、自分がさとりをひらくために善根功徳をまわしむけることであり、衆生回向というのは、衆生のために自分の善根功徳をまわしむけることであり、実際回向というのは、真如《しんによ》がおのずからさとりのあらわれとしてはたらくということです。浄土真宗の場合は「本願力回向」ということで、本願のはたらきによって功徳がまわしむけられるということです。

ここでは、念仏を行ずることによって功徳がつまれるなら、その念仏を行じて苦界に沈む父母のために功徳をまわしむけることができるだろう、しかし念仏はそういうものではない。浄土の教えは自力を棄てて他力に帰する、ということは、本願のはたらきによって浄土に生まれるのだ、そして浄土に生まれてさとりをひらいたならば、そこではじめて神通力を得て、縁のある者を救うことができるのだと、こうおっしゃっているのです。

善導大師の教えにおいては、孝養父母ということは、二善三福の教えとして、奉事師長・慈心不殺・修十善業とともに、浄土に生まれるための善根功徳であって、それはそれで大きな意味をもつことなのですが、親鸞聖人はそういう自力の善根というものをすべて棄てて、他力回向の信心によって救われるというお考えですから、当然その意味が変わってくると申しますか、後に「方便化身土巻《ほうべんけしんどかん》」で言われるように、「二善三福は報土の真因にあらず」（三八一頁・三三二頁）ということが出てくるのです。

それでは、親鸞聖人は、親孝行のために追善供養をしないということなら、親孝行を否定されるのか、というような誤解につながることになりますが、聖人はそういうことでおっしゃっているのではないということを、十分ご理解いただきたいと思います。親孝行をするということは、中国文化の伝統の中では大きな意味をもっていて、それと仏教の「棄恩入無為」という考え方とが、ある時期には烈しい葛藤を起こしているわけですが、仏教徒たちは、そういう対立においても、「棄恩入無為」ということが仏道の根本だという考え方を見失わなかったと申せましょう。それは、前条にもありましたように、人間の思いというものは「末通らない」ということがあるからです。

親鸞聖人の教えでは、恩愛のことをどのように言っているかと申しますと、ご和讃には「恩愛《おんない》はなはだたちがたく　生死はなはだつきがたし　念仏三昧行じてぞ　罪障《ざいしょう》を滅《めつ》し度脱《どだつ》せん」（五八〇頁・四九〇頁）とうたわれています。これが聖人の恩愛についてのお考えであったと言ってよいでしょう。そのお心は、先ほどの道元禅師のお言葉とつながっていると思います。

「恩愛はなはだたちがたく　生死はなはだつきがたし」というのは、先にあげました「流転三界

中　恩愛不能断」という言葉をふまえておっしゃっていると思われます。この迷いの世界にいる限り、恩愛の情は断ち難く、そのために生死流転はのがれがたいという意味でしょう。そういう迷いの世界をのがれるには、念仏の教えによって流転の因である罪障を断滅するほかはないというのが聖人のお気持ちです。そういうお気持ちが、次の条の「弥陀の御もよほしによって念仏する」ということにつながっています。

「弥陀の御もよほし」というと、何か神秘的な力が加わって念仏を申すような感じがしますが、そういうことではなくて、そこには聖人の念仏を申すということについての深い洞察があるのです。わたしたちが信心を得て念仏を申すようになるのは、人間の力によるのではない、人間の力によるのであったら、ある時期にはそういうことがあっても、また消えてしまうと申しますか、相続しない、しかし本当に念仏を申す身になれば、人間のはからいを超えた大きな流れの中に入ってしまうということがあるわけです。

以前にもお話したと思いますが、山口県の河村とし子さんが、念仏の教えに帰入されたときに、一番驚いたことは、自分の口からお念仏がこぼれるようにあふれ出てきたことだとおっしゃっていましたが、私もそのお話に非常に共感するところがありました。私の先生の武内義範先生は、称名念仏を「宇宙的なコーラス」に参加することというようにおっしゃいましたが、これも一つの見事な捉え方だと思います。

「南無阿弥陀仏」という名号は、無量寿・無量光という世界へ入って行く通路のようなものです。

それは、人間のこしらえた呪文のように、それを称えると何かができるとか、何か具体的な願望が達せられるとか、そういうものではありません。親鸞聖人のお言葉では、そういう道が無量光明土からさしかけられてくる、聖人だけが、「南無阿弥陀仏」の「南無」という言葉を解釈して「本願招喚《しょうかん》の勅命《ちょくめい》」とおっしゃったのです。

また三心の「欲生心」を説明して「如来、諸有《しょう》の群生《ぐんじょう》を招喚したまふの勅命なり」と記されています。浄土に生まれたいと願いなさいという呼びかけだとおっしゃっているのです。「南無阿弥陀仏」という名号は、私たちが「どうぞお助けください」といって称えるものではなく、「南無阿弥陀仏」という仏さまの呼びかけによって、私たちが目覚めてゆくというか、私たちにその目覚めを起こさせるものであって、そこにひらかれてくる境地が、聖人のお言葉では「如来よりたまはりたる信心」を喜ぶという境地です。この「如来よりたまはりたる信心」という言葉は後にも出てきます。それは、法然上人がそうおっしゃっているので、そこで法然上人は、親鸞聖人の信心も自分の信心も、「如来よりたまはりたる信心」であるから一つなのであって、別の信心の人は「源空がまゐらんずる浄土へは、よもまゐらせたまひ候はじ」とおっしゃっています。

そういうふうに、如来よりたまわるという信心ですから、親鸞聖人は、この人は私の弟子でこの人は私の弟子でない、というようなことは言えないとおっしゃるのです。聖人は、実際は、「自《じ》信教人信《しんきょうにんしん》（自ら信じ人に教えて信ぜしむ）」という道を歩まれましたが、ご自分では「わが弟子、ひとの弟子」という気持ちをおもちにならなかったと言ってよいと思います。それは、念仏の世界は仏さまから開かれる世界だと思っていらっしゃったからです。そのことが、次の条で問題になることです。

第十八願成就文

親鸞聖人の教えの一番肝心な所はどこにあるのでしょうか。それは聖人の『大無量寿経』の下巻の成就文の引用に見られます。『教行信証』は非常に難しい本ですけれども、その『教行信証』の一番エッセンスはどこにあるかというと、第十八願の成就文を引用していらっしゃる「信巻」の末です。成就文というのは、みなさんよくご存じでしょうけれども、法蔵菩薩が四十八の願を建てられて、それが成就したとおっしゃっているのです。法蔵菩薩がいつどこでそんな願を建てたのかわからないじゃないかと思われるかもしれませんが、それはそういう表現によらないと私たちにはわからないのです。

そのことで、一番わかりやすいと私が思いましたのは、西田幾多郎先生の言葉です。西田先生は北陸のご出身で、お母さんが熱心な浄土真宗のご門徒だったのです。西田先生自身は禅の居士《こじ》と申しますか、僧侶ではなかったですけれども、坐禅をされて、禅を通して仏教に非常に深い造詣をお持ちでしたが、お若いときにお書きになった『善の研究』という本がありますが、その書物の中に、私はこれが浄土教というものの教えの真髄ではないかと思うことが書いてある。なんでもないことなんですけれども、いつも繰り返して申しておりますが、それは、西田先生が「親が子になり、子が親になる、そこで初めて本当の愛情が起こる」ということを書いていらっしゃるところです。

これは、なんでもないことですね。しかし考えてみると非常に深い内容を含んでいる。親が子になるというのは、これは私たちの関係ではあり得ないことです。親は親の立場で子供にいろいろお説教するわけです。子供はそのお説教を聞いて、親はあんなこと言っているけどそんなことできないと言ってたいてい反対します。親の言うことなんて絶対聞かない。ところが本当に子供が親の気持ちに触れるのは、親が自分の子供の時代のことを思い出したときです。私があの子の年頃のときに何をしていたかと思い出して、そして子供のことを思ってやると、子供はそこで親の心に触れる。そうすると子供は実際親になるわけじゃありませんけれども、親の身になるわけです。子供は親の身になる。そこではじめて真の愛情が起こる、と西田先生はおっしゃるのです。本当の愛情、心が通じ合うんですね。そしてこれは、世間の親子の関係で言っているようですけれども、実は浄土教というものの本当の構造を言っているのです。

親と言っているのは、菩薩でもあり仏さまでもある。仏さまが衆生の身になっている。仏さまが衆生の身になるというのを具体化すれば、法蔵菩薩が四十八の願を建てて、兆載永劫《ちょうさいようごう》の修行と申しますが、一所懸命修行なさったというふうに布教使さんが話をされている。仏さまが衆生の身になって、願を成就して南無阿弥陀仏という名号を成就される。そのときに、子が親の気持ち、子というのは衆生ですね、衆生が親の身になる。そこで初めて子供は本当に親の気持ちに触れるということが起こる。それが信ということです。信というのは、子の立場、衆生の立場を立てるんじゃない。私にそそぎかけてくださっている仏さまの気持ちに触れる。気持ちというのは目に見えないし耳には聞こえません。しかし、生きた気持ちに触れるということが起こる。それが親鸞聖人が第十八願の成就文で受け取られたことです。

第十八願というのは、

設我得仏、十方衆生、至心信楽、欲生我国、乃至十念、若不生者、不取正覚、唯除五逆、誹謗正法（たとひわれ仏を得たらんに、十方の衆生、至心信楽して、わが国に生ぜんと欲ひて、乃至十念せん。もし生ぜずは、正覚を取らじ。ただ五逆と誹謗正法とをば除く）。（一八頁・一八頁）

これは、一切の衆生がまことの心で信じ喜び、我が国に生まれたいと思ってせいぜい十念もすれば、必ず浄土に生まれさせるという、そういう願文です。

『大無量寿経』の下巻には、成就文といって、そういう願が成就したということが書いてある。それが第十八願の成就文です。その成就文は、

諸有衆生、聞其名号、信心歓喜、乃至一念、至心回向、願生彼国、即得往生、住不退転、唯除五逆、誹謗正法（あらゆる衆生、その名号を聞きて、信心歓喜せんこと乃至一念せん。至心に回向し、かの国に生まれんと願ずれば、すなはち往生を得、不退転に住せん。ただ五逆と正法を誹謗するものとをば除く）。（四一頁・四四頁）

という文ですが、この「至心回向」という言葉に、親鸞聖人だけが、「したまへり」という訓点をつけられたのです。親鸞聖人の教えの一番根本はここにあるのです。

第十八願の成就文、ほかの人なら「至心に回向し」、というふうに読むところを、聖人は「至心に回向したまへり」とお読みになる。そして同じ成就文の「乃至一念」の「一念」を、『教行信証』の「信巻」には、「信心二心なきがゆゑに一念といふ。これを一心と名づく。一心はすなはち清浄報土の真因なり」（二五一頁・二四〇頁）と説明されています。このように「一念」を「信心」と理解されたのは親鸞聖人だけです。

これは何を意味するかというと、至心に回向してくださったのは仏さまだと、さっき申しました親の気持ちだと。それはおそらく具体的には、法然上人が「ただ念仏して弥陀に助けられまいらせよ」とこうおっしゃったその言葉を聞かれたときに、親鸞聖人はそのお言葉の中に仏さまの呼び声をお聞きになったということです。念仏しなさいと言われて、それじゃ念仏しましょうかということだったら、それは親鸞聖人のお受け取りになったことではありません。

親鸞聖人は、比叡山で二十年の修行をして、そして六角堂に参籠して、そして法然上人のところにやって来られた、法然上人とは四十歳年齢が違いますから、親鸞聖人二十九歳、法然上人は六十九歳です。その、思い詰めた青年の顔を見て、ただ念仏をしなさいとおっしゃった。その法然上人のお言葉を聞いて、親鸞聖人はそこで、それをそのまま法然上人の言葉とは聞かないで、仏さまの言葉だとお聞きになった。仏さまの心がそこに現れているとお聞きになった。それを親鸞聖人が教えとしてお説きになったときには「至心に回向したまへり」というふうにお読みになっているわけです。全部つながっている。それが親鸞聖人の教えの中心点です。

この中心点を受け取らない限りは、どんなに親鸞聖人の教えを聞いても、ここにこうあって、ここにはこうあってと、そんなことといくら覚えても何の意味もない。親鸞聖人が法然上人からお受け取りになったその教えを私たちも受け取って、そこに本当の言葉があって、それは私たちの久遠《くおん》の迷いというものを断ち切ってくださるんだと、そこに「生死出づべき道」が開かれるんだということに気がついたときに、初めて私たちは、親鸞聖人のお気持ちに触れるということができるわけです。

足利義山師の教え

私は二年前まで本願寺に勤めておりました。本願寺に勤めておりますと、月に一回当番がありまして、朝の六時に起きて本願寺の御影堂へ参らせていただく。そこに参りますと、親鸞聖人の御木像があるんですね。まあ御木像は御木像で別にそれがどうということはないんですけれど、やはり非常に親しいという気持ちがする。親鸞聖人のお姿が、私には非常に親しい気持ちがする。そんなに遠い、はるか雲の彼方にいらっしゃると、そういうことではなくて、非常に親しい気持ちがする。親しい気持ちがするということは、聖人のお気持ちと私の気持ちとがつながっているわけです。それが信の世界というものだと私は思います。

浄土真宗本願寺派の学僧に足利義山という方がいらっしゃいました。その足利先生がおっしゃっています。先生は明治の末ぐらいに宗乗《しゅうじょう》（真宗学）の先生だったんですけれども、先生は学問ばかりしていた人です。広島のどこかのお寺のご住職さんだったのです。小さいときから学問が好きで学問を一所懸命しておられましたが、ただの学者じゃないのです。この方は、本当に信心を喜んでおられた。あるとき、前田慧雲さんというこれも本願寺派の優れた学者ですが、その方にこうおっしゃった。あんたと私は一所懸命いろんな議論をして学んだけれども、往生の一大事に関する限りは、あなたも私もイロハも知らぬただの爺さんにならんといけませんのや、と言われたという。義山先生の娘さんで、京都女子学園を創立された甲斐和里子さんの書かれた『草かご』という本の中に記されております。

それからその和里子さんのご主人に対して、学者気分を捨てて、愚夫になることだと、別にそれは愚夫ということを悪く言っているわけではない、お互いがそうだと、愚夫になって教えを聞きなさい、そうすれば夜が明けてきますよ、というふうにおっしゃった。これは非常に大事なことですね。私たちが知識で、あれこれ議論をしているときには夜が明けてこない。本当に愚夫になって、愚かな者になって教えを聞いて初めて夜が明けてくる、夜が明けてくるということは、仏さまの心が私に伝わってくるということです。伝わってくることによって私たちの心の夜が明けてくる。そういうことです。それが浄土真宗の教えです。

浄土真宗の教えというのは、そういう「煩悩具足の凡夫」、「火宅無常の世界」に住んでいる

「煩悩具足の凡夫」が、いっさいのことにまことがないことに気づく、「よろづのこと、みなもつてそらごとたはごと、まことあることなきに、ただ念仏のみぞまことにておはします」（八五三頁・六四〇頁）。ただ、南無阿弥陀仏という名号に、いわばいまの言葉で申しますと宇宙の真理というものが凝縮している。その凝縮している南無阿弥陀仏という名号によって、私たちは長い生死の迷いというものから断ち切られるんだと、そのことに気づかされるのが浄土真宗の教えであります。

第七講　第六条「如来よりたまはりたる信心」

今日は第六条ですが、ここでは「如来よりたまはりたる信心」ということをおっしゃっています。

たまはりたる信心

「一　専修念仏《せんじゆねんぶつ》のともがらの、わが弟子《でし》、ひとの弟子といふ相論《そうろん》の候ふらんこと、もつてのほかの子細《しさい》なり。親鸞は弟子一人ももたず候ふ。そのゆゑは、わがはからひにて、ひとに念仏を申させ候はばこそ、弟子にても候はめ。弥陀の御《おん》もよほしにあづかつて念仏申し候ふひとを、わが弟子と申すこと、きはめたる荒涼《こうりよう》のことなり。つくべき縁《えん》あればともなひ、はなるべき縁あればはなるることのあるをも、師《し》をそむきて、ひとにつれて念仏すれば、往生すべからざるものなりなんどといふこと、不可説《ふかせつ》なり。如来よりたまはりたる信心を、わがものがほに、とりかへさんと申すにや。かへすがへすもあるべからざることなり。自然《じねん》のことはりにあひかなはば、仏恩《ぶつとん》をも

しり、また師の恩をもしるべきなりと云々《うんぬん》。」（八三五頁・六二八頁）

親鸞聖人の曾孫の覚如上人の編集されたものとされております『口伝鈔』という書物がありまして、その中に、ここに記されていることと同様なことが書かれています。『口伝鈔』というのは、面授《めんじゅ》口伝《くでん》と申しまして、直接口伝えに教えられたものという意味で、親鸞聖人が、お孫さんにあたる如信上人にお話しになった浄土真宗の肝要を、さらに覚如上人が記されたということになっているわけです。

そこには「弟子・同行《どうぎょう》をあらそひ、本尊《ほんぞん》・聖教《しょうぎょう》を奪ひとること、しかるべからざるよしの事」（八八〇頁・六五五頁）とありまして、常陸の国に信楽坊という人がいらっしゃったが、聖人の教えに従わなかったので、聖人のお叱りを受けて国に帰ることになった。そのときに、蓮位《れんい》房という人が、この人は門弟を離れて国に帰るのだから、今までお渡しになった本尊や聖教を取り返すべきではありませんかとおっしゃったところ、聖人は、そういうことをしてはいけない、なぜかと言えば、「親鸞は弟子一人ももたず、なにごとををしへて弟子といふべきぞや。みな如来の御弟子なればみなともに同行なり」。念仏往生の信心を獲ることは、釈尊と阿弥陀如来のお二人のご方便によって発起したのだから、私が授けたのではない、近頃は、意見を異にすると、本尊や聖教を取り返し、房号を取り返し、信心を取り返すなどということが国中にさかんだということだが、そんなことは決してあってはならないことだ、本尊・聖教は衆生に利益を与える手だてのものだから、私との交わりを棄てて、他の人の門に入ったとしても、個人的に取り返したりなどしてはいけない、如来の教えというものは、世の中にひろめるべきものだからだ、もし私の名前が書いてある聖教をきらって、山野にすてるとしても、そこにいる生き物が、その聖教に救われて利益を受けるということもある、もしそうなら、衆生に利益を与えたいという仏さまの思いが満たされるではないか、凡夫の財宝のように、取り返すというようなことはあってはならないのだ、と聖人がおっしゃったというのです。

この『口伝鈔』に書かれていますことは、『歎異抄』と少しニュアンスが異なるかもしれませんが、「如来よりたまはりたる信心」（八三五頁・六二九頁）と、「釈迦・弥陀二尊のご方便によって発起した信心」という受け取り方は同じだと言ってよいでしょう。そこから「弟子一人ももたず」ということも出てくるのです。

「如来よりたまはりたる信心」という言葉は、『歎異抄』の後の方にもう一度出てきます。それは「後書き」（八五一頁・六三九頁）のところで、親鸞聖人が法然上人の他のお弟子さんたちと一緒にいらっしゃった時に、「私の信心も法然上人の信心もひとつだ」とおっしゃったところが、「どうしてそんなことがあろうか」と勢観房や念仏房といったひとたちがおっしゃったので、「法然上人の深いお知恵や広い学識とひとつだというならまちがいだろうが、往生の信心はひとつだ」とお返事をされたところが、なおどうしてそういうことがあろうかというので、このことを法然上人に申し上げると、「わたしの信心も如来よりたまわった信心である、善信房（親鸞聖人）の信心も如来よりたまわられた信心である。だからひとつだ、別の信心の人は、私の参る浄土には、まさかお参りになりますまい」とおっしゃった、ということです。

こういうお言葉からすれば、法然上人も親鸞聖人も、信心ということについては、同じお考えであったということができましょう。またそれは、親鸞聖人が「たとひ法然聖人にすかされまゐらせて、念仏して地獄におちたりとも、さらに後悔すべからず候ふ」（八三二頁・六二七頁）とおっしゃったお気持ちにつながっていると言わなければなりません。それが「如来よりたまはりたる信心」とおっしゃる所以《ゆえん》です。

キリスト教でも、ある立場のかたは、信仰は恩寵であるというお考えの方もあるようです。恩寵というのは、神さまから与えられた恵みということです。そういう考え方は、浄土真宗の如来回向の信心ということと近いのではないでしょうか。

しかし、そういう共通の面と、異なる面と申しますか、浄土真宗の信の独自性ということもあるわけです。それはどこにあるかというと、一つは、「信一念」ということを言うところと、もう一つは「機法二種深信」ということを言うところにあると思います。そのことを少し申し上げておきたいと思います。

信一念

「信一念」という言葉は、『教行信証』の「信巻」の末に出ております。信一念・行一念ということがあるのですが、「信一念」については、時剋釈と信相釈ということを言います。時剋釈については、「それ真実の信楽を案ずるに、信楽に一念あり。一念とはこれ信楽開発の時剋の極促を顕し、広大難思の慶心を彰すなり」（二五〇頁・二三九頁）と記されています。信相釈というのは、時剋釈の少し後に、「信心二心なきがゆゑに一念といふ」（二五一頁・二四〇頁）と聖人はおっしゃっています。信心にはふたごころがない、ひとすじのものだということです。

この「時剋の極促」という意味は、一念というのは、時間的に言うと非常に短い時間であるということですが、短いといっても、時間を切ってその部分としていうのではありません。だから、浄土真宗で言う「信」というのは、仏さまから教えを受けて、それをよく理解して、それでは信じましょうと私たちが信じるという、そういう信ではないということです。そういうことを哲学的に問題にしておりますのは、以前にも申しておりましたが、デンマークの宗教哲学者のキルケゴールです。

キルケゴールは「瞬間」という概念でそれを言おうとしています。「瞬間は、永遠のアトムである」と申します。「永遠のアトム」ということは、永遠が私たちのうちに姿をあらわすということか、自らを開示する、そのときを「瞬間」という、というのです。親鸞聖人がここで時剋の極促とおっしゃっているのも、そういうことだと思います。「信楽開発」ですから、「信」がそこにひらかれてくる、それは仏さまのはたらきが私を貫通するのです。ふつう信仰と言いますと、これこれのことを信じるというように、あることを信じる、信じる内容というものがあって、それが信条とされます。信条というのは信仰箇条で、ある内容を理解して受け取るというように考えられますが、キルケゴールは、「信仰」はそういうものではない、「永遠のアトム」ですから、神のはたらきが人間をつらぬく、そのときを「瞬間」というと言っているのです。

聖人のおっしゃる「信楽開発の時剋の極促」というのは、それと同じことを言っているのではないでしょうか。宗学では、「極促」の促という字をどう理解するかとか、そういう時があるとかないとか、いろいろ議論がありますが、私はここでおっしゃっている「信」ということは、聖人が「如来よりたまはりたる信心」とおっしゃっている信心であって、それは私たちが起こそうとして起こすことのできるような信心ではない、だから「如来回向の信心」と言うのだと思います。

そういう信心であるから、何かものをやったり取ったりするように、信心をやりとりするということはあり得ない、したがってまた自分の弟子、他人の弟子ということもないのだとおっしゃっているのです。

二種深信

それではそういう信心の内容はどういうものかというと、それは昔から「機《き》法《ほう》二《に》種《しゅ》の深信《じんしん》」といっております。「機法二種深信」という言葉は、善導大師の『観経疏』の三心（至誠心《しじょうしん》・深《じん》心《しん》・回向発願心《えこうほつがんしん》）を釈された中の「深心釈」（二一七頁・二二五頁）に出ている言葉で、「機の深信」というのは、自分は罪悪生死の凡夫で、曠劫《こうごう》の昔から常に没し常に流転して出離《しゅつり》の縁がないことを信じる、ということですし、「法の深信」というのは、阿弥陀仏の四十八願は衆生を摂取して決してあやまりはない、必ず願力に乗じて浄土へ往生できると信じる、ということです。この機の深信と法の深信ということとが別々でない、機法二種一具であると申します。これはどういうことでしょうか。

それはまず、先に申しましたように、これを聞いて理解して信じるということではない、「捨《しゃ》機託法《きたくほう》」と申しますが、この二つのことが一つにあらわれてくるところに、浄土真宗の「信」というものの本質があるとされます。

これは教えとしてはなかなか理解しにくいことですが、浄土真宗の信者といわれる人たちはその境地を生き、それを自らの経験として伝えてきたのです。その一つの例を、私の大学時代の先生でありまます武内義範先生がお若いときにお書きになりました「真宗教化の問題」（『武内義範著作集』第一巻所収）というエッセーから紹介したいと思います。

武内先生は三重県の四日市の真宗高田派の寺院のご出身ですが、学生の頃、ご門徒に和三郎さんという老人がいらっしゃって、その方と年齢を超えて親しくしていらっしゃいました。その方は若いときに病気で失明されたのですが、非常に熱心に聞法されていたのです。

武内先生はそのころ、東京で、近角常観先生の薫陶を受けておられ、法座に出席されてお話をお聞きになっていました。そして四日市へ帰ると、和三郎さんにそのお話をなさるわけです。和三郎さんもそれをたのしみになさっていたのです。ところが、武内先生が、何かの事情でもう東京へ行けなくなって、最後に近角先生にお別れをつげられたとき、近角先生が「他力ですよ、他力ということを忘れてはなりません」とおっしゃったのです。武内先生は、帰って、和三郎さんにその話をなさいました。そうすると、和三郎さんは、そのときは「そうですか、お他力ですぞ、お他力ということを忘れてはならぬと申されましたか」といってお帰りになりました。しかし、それから四、五日して、土砂降りの雨の中を、孫娘に手を引かれてやってきた和三郎さんが、武内先生の前に両手をついて「私は長い間、聞かせていただきながら、お他力ということを忘れていました。もったいないことでございます。申し訳ないことでございます」といって懺悔されたというのです。

私はこの武内先生の文章を読んだとき、深い感銘を受けました。ここには浄土真宗の信者さんがどのように心をひるがえすかということが見事に語られています。和三郎さんの心にひらかれたのは、まさに「いちめんの他力」という世界ではなかったでしょうか。若い武内先生から伝えられた近角先生の「他力ですよ、他力ということを忘れてはなりません」という言葉が、仏さまの言葉として、和三郎さんの心に鳴りひびいたのです。その言葉に信順するということが「信心」にほかなりませんし、そこに開かれる境地が「捨機託法」の境地にほかならないと言ってよいでしょう。

「捨機託法」ということは、捨機ということはこれこれのこと、託法ということはこれこれのことと、説明し納得することではありません。浄土真宗の信心は、信仰箇条を理解し承知することではありませんから、「機の深信」はこういうこと、「法の深信」はこういうことと知って納得するのではありません。如来回向の「信」が成立するとき、そこにおのずから明らかになるのが「機法二種深信」なのです。罪悪生死の凡夫である私が自分のすべてを捨てて仏さまにお任せをするということが「捨機託法」ということです。

「信楽開発時剋の極促」ということがどこで成ずるかといえば、この「捨機託法」というところで成ずるのです。和三郎さんが近角先生の「他力ですよ」というお言葉にこめられた仏さまのお心を受け取られたときに、信というものがひらかれるのです。

その信が開かれる上で、もっとも大きなはたらきをするのが「名号」です。「おのれを忘れて弥陀をたのむ」と申しますが、本当に己をわすれて「南無阿弥陀仏」という名号に乗託する、それが「捨機託法」のときです。そのとき、ということは、己を捨てて仏さまをたのむとき、それが信の開発のときです。

そういう信を、どうして自分のもの人のものと言えようかというのが聖人の仰せです。「弟子一人も持たず」ということは、こういうことを背景としておっしゃっているのです。「わがはからひにて、ひとに念仏を申させ候はばこそ、弟子にても候はめ。弥陀の御もよほしにあづかつて念仏申し候ふひとを、わが弟子と申すこと、きはめたる荒涼のことなり」と聖人はおっしゃっています。和三郎さんが「他力ですよ」という言葉を聞いて、その時にはわからなかったけれども、四、五日して、その言葉の意味にふと気づいたそのときに、自分のすべてを他力に乗託したと、そういうことが起こるのは、仏さまの「御もよほしにあづかって」のことです。そこには師弟の関係ということはないのだ、というのが聖人の仰せです。

法然上人も、自分のようなものは「戒・定・慧三学の器《うつわ》にあらず」、とおっしゃっています。比叡山で修行をなさって、仏教は戒律を守り、禅定を修め、智慧をみがくという三学が根本だ、しかし私はこの戒・定・慧三学の器ではないと思われたときに、たまたま善導大師の『観経疏』の

一心専念弥陀名号、行住座臥、不問時節久近、念々不捨者、是名正定業、順彼仏願故（一心に弥陀の名号を専念して、行住座臥、時節の久近を問わず、念々に捨てざるをば、これを正定の業と名づく、かの仏願に順ずるがゆゑに）。（二二〇頁・二一七頁）

という文に出遇われ、私のようなものには、かねて仏さまはしろしめして、こういう道を教えてくださっていたのかと、誰も聞いている者はなかったが、感涙にむせんで念仏したと、これは聖人の四十三歳のときのことです。

これは、『観経疏』を読んでその教えに納得したように見えますが、実際は、法然上人は、長年にわたる自分の悩みがやぶれて仏願に触れることができたのは、仏さまの御もよおしによってだと受け取っておられるのであり、そこから「源空が信心も、如来よりたまはりたる信心なり」（八五二頁・六三九頁）という言葉が出てくるのです。こちらから無理に戸をこじあけてどうこうするのではなくて、むこうからさしてくる光、それはいつもさしてきているわけですが、その光に目覚めたときが信心開発と表現されるのです。それが「信一念」ということです。

話は飛びますが、蓮如上人のおっしゃることも同様です。吉崎にいらっしゃった蓮如上人のと

ころへ、はるばる江州から道西《どうさい》という人がやってきて、「弥陀をたのむのが信心ですか」とおたずねします。そうすると蓮如上人は、たしかに己を忘れて弥陀をたのむばかりだが、みな口では己を忘れるというが、心には忘れないで、自分の力を頼りにしているものが多い、ほんとうに、己を忘れて仏さまにたよるのが信心ということだ、とお答えになっています。法然上人の場合も、親鸞聖人の場合もおなじです。

「至心信楽、己を忘れて弥陀をたのむ」と申しますが、第十八願の「至心信楽、欲生我国」というのは、まごころをもって信じ喜び、わが国に生まれんと欲《おも》うということですから、願文からすれば私たちがまごころを起こすということですが、そのまごころというものが自分にはないということに気づかれたのが、親鸞聖人です。

それではまごころはどこから出てくるのかと言えば、それは仏さまから与えられるのだと、第十八願の成就文にある「至心回向」という言葉に、「至心に回向したまへり」(二五〇頁・二三九頁)という訓点をほどこして、すべて仏さまから回向されたものだとお読みになったのです。それが仏さまのお心だと、そのお心をそのままいただくしかないのだという聖人のお気持ちがそこにあらわれています。

親鸞聖人ほど「まこと」を求められた方はありません。『教行信証』の表題も『顕浄土真実教行証文類』ですから、生涯をかけて「真実・まこと」を求め続けられたのです。「生死出づべき道」(八一一頁・六一六頁)を明らかにするためには、真実を求めなければならないと思われた。しかもその真実は私の方にはないということに気づかれた。むしろ回向された真実によって目覚めることができる、そういう気持ちを持つことが、すでに仏さまの御もよほしによるのだと、そういうお考えであったのです。

私のなかには、真実を求めてやまないものがあるが、それは私の中から起こるのではない、仏さまの方からもよおされているのだということに気づくときに、はじめて私たちは仏さまのはたらき、他力ということに触れる。他力というのは本願力ですから、仏さまの願いのはたらきが私たちにさしむけられているということに気づくのです。

そのことで、私が深い感銘を受けましたのは、以前にもお話しておりましたが、山口県の河村とし子さんのご主人のご両親が、とし子さんが求道なさっていたとき、あまりわからないので、もうお話を聞くのをやめようとなさった。そのときに、あなたが聴聞しようと思ったときに、もう仏さまのお手まわしがあるのだから、どうぞやめないでくださいと、おがむようにしてたのまれたということを、河村さんが話していらっしゃいました。

自分が道を求めて一生懸命になっているように思っているが、ほんとうは仏さまのおてまわしで、聞法するようになったのだということに気づく、それが、他力のはたらきに気づくということです。そのときに初めて仏さまのはたらきがあるわけではありませんが、ずっとその光の中にいるのですが、そのことに気づいたときに、はじめて私たちは仏さまのはたらきに触れるのです。

法然上人は「善信房の信心も、如来よりたまはらせたまひたる信心なり」（八五二頁・六三九頁）

と、微妙な言い方をなさっていますが、それが「大信海に入る」ということです。その大信海に入ることによって、私たちは久遠の闇から解放される。その闇はどれほど長くても、百年、千年の闇であっても、いったん光が到来すれば、「闇去明来《あんこみようらい》」と申しまして、闇が去らないということがあろうかと、これも曇鸞大師の譬えとして、『教行信証』の「信巻」末(二九九頁・二七四頁)に親鸞聖人が引用されています。曇鸞大師は、十念の念仏と罪業との軽重を比較しておっしゃっているのですが、その内容は、信心が開かれると言うことの譬えとして理解してもおかしくないと思います。

そのほかにも、ここには滅除薬《めつじよやく》を塗った鼓の音を聞くと、毒矢も抜けて毒がなくなるという譬えも書いてあります。これも巧妙な譬えで、鼓の音を聞くというのは、名号を聞くという譬えと考えてもよいのではないかと思います。名号を聞けば、どんなに私たちの迷いや罪業が深くても、それが消えてしまうということです。「聞其名号　信心歓喜」ですから、名号を聞くということは、それだけの大きなはたらきを持っているわけです。名号は仏さまのよびかけですから、その名号を聞いたときに、私たちの心の闇が去り、一挙に光に満たされる、それが「大信海に入る」ということです。そういうふうに聖人は考えていらっしゃったのですから、そういう信心を人に与えたり取り返したりできるものではないことは言うまでもないことです。

第六条には、「如来よりたまはりたる信心を、わがものがほに、とりかへさんと申すにや。かへすがへすもあるべからざることなり。自然《じねん》のことはりにあひかなはば、仏恩をもしり、また師の恩をもしるべきなり」とありますが、「自然のことはり」というのは、自《おの》ずからそうなるということです。「自然」というのは、水が高いところから低いところへ流れるように、自ずからそうなるということで、自分をむなしうして仏さまの教えを聞いたならば、自ずから念仏を申す身になり、仏の恩も師の恩も知るようになるということです。そしてその言葉の通り、親鸞聖人は法然上人のことを讃仰しておられたのです。

以前にドイツへ行ったときのことで、思い出したことがあります。最近はドイツでもキリスト教の影響が少なくなったということを聞いておりましたので、実際はどうだろうかと思って、機会があると教会へ参りまして、キリスト教のミサなんかに参加しておりました。

あるとき、それはマールブルクという町のエリザベート教会という古い教会でしたが、そこでミサがありました。私の隣に立派な紳士がおられました。ドイツの方は、一般に体格が立派ですし、また姿勢もいいのですが、その方はとくに堂々とした方でした。キリスト教の教会は、少し高い所に壇がありまして、そこで牧師さんが説教をなさるわけです。説教といっても、大きな声で演説をするというのではなくて、ごく静かに話をなさるのです。そうすると、その立派な紳士が、初めはまっすぐ背を伸ばして聞いていらっしゃったのですが、だんだん頭をさげられて、非常に敬虔な様子で話をお聞きになるのです。私はそのときはまだ十分ドイツ語がわかりませんでしたので、牧師さんがどういう話をしていらっしゃったのか、理解できませんでしたが、その紳士の様子に大変感動いたしました。

牧師さんは淡々と話をなさっているのですが、その言葉が紳士の心を打つのでしょう。私は説教というものは、そういうものだと思います。キリスト教の場合は、キリストさんが中心的な存在ですから、牧師さんが受けとめられたキリストさんに対する信仰について話をなさっているのでしょうが、その話をはじめは頭を上げて聞いていらっしゃったのに、次第に頭を下げて敬虔な態度でお聞きになっている、その姿を見て、私は体得された教えというものは、こういう力をもっているのだということを強く感じました。

親鸞聖人が、この『歎異抄』の第一条に、「他の善も要にあらず」（八三二頁・六二六頁）とか「悪をもおそるべからず」とか、善悪は問題ではないとおっしゃって、その教えに人々が打たれたのは、聖人がそういう世界にいらっしゃったからです。比叡山で二十年の修行によっては達することのできなかった境地が、今、法然上人のお言葉によって開かれたという、そういうお気持ちが、『歎異抄』の聖人のお言葉にはこめられています。よき人法然上人のお言葉を聞いて信じるという、そこに開かれた世界から、聖人はこういう言葉を残していらっしゃるのです。

聖人はまた、「弥陀の本願には、老少善悪のひとをえらばれず、ただ信心を要とするべし」とおっしゃっています。「老少」というのは、年をとった人も若い人もということ。また少しでも善根功徳をつんで、ということではない、そんなことは問題ではない、一番中心の事は「信心」である。どうして「信心」が中心かといえば、本願の教えは罪悪深重、煩悩熾盛の衆生をたすけようという、それが本願の趣旨だからだと。「しかれば本願を信ぜんには」、これは少しわかりにくい言葉です。「本願を信じるためには」とか、「本願を信ずるからには」とか、いろいろ解釈があるのですが、私は、「信ずるからには」という意味だと思います。「悪をもおそるべからず」、この言葉も、当時の人には大きな衝撃を与える言葉でした。

以前にも申しましたが、この時代の俗謡を集めた『梁塵秘抄』という本があります。その中に、鵜飼いをしていた人の歌がある。鵜飼いをするためには、鵜に亀の肉を食べさせて養わなければならない。今は、鵜飼いを生業としているからそういう殺生をしているが、来世はいったいどうなるだろうかと、深い恐れをうたっています。この世では、生きていくためにどんなことでもしなければならないだろうが、この世はそれですごせるだろうが、こんな殺生をして、来世は私は一体どうなるだろうかというのです。この人には、罪悪深重の凡夫であるという気持ちは強くあったのでしょう。そういう人に「悪をもおそるべからず、弥陀の本願をさまたぐるほどの悪なきゆゑに」という言葉は、大きな力です。弥陀の本願は業の輪廻というものを断ち切ってしまうのだというのです。

「信巻」には「六趣・四生、因亡じ果滅す」（二五五頁・二一四四頁）という言葉もあります。こういうことをおっしゃったのは、親鸞聖人だけではないでしょうか。六趣というのは六道のことです。地獄・餓鬼・畜生・修羅・人間・天上という六つの境涯、そういう迷いの世界を経《へ》巡《めぐ》る、それが輪廻を繰り返す凡夫のすがたです。

この世で善根をつまなければ、来世で苦しみを受けなければならないというのです。昔、京都では六地蔵堂と申しまして、お盆に地獄図絵が開陳されました。小さいときに、私も見にいって、大きなショックをうけた記憶があります。野間宏でしたか、文学者の誰かもそういうことを書いていたように思います。地獄変とも申しますが、亡者たちがまっさかさまに地獄へ堕ちてゆく絵です。なかなかリアルな絵です。

四生というのは、四つの生まれ方で、卵生とか、胎生とか、湿生、化生、当時は生きものというのはこういう四つの生まれ方をすると考えられていたのです。これも迷いの世界です。親鸞聖人は、そういう六趣四生の迷いの世界を経巡る因も果もなくなると、そういうことをおっしゃっているのです。

そういう意味では、親鸞聖人の教えは、従来の因果の法則というものを断ち切るような意味をもっていたのです。「他の善も要にあらず、念仏にまさるべき善なきゆゑに」。どうして念仏がそれほどの善かというと、それは仏さまのはたらきがそこへ加わるからです。そのはたらきが頭の上を素通りしてしまったら、意味がありませんが、私たちがそれに目覚めて大信海に入る。それによって、因果の繋縛からのがれることができる。それが聖人の教えの中心です。

聖人が生涯を通して私たちに語りかけてくださったのは、私は自分の力で生死の世界を離れたいと思っていたけれども、それが達せられない、たまたま法然上人の導きで、如来回向の信心をたまわり、念仏して弥陀に助けられるという大信海に入ることができた、業輪廻の境涯を離れる事ができた、それを人々に伝えたい、大信海に入ったならば仏さまの世界に生まれることができるのだという、それを伝えたい、そのはたらきに私たちが目覚めることが、かえって自然であると、そう聖人はおっしゃるのです。

聖人は「行者のはからいにあらず」とおっしゃいます。はからいというものがあるからその大きなはたらきの中に入ることができない。はからいをすてて大きなはたらきの中に入れば、おのずからそうなる。私たちが信の世界に入るとしても、それは仏さまの願いからそうなる、私たちが信じようとして信じたのではない。仏さまの願いから起こってくることだから、おのずからそういう世界が開かれる。「念仏成《ねんぶつじょう》仏自然《ぶつじねん》なり」（五九二頁・四九六頁）ということで、おのずからそうなってしまう。それが不退転ということです。

親鸞聖人の教えの中心は、本願と名号、それから信心と称名。本願というのは、菩薩の衆生を済度したいという願いです。その願いは、私たちの深い願いというものに応じます。私たちが生死の世界を離れたいという願いを起こすのも、実はさとりの世界からのはたらきかけがあるからです。親鸞聖人は、『教行信証』の最後に、「信順《しんじゅん》を因《いん》とし、疑謗《ぎほう》を縁《えん》として」（四七三頁・四〇〇頁）信の世界に入ることを勧めていらっしゃいますが、そういう願いがこめられたのが、聖人のすべてのご著作であると申せましょう。

第八講　第七条「無碍の一道」

アブラハムとイサク

今日は第七条についてお話しするのですが、その前に、前回に言い残しましたことを申しておきたいと思います。それは第五条についてです。

この間「中外日報」を見ておりますと、こういうことが出ておりました。浄土真宗の僧侶が、ご法話で、『歎異抄』の話をなさって、第五条を取り上げ、「親鸞は、父母の孝養のためとて、一返にても念仏申したること、いまだ候はず」ということをおっしゃったところ、大変評判が悪くて、それからご門徒さんのお参りが少なくなった、ということでした。これは、日本人にとって、いかに祖先崇拝ということが大きな位置を占めているかということをあらわしているように思います。仏教と言えば祖先供養で、お寺でも法事と言えばそれが中心なのに、それをしない教えとは何だ、というのが一般の人たちの考えではないでしょうか。

その記事を読んで私の感じたことですが、聖人がなぜ父母の孝養のために念仏を申さないということをおっしゃったかというと、それは、念仏が自力の善根ではないというだけのことではなくて、そこには、道徳と宗教との違いという問題があると思います。

孝養父母ということ、あるいは追善供養ということは、やはり道徳の立場で言われることです。善導大師の『観経疏』でも、二善三福の世福というのは、世俗の善根です。当時は道徳と宗教との区別はそれほど明確ではなかったかもしれませんが、少なくとも、親鸞聖人は、仏教の教えというものは、世の中の道徳や倫理とは違うのだということを、強く意識されていたのではないかと思います。そういう立場から、父母の孝養のために念仏を申さないということをおっしゃっているというところがあるようです。だから、第五条の話を聞いて、一般の人が反発をしたということは、ある意味ではもっともなことかもしれません。一般の人たちにとっては、道徳や倫理の立場と宗教の立場とは同じようなもので、両方とも、悪いことはするな善いことをせよという勧善懲悪を教えるものと受け取られているのがふつうでしょう。それに対して、はっきり宗教は道徳とは違うということを言われると、反発を感じるのかもしれません。

しかし、道徳や倫理というものは、普遍的なもの、ということは誰もがそれを行なうべきこととされることですが、宗教は個人的なものです。一人一人の心の救済ということにかかわる。場合によっては、そのために道徳や倫理を超えるということがあるのです。そういう違いを一番鋭く、厳しく問題にしたのは、キルケゴールです。

キルケゴールが『おそれとおののき』という著作で問題にしたのは、旧約聖書に出てくるアブラハムという族長時代の一人の人物ですが、この人は、「信仰の父」といわれています。それは、晩年に至るまで子供がなかったアブラハムが、ようやく得たイサクという子を、神の命令に従って、何のためらいもなく燔祭《はんさい》（神に犠牲を捧《ささ》げる祭り）に捧げようとした、その信仰の深さがたたえられるのです。この行為をめぐって、キルケゴールは、これは道徳的には殺人であるが、宗教的には神の命令に従うという献身の行為であると申します。その行為は、アブラハム以外の誰にも理解し得ない行為である、というのです。

ギリシャのアガメムノンが、トロイとの戦争のときに、軍船を率いて港を出るに当たって、海の神に娘のイフゲニエを捧げたのは、公共のための行為だから、皆に理解され賞賛される、しかしアブラハムの行為は、妻にも従者にも、だれにも理解されない、不条理の行為である、これは、神とアブラハムだけの関係において起こっていることである、しかし、信仰というものは、そこに意味がある、絶対的な神に対して絶対的に関係する、それが人間にとって不条理であってもいいのだ、他の人間に理解されなくてもいいのだ、とキルケゴールは申します。人間の道徳的なレベルではゆるされない行為でも、絶対的なものに絶対的に関係するということが、神への関係の根本である、というのがキルケゴールの考えです。

私は父母の孝養のために念仏しないという親鸞聖人のお考えも、どこかこのキルケゴールの考えに通じるところがあるように思います。ここでは、信仰と道徳的行為との質的差異ということが問題になっているのです。信仰ということは、単独者としての自分と絶対的な存在としての神との関係として考えなければならないというのです。仏教、あるいは浄土の教えは、キリスト教のように人格的な神との関係ということは申しませんが、しかし、「信」ということを厳しく問題にする場合には、キルケゴールのいう、絶対的なものとの絶対的関係ということが出てくるのではないでしょうか。私が『歎異抄』の第五条を繰り返して問題にしましたのは、そこには、そういう意味があるということを申したかったからです。

次に、第六条については、「如来よりたまはりたる信心」ということを問題にしておりました。ここでは、はじめに、「親鸞は弟子一人ももたず候ふ」ということがいわれていますが、それよりも私は、第六条で聖人のおっしゃりたかったのは、「信心」は「如来よりたまはりたる信心」であるということだったのではないか、「弟子一人ももたず」ということは、そこからおのずから出てくることではないか、と思います。

「弟子一人ももたず」という言葉を、親鸞聖人が教団をつくろうという気持ちをおもちにならなかったとか、師弟関係というものを否定されたとか、そういう観点から問題にする人が多いようですが、そんなことはあたりまえのことで、聖人はあくまで法然上人の教えに従って念仏申すのだと考えていらっしゃったのですから、新しい教団をつくるとか、弟子をたくさんもつとか、そんなことはまったく聖人の関心にはなかったのです。ところが、現実には、一念義とか、多念義とか、対立する集団が出てきて、法然上人の門下にいろいろの問題が起こってきましたから、それは、みんなには「信心」ということがわかっていないからだと、聖人はそう思っていらっしゃったのではないでしょうか。そういうお気持ちが、このお言葉には出ているように思います。

親鸞聖人は、浄土真宗の「信」ということは、ふつうの信ということとは違うのだと、どう違うかと言えば、他力回向の信であると、他力回向の信ということは「聞即信《もんそくしん》」である、私たちがはからいをまじえずに聞くままが信であると、「衆生、仏願《ぶつがん》の生起本末《しょうきほんまつ》を聞きて疑心《ぎしん》あることなし」（二五一頁・二四〇頁）とおっしゃっておりますが、仏さまの呼び声を聞くままが「信」ということであり、ふたごころなく聞く、それを「信一念」というのです。

だから、そういう「信」は、浄土の教えを聞いて、これとこれとを納得して信じるということではありません。仏さまの呼び声を、そのまま私への呼び声として受け取るところに「信」が開かれる。言い換えれば、仏さまのやるせないお心が私の心にとどいたときに、そこにただちに「信」が開かれる、聖人は「信楽開発」とか「信楽獲得」とか「浄信回施《じょうしんえせ》」とか、いろいろの言い回しをされるのですが、どうしてそういう言い回しをされるのかといえば、それは南無阿弥陀仏という名号を聞いて、それを真向きに受け取る、そこでは私たちが自分の判断とか、考えとか、そういうものをすべて捨てて、「至心信楽、己を忘れて弥陀をたのむ」という言葉がありますが、その己を忘れて弥陀をたのむということが信にほかならないのであり、そういう信が開かれるのは、私たちがいろいろ考えをめぐらしたり、思案をしたりしてそういう境地に至るのではなく、仏さまのおもいがとどいたときに、端的にひらかれるので、それを「信一念」というのです。

アッシジのフランシス

もう一つ申しておりましたことは、浄土真宗の「信」は、「機法二種深信」と申しまして、しかも二種一具といたします。これはどういうことかというと、「信」の内容として「機の深信」と「法の深信」ということがあり、その二つのことが「信」においては別々のことではなく、一つのことであるというのです。

このことは、深い意味を持っていると考えなければなりません。どういう意味を持っているかというと、それは、「機の深信」をいうことによって増上慢《ぞうじょうまん》を退け、「法の深信」をいうことによって卑下慢《ひげまん》を退けるという意味を持っているのです。善導大師の註釈にはたしてそういう意味があったかどうかはわかりませんが、少なくとも、親鸞聖人のお考えにはそういう意味が含まれていたと思います。

どうしてそういうことが言えるかというと、聖人のお手紙に、「機の深信」と「法の深信」をそれぞれ単独に取り上げた場合の問題点が指摘されていて、それに対して本当の信心は、私たちが善し悪しのはからいをすてるところにあるのだ、ということが述べられているからです。

たとえば、『親鸞聖人御消息』の第二通の「はじめて仏のちかひをききはじむるひとびとの、わが身のわろくこころのわろきをおもひしりて、この身のやうにてはなんぞ往生せんずるといふひとにこそ、煩悩具足したる身なれば、わがこころの善悪をば沙汰《さた》せず、迎《むか》へたまふぞとは申し候へ」（七四〇頁）という文章の趣旨は、「機の深信」に執する者に対して、「法の深信」の立場から教えられているものと言えましょう。

また第四通の「めでたき仏の御ちかひのあればとて、わざとすまじきことどもをもし、おもふまじきことどもをもおもひなどせんは、よくよくこの世のいとはしからず、身のわろきことをおもひしらぬにて候へば、……その御こころざしにては順次の往生もかたくや候ふべからん」（七四四頁）というお言葉は、「法の深信」を執する者に対して「機の深信」の立場から批判されていると申せましょう。

聖人の教えは、同じ第四通に記されている「往生はともかくも凡夫のはからひにてすべきことにても候はず。めでたき智者もはからふべきことにも候はず。大小の聖人だにも、ともかくもはからはで、ただ願力にまかせてこそおはしますことにては候へ」というところにあったのであり、その願力にまかすことこそ、「信心」にほかならなかったのです。

そういう意味での「信心」は、まさに「如来よりたまはりたる信心」であったのであり、私たちが起こそうとして起こすことのできる信ではありません。まして師弟の関係で与えたり取り上げたりすることのできるものではあり得ないのであって、そこに、「弟子一人ももたず」ということが当然のこととして出てくるのです。

そういう「信」の在り方を示すものとして、私が取り上げたいのは、西谷啓治先生の「信仰について」（『西谷啓治著作集』第二十巻所収）というエッセーです。そこにはイタリヤの聖者、アッシジのフランシスについて、こういう話が記されています。

　フランシスがある冬の寒い日、弟子のレオという人と旅をしています。その途中で、フランシスはレオにこう言います。「私たちが全世界に聖者の模範を示すようになったらいいと思う、しかし完全な喜びはそこにはない、そのことをよく憶《おぼ》えておきなさい」。「完全な喜び」というのは、神が本当に喜ばれて嘉《よみ》されるということです。

　しばらく行くと、またフランシスはレオにこう言います。「レオよ、私たちが目の見えない人を見えるようにし、足の悪い人を歩けるようにし、四日も死んでいた人をよみがえらせたとしても、そこには完全な喜びはない」。これはイエスのことを言っているのですが、そういうことを申します。

　また少し行くとこう言います。「レオよ、私たちがあらゆる国の言葉、あらゆる学問を知り、予言の力をもち、いろいろの秘密をあかすことができても、それは完全な喜びにはならぬことを憶えておきなさい」。

　またしばらくしてこう言います。「レオよ、私たちがよく説教をすることができて、不信仰の者をみな信仰へ導くことができても、そこには完全な喜びはない」。

　そこで、とうとうレオは驚いて、完全な喜びはどこにあるのですかと聞きます。そうするとフランシスが言うのです。「私たちが隣の村に着いて、教会を訪ね、戸をたたいたときに、門番がこういう、〈おまえたちは世間をだまし歩いて、貧乏人の物を盗む極道者だ、さっさとでて行け〉

と。そのときに、私たちが、すべてを堪え忍び、門番の言うとおりだ、神が門番に語らせていらっしゃるのだと、謙遜と愛とをもって考えるなら、そこにこそ完全な喜びがあるのだ」。と。

　西谷先生は、このフランシスの話を紹介しながら、本当の信仰というものは、それほどまでに徹底した謙遜の心を持っていなければいけないということをおっしゃっています。謙遜ということは、いわば増上慢をしりぞけるこころです。自分は深い信仰をもっていて、ほかの人とは違うんだという、思い上がりと申しますか、そういうものをしりぞけるということです。自分の信仰を他の人々に誇るというようなことは、信仰とは無縁のことであると言えましょう。それは浄土真宗で、「本願ぼこり」というものをしりぞけるということとおなじ意味を持つわけです。「本願ぼこり」というのは、本願をよろこぶということを自分の誇りと考えるということで、そこに勝《しょう》他《た》のこころがあるとされ、それをしりぞけることが本当の信であるとされるのですが、これはやはりそれが増上慢を意味するからです。

　それでは、「本願ぼこり」をしりぞけたならばそれでよいのかというと、もう一つ、「罪人ぼこり」というか「悪人ぼこり」というか、自分が罪人であることを知っていること、罪悪深重の自覚があるということを他の人よりすぐれたこととして誇る、そういう在り方も問題で、それを卑下慢というふうにいうこともできるわけです。

「信仰」というものは、その両方の慢をしりぞけるところにあると、西谷先生はおっしゃるわけで、私はそういう理解はたいへん優れた理解であると考えます。そしてそれが、浄土真宗で、なぜ「機法二種深信」ということをいうのかということを明らかにするものでもあると思います。機法二種一具ということを申しますのは、増上慢にも卑下慢にも陥らない信が本当の信で、それは人間の起こすものではなく、如来より与えられた信であるというのが浄土真宗における「信」というものの在り方であって、それを「如来よりたまはりたる信」というのです。

無碍の一道

今日は第七条です。本文は、

「一　念仏者《ねんぶつしゃ》は無碍《むげ》の一道《いちどう》なり。そのいはれいかんとならば、信心の行者《ぎょうじゃ》には天神《てんじん》・地祇《じぎ》も敬伏《きょうぶく》し、魔界《まかい》・外道《げどう》も障碍《しょうげ》することなし。罪悪《ざいあく》も業報《ごうほう》を感ずることあたはず、諸善《しょぜん》もをよぶことなきゆゑなりと云々《うんぬん》。」（八三六頁・六二九頁）

「無碍の一道」という言葉は、『教行信証』の「行巻」の「他力釈」（一九一頁・一九四頁）に出ています。これは曇鸞大師の『論註』からの引用としてあるので、それをふまえておっしゃっていることを注意しなければなりません。そこでは「阿《あ》耨多《のくた》羅《ら》三藐三《さんみゃくさん》菩《ぼ》提《だい》」という言葉を説明して、「無《む》上正遍道《じょうしょうへんどう》」ということだとし、その「道」とは「無碍道」であると曇鸞大師は記されています。さらに『華厳経』には「十方の無碍人、一道より生死を出でたまへり」とあり、その「一道」とは「一無碍道」であるとおっしゃっています。親鸞聖人はこの曇鸞大師の文をお引きになって、「念仏者は無碍の一道なり」とおっしゃっているのです。その意味は、念仏の道を歩む者は無碍の一道を歩む者であると、そういう意味です。その無碍の一道とは、生死即涅槃《しょうじそくねはん》というさとりへの道ということです。

そのさとりへの道を歩む者であるから、信心の行者には「天神・地祇も敬伏し、魔界・外道も障碍することなし」と、天の神・地の神もうやまい、魔界のものも、外道といわれるものも、さまたげない、とおっしゃるのです。

ここでおっしゃっていることに応じるものとして、『浄土和讃』の「現世利益讃《げんぜりやくさん》」（五七四頁・四八七頁）には「南無阿弥陀仏をとなふれば　梵王《ぼんのう》・帝釈《たいしゃく》　帰敬《ききょう》す　諸天善神《しょてんぜんじん》ことごとく　よるひるつねにまもるなり」「天神・地祇はことごとく　善鬼神《ぜんきじん》となづけたり　これらの善神《ぜんじん》みなともに念仏のひとをまもるなり」というような和讃があります。「南無阿弥陀仏をとなふれば」と言っても、聖人の場合は、口先で称えるということではないことは、他の著作などで明らかなことですから、これは、信心をよろこぶ身になって念仏を称えるということです。梵王というのは、インドの神さまの名であり、帝釈もそうです。そういう神さまたちも、帰依し尊敬する、とおっしゃっているのです。

浄土真宗は現世利益を言わないと申しますが、聖人は、現世における利益ということを、こういうようにお考えになっていたのです。それは、お金がもうかったり、病気が治ったり、ということではない、私たちの目には見えないけれども、諸天善神が夜昼自分をまもっている、そういう気持ちをもったならば、心おだやかに日々を過ごせるではないかと、それこそ本当の現世利益であると、そう思っていらっしゃった。それがここにはよく表れています。何か神がかりみたいなことのように見えますが、聖人のお気持ちはそうではありません。信心をよろこぶものが念仏を称えるという、そういうところには、諸天善神が、影の形にそうように、見守っているという、そういうことです。

「信巻」には、「信心獲得《ぎゃくとく》」による「現生《げんしょう》十種《じっしゅ》の益《やく》」（二五一頁・二四〇頁）というものがあげられていて、その第一に「冥衆護持《みょうしゅごじ》の益」ということがいわれていますが、宗教的な受け取り方として、目にみえないものによって守られているという、そういう気持ちを聖人はお持ちであったということです。

それから「罪悪も業報を感ずることあたはず、諸善もをよぶことなし」とおっしゃっていますが、これはどういうことでしょうか。これは、前にも申したことですが、仏教においては基本的な考えとしての「善因楽果・悪因苦果」、善いことをすれば善い結果が生まれ、悪いことをすれば悪い結果が生まれるという、そういう因果の理を、うち破るということです。仏教では、因果の理ということは鉄則です。邪見《じゃけん》というのは、それを認めない考えです。しかし、念仏の道は、そういう善悪業報の関係を断ち切ってしまう、そういう非常にラジカルなことを言っているのです。これは「信巻」では「横超断四流」（二五四頁・二四三頁）と言われることです。信心を発起するから、「生としてまさに受くべき生なし。趣としてまた到るべき趣なし。すでに六趣・四生、因亡じ果滅す」。どういう因があろうと、来生においてその結果としての迷いの生を受けない。輪廻というものを断ち切る。

これは、当時の人たちにとっては、破天荒のことと言えましょう。以前にも申しましたが、『梁塵秘抄』にうたわれているような、殺生をして生きていかざるを得ない人たちが、来世の報いを思って恐れおののいている、そういう人たちにとっては、まさにこの「横超断四流」という教えは、大きな力を持ったと考えられます。私たちは、今当然のことのように聞いていますが、当時の人たちには、聖人の教えは、大変な力を持っていたであろうと考えられるのです。

それでは、浄土真宗では因果の理ということを否定して言わなくなったかというと、それはそうではなくて、後に「仏因仏果」ということで説かれるようになります。仏さまのはたらきで通常の因果関係は断ち切られるが、それは仏さまのはたらきが因となってその結果として起こることだという、そういう説明が、覚如上人によってされるようになります。『改邪鈔』（九三七頁・六九〇頁）には、聖人の門流のものが「因果撥無」をいうのは「いわれなきこと」であるとして批判しています。それはそれで意味があることだと思います。

しかし、同じ覚如上人の『口伝鈔』には、「善悪の二業」について、親鸞聖人のお言葉として「某はまつたく善もほしからず、また悪もおそれなし」（八七七頁・六五二頁）という強い言葉を記していますが、それは、やはり「善因楽果・悪因苦果」という因果の理にとらわれる当時の一般の人たちの根強い考えというものがあり、それを超えてはたらく他力回向という聖人の教えというものが、容易に理解しにくいところがあったからではないかと思われます。

親鸞聖人の教えというものは、法然上人にお出遇いになってその導きに従われたときから、実に見事に一貫しております。それは、私たちが普通理解できないこと、逃れようのないことなど、いろんな事件にぶつかりますと、そこで何か原因をいろいろ追究したりします。けれども、そういう私たちの理解とか知識を超えたような形で、いろいろ問題が起こってきます、それが現実の人間の世界です。キリスト教ではおそらく、すべては神の意志だ、というふうに説明するでしょうし、東洋ではそれはやはり業輪廻、善因楽果・悪因苦果という、そういう業の大きな連鎖の中にあって、それから逃れることはできないのだというふうに説明します。そう説明することによって、耐えられないようないろんな苦悩を人間は乗り越えようとするわけでしょう。

しかし、親鸞聖人は、それはあくまで人間というものにまことがあると考えるからだと、まことがあると考えるからそこに苦悩が生じるのだと。しかし、人間にはまことはない。人間はまことを求めてやまないけれども、人間の内にはまことはない。まことというのは、さとりの世界からわれわれに与えられるものだ、回向されるものだと、そういうことにお気づきになった。その与えられる力、さとりの世界から開かれてくるはたらきによって、人間の深い繫縛、束縛というものが断ち切られるのだということをおっしゃりたかったのです。それが聖人のお考えと言いますか、教えの中心ではなかったかと思うわけであります。現在の私たちにとっても、よく理解できる一番中心であったかと思います。そういうことが、ご門弟たちに対する聖人のお言葉の中にも、やはり一つの中心として、軸として貫いているのではないかと、私は思います。

生死いづべき道

先にも申しましたが、この『歎異抄』の第二条では、聖人は東国から来ました多くの門弟を前にして、その門弟たちに対して、これはおそらく八十歳を越えられた頃でしょうから、聖人が法然上人にお出遇いになったのは二十九歳ですから、五十年も前のことをそのままお話しになって、ご門弟たちにも心をきめることを迫っていらっしゃいます。ご門弟たちはそれをどういう気持ちで聞いたでしょうか。キルケゴールは「同時性」ということを申しましたが、私たちもやはり、ご門弟たちが親鸞聖人のお言葉を聞いているのと同じ時、同じ場で、聖人のお言葉を聞かなければならないのではないかと思います。

『恵信尼消息』には、

ただ後世《ごせ》のことは、よき人にもあしきにも、おなじやうに生死出《しょうじい》づべき道をば、ただ一《ひと》すぢに仰《おお》せられ候ひしを、うけたまはりさだめて候ひしかば、「上人のわたらせたまはんところには、人はいかにも申せ、たとひ悪道にわたらせたまふべしと申すとも、世々生々にも迷ひければこそありけめとまで思ひまゐらする身なれば」と、やうやうに人の申し候ひしときも仰せ候ひしなり。(八一一頁・六一六頁)

と記されています。

これは恵信尼さんが、親鸞聖人がいつも語っていらっしゃったことを、覚信尼さん宛の手紙でおっしゃっているわけです。「後世のことは」というのは、後生の一大事と申しますときの後生と一緒で、来世のことです。近ごろは、この後生という言葉を嫌う方もありますが、昔は過去・現在・未来の三世と考えたのです。現世は過去世の因の現れ、来世は現世の種まきの現れというふうに考えておりました。

それで聖人の場合は、生死出づべき道を求める、これは親鸞聖人のお若いときの願いがどこにあったかをよく示しています。現在で申しますと宗教的関心と申しますか、親鸞聖人が比叡山で修行なさっていた最大の目的はやはり生死出離の道。これは当時のまじめな僧侶たちはみなそうです。

道元禅師も比叡山で修行されておりますが、その目的とされたのは生死出離です。「顕密の二教、共に談ず、本来本法性、天然自性身、もしかくのごとくんば、三世の諸仏は何によってさらに発心して菩提を求むるや」。どうして諸仏はさらにさとりを求めたのか、生死、迷いの世界とさとりの世界は一つだと言われているのに、どうして仏たちはさとりの世界を求めたのか、というのが道元禅師の最大の疑問だったと言われておりますけれども、それもやはりご自分の問題と結びついているわけです。諸仏が道を求めるのはやはり迷いの世界を出たい、迷いの世界というのはこの生死の世界、生死輪廻というものを出たいという、そういうことが、当時の志のある青年たちの最大の目的であったわけです。

それが「後世のこと」ということです。その後世について、法然上人は「よき人にも悪しきにも」とおっしゃっている。これもまた非常に意味の深いところで、善人にも悪人にも、よき人にも悪しきにも、という。

第三条をめぐって申しましたように、親鸞聖人の教えは「悪人正機」というふうに、とくに悪人ということを言われますけれども、ほんとうは、よき人にも悪しきにも、善悪ということにかかわらないというのが、法然上人にも親鸞聖人にも共通の考え方でした。とくに悪人だけということではないので、親鸞聖人が悪人とおっしゃるときは、それは必ず他力をたのみたてまつる悪人です。

それではなぜ悪人というのか、「善人なをもて往生をとぐ、いはんや悪人をや」ということが出てくるかというと、悪人は他力をたのむからで、他力をたのむ悪人が往生の正因だとおっしゃっている。善人も、自分がいいと思う、あるいは自分の力をたのむという心をひるがえして、他力をたのんだならば、悪人と同じように往生できるというふうにおっしゃっているわけですから、これは善悪をわけるという世界にいらっしゃるわけではない。善人・悪人という区別をしていらっしゃるわけではないのです。

そのことは『恵信尼消息』にも非常にはっきり出ております。法然上人はよき人にも悪しきにも、同じように「生死出づべき道」をばただ一すじに仰せられた。これは「悪人正機」という、普通の、一般的な理解とはちょっと違うかもしれませんが、おそらく法然上人や親鸞聖人はそういうお考え方だったのです。それを法然上人が一すじに、ただ一すじというとそれだけということで、それ以外に道はないということをおっしゃった。ひたすらそれだけおっしゃっていた。それを「うけたまはりさだめた」と書いてありますから、これは六角堂で百日間参籠して九十五日目に聖徳太子のご示現にあわれて、それで参籠をやめて法然上人のところへ行かれたわけですけれども、法然上人にお出遇いになってそれでおしまいではない。それから百日間また雨が降っても風が吹いても、ひたすら法然上人の教えを聞かれた。百日間ですから三カ月間、どんな天候であろうとも、とにかく毎日行かれて、そして「うけたまはりさだめ」られたわけですから、それで決着が着いたわけです。ただ漫然とお聞きになったわけではない。「うけたまはりさだめた」というのは、自分の歩んでいく道はこれだと決めたという、そういう意味です。

『恵信尼消息』のそれからあとは親鸞聖人の言葉です。法然上人がいらっしゃるところには、人がどう言おうと、たとえ悪道にいらっしゃるということであっても、私は「世々生々にも迷ひければこそありけめ」と、そういうふうに思う身だから、とありますから、ちょっとわかりにくいですけれども、昔は主語を入れませんから、適当に言葉を補って読めば意味がよくわかります。親鸞聖人は「法然上人がいらっしゃるところには、ほかの人がどう言おうと、たとえそれが悪道にいらっしゃるということであっても（かまわない）、私自身はずっと迷っていたのであるから、とそう思っている身だ」というふうにおっしゃった。と、「やうやうに人の申し候ひしときにも仰せ候ひしなり」。「やうやうに」というのは、やはりいろんな人が、法然上人なんてインチキじゃないかとか、これは当時のいろんな資料を見るとわかりますけれども、当時の南都北嶺の方からは猛烈な攻撃があった。攻撃の焦点はどこにあるかというと、念仏を称えるところにあるのではなくて、専修念仏、専修ということが一つのキーポイントだったようです。

念仏を称えるということは、当時の仏教徒にとっては、決して不思議でもないし、特別でもないのですけれども、法然上人がおっしゃったのは、ほかの行業ではだめだと、ただ念仏をするという。それが本願に従う道だということをおっしゃった。それが当時の南都北嶺の仏教者たちにとっては非常に、カンに障ると申しますか、納得できないことで、それが激しい攻撃を法然上人が受けられた理由でもあります。

だから反対する人の中には、念仏はかまわないけれども、念仏だけではなくてちゃんと自分の行業も正し、それからいろんな修行もし、その上で念仏を称えたらいいじゃないかと、それなのにどうしてあんなに専修念仏と言うのか、というふうに言う人もいたわけでしょうけれども、親鸞聖人はそうは思われなかった。法然上人が専修念仏とおっしゃったのは、それは先ほども申しましたように「いづれの行もをよびがたい」という、そういうことがあるからであって、そこで専修念仏ということをおっしゃっている。しかもその専修念仏というのは、弥陀の本願に従うということから出ているのだと、こういうふうにお考えだったわけですから、それでいろんなことをほかの人が申しましたときにも、親鸞聖人は、法然上人がいらっしゃるところならたとえ地獄でもかまわないと、こうおっしゃったのだと、こういうことを恵信尼さんはおっしゃっているわけです。

これは『歎異抄』の第二条の、念仏は浄土に生まれるたねやら地獄に堕つべき業やらわからない、法然上人に騙されて念仏して地獄に堕ちても後悔はしない、というお言葉と一つに合う、そういうお言葉だと言ってもよろしいかと思います。だから聖人が、おそらく繰り返してこういうことをおっしゃっていたことは、これは疑いのないところです。

そして私たちは、そのお言葉に、やはり私たち自身も親鸞聖人の前にいるようなつもりで聞く。「同時性」と申しましたが、そのお言葉に従うかどうか、ということが深く問われているのだ、ということを申し上げていたわけであります。

キルケゴールの思想

それから、キルケゴールについても少しつけ加えておきます。キルケゴールという人は先に申しましたように、ヨーロッパのデンマークという国の、デンマークという国はそんなに大きな国ではありませんから、たくさんの哲学者やたくさんの思想家がいたわけではないのですけれども、ただ一人抜きん出て、十九世紀の思想家として実存主義という、そういう哲学的立場を代表する人物として、ドイツのハイデッガーとか、あるいはヤスパースなんかに大きく影響を与えた人です。

そのキルケゴールの思想というのはどういう思想だったかというと、これは先にも申しましたようにキリスト教的実存という考え方です。キリスト教的実存というのは、キリスト教といっても、今の人たちはまるで神さまをクリスマスのサンタクロースみたいに白い髭を生やして、みんなにキャンディを配るような、そんな神さまだと思っているけれども、そんなことはないと。キリスト教というのは一人一人、単独者と申しますが、一人一人の人間に決断を迫る。実存という言葉と決断という言葉とはつながっているのです。先ほど申しました「同時性」、自分がイエスさんと同じ時にいて、乞食のような姿のイエスさんに自分がついていくかどうか、ということを本当に決断する。そこで初めてキリスト者になる。生まれつきキリスト者として、クリスチャンとしてあるわけではない。今の人はみんな生まれたときからキリスト者として育っていると思っているけれども、キリスト者になるというのはそんな簡単なことではない。自分が本当にキリスト者になるということは、それは人間の大きな決断だと、こういうことを言ったわけです。

そして単独者というのは、これは神と人間というものが直接に結びついている。そのあいだには何も介在しない。神の前の実存ということを申します。神の前にただ一人立つ。そこで自分がキリスト者であるかどうかということが問われるのだと、こういうふうに考えていたのです。

実際生活でもキルケゴールは随分厳しい生活をして、最後は街頭で卒倒して死んでしまったというような、そういう人だったわけですけれども、生涯にたくさんの本を書いて、その本の中で、とくに宗教哲学三部作といわれる本の中には、私たち仏教徒にとっても非常に意味深いことをたくさん書いています。

はじめにその一つを紹介しましたが、宗教者というものはどういうものか、宗教的実存というものはどういうものか、具体的な例として、旧約聖書のアブラハムという人物のことをキルケゴールは考えているわけです。

アブラハムという人は、神様から自分の最愛のイサクという息子を犠牲に供えよという命令を受けて、神様の命令に対して何も疑問を持たないで、息子を犠牲にしようとする。そのときに神様が、おまえの深い信仰はわかったと言ってイサクの命を助けられたという、そういう物語が旧約聖書の中にあるのですが、キルケゴールはこう考えるのです。アブラハムはあらゆる瞬間に自己というものを断念して、すべて神から与えられたものとして受け入れている。だからイサクを捧げることができたのだ。それと同じだ、今の人の中でも、本当のクリスチャンというのは、あらゆる瞬間にすべてを断念して、しかもあらゆる瞬間にすべてを神から与えられたものとして受け入れる、それが本当の信仰というものだ、そういうことをキルケゴールは申しまして、信仰というものの厳しさを訴えた人なのです。

そういう考え方というのは、ある意味では、浄土真宗の妙好人と言われる人たちの考え方とどこかつながっている。キルケゴールが強く言ったことは、とくに倫理と宗教というものとの相違、質的相違と言いますか、宗教的世界というものは普通の道徳とか倫理とは違うのだということを非常に強く申しまして、それがまたその当時の思想家たちの反発を受けて、あまり支持されなかった理由でもあるわけですけれども、キルケゴールが亡くなってからその思想の持っている深い意味が理解されるようになって、近代ヨーロッパの大きな思想的な流れの一つの源になった人です。その人が先に申しましたように「同時性」ということを言っておりまして、その「同時性」

というのは、昔ある事件があったというふうに考えているのは私たちの歴史的な理解なのであって、宗教的には、いつの時代のことでも、それは今ここにあると、そういう受け取り方がなければ本当の信仰とは言えないということを言おうとしたわけです。

だから躓《つまず》きの石としてのキリストというのは、キリストはわれわれの合理的な認識からすると躓きになるわけですけれども、その躓きになるキリストを本当に信ずるかどうかということで、信仰というものは決まるのだ、ということをキルケゴールは申します。そういう考え方は、場面は違いますし、背景も違いますけれども、親鸞聖人が『歎異抄』で「このうへは、念仏をとりて信じたてまつらんとも、またすてんとも、面々の御はからひなり」というふうにおっしゃったことに、どこかつながっているところがあると思います。

第九講　第八条「非行非善」

『歎異抄』の読み方

『歎異抄』を読むにあたって、注意すべきいくつかのことを申しておりました。

まず、（一）『歎異抄』は親鸞聖人のお書きになったものではなく、聖人の亡くなった後、ご門弟のお一人（おそらく唯円房）が、「上人の仰せにあらざる異義ども」を言い立てる者に対して、直接聖人からうけたまわったお言葉を記し、それを拠り所として、「先師口伝の真信」を伝えようとしたものであること、（二）聖人には、主著の『教行信証』のほか多くの著作があり、したがって、聖人の教えを学ぶには、それらの著作とよく照合して『歎異抄』を読まなければならないということ、（三）しかし、『教行信証』と『歎異抄』（とくに語録の部分）は、親鸞聖人の主著と語録として、道元禅師の『正法眼蔵』と『正法眼蔵随聞記』との関係と同様の意味をもつ、すなわち、優れて思想的な内容をもつ主著と、生き生きした宗祖自身の言行を伝える記録というそれぞれの特色があること、(四)またそこには門弟たちの問いに対して直接答える師のゆるぎなき信念というものがじかに聞かれること、(五)それから、『歎異抄』はあくまで信仰の書であり、宗教書を読むという態度で読まなければならないこと、などであったと思います。

明治以降、『歎異抄』が親鸞聖人の思想と信仰を伝えるものとして、一般に尊重されてきましたが、それを単に人間性を主張するものとして読むことは『歎異抄』を正しく理解するものとは言えず、やはり親鸞聖人の深い宗教的信念を伝える書として読まなければなりません。それが『歎異抄』に接近する正しい道であると思います。その聖人の宗教的信念は、聖人ご自身が製作された他の著作によって一層明確に知られるわけで、その意味からも、『歎異抄』と他の著作との照合が不可欠であると申せましょう。

他力とは何か

そこで今日は、第八条を読みます。

「一　念仏は行者《ぎょうじゃ》のために非行《ひぎょう》・非善《ひぜん》なり。わがはからひにて行ずるにあらざれば、非行といふ。わがはからひにてつくる善にもあらざれば非善といふ。ひとへに他力にして自力をはなれたるゆゑに、行者のためには非行・非善なりと云々《うんぬん》。」（八三六頁・六二九頁）

ここでの問題は、念仏が非行・非善であることと、「他力」ということです。この文章に近いものとして、『御消息』に収録されている法語があります。それは、『末灯鈔《まっとうしょう》』の二十二に収録されているものです。

『宝号経《ほうごうきょう》』にのたまはく、「弥陀の本願は行にあらず、善にあらず、ただ仏名《ぶつみょう》をたもつなり」。名号《みょうごう》はこれ善なり行なり、行といふは善をするについていふことばなり。本願はもとより仏の御約束《おんやくそく》とこころえぬるには、善にあらず行にあらざるなり。かるがゆゑに他力とは申すなり。本願の名号は能生《のうしょう》する因《いん》なり。能生の因といふは、すなはちこれ父《ちち》なり。大悲の光明はこれ所生《しょしょう》の縁《えん》なり、所生の縁といふはすなはちこれ母《はは》なり。（八〇七頁・六〇九頁）

『宝号経』という経典は、現存の大蔵経には存在しないとされますが、親鸞聖人は、おそらくそういう経典をご覧になっているのだろうと考えられます。

この文章は少しわかりにくいところがありますので、言葉を補って理解しなければなりません。「名号はこれ善なり行なり、行といふは善をするについていふことばなり」というのは、一般に仏名を称えるという行為は善であり、行であって、行というのは、善根をつむ行為についていう言葉であるとおっしゃっているのでしょう。次の「本願はもとより仏の御約束とこころえぬるには、善にあらず行にあらざるなり。かるがゆゑに他力とは申すなり」というのは、しかし弥陀の本願という場合は、仏さまの約束であるから、本願に誓われた名号を称えることは、衆生のつむ善根でもないし、その意味で行でもない、それで他力というのだ、とおっしゃっていると考えられます。『歎異抄』の方は、「念仏は」と主語がはっきりしていますので、その意味は一層明確であるように思います。

そもそも「行」ということですが、「行」という言葉の意味は、仏教では「進趣《しんしゅ》・造作《ぞうさ》」ということを申します。進趣というのは、因より果へ進むということで、そのためには何らかの作業をしなければなりませんから造作というのです。それを一般的に言えば、ある境地に達するための宗教的実践ということです。

私たちは何のために「行」をするのかといえば、仏道では生死解脱に至るため（進趣）です。ふつうは、教・行・証といって、まず生死解脱に導く経典の教えを聞き、その教えの示す行を行じ（造作）、それによって証に達するというのが仏道の基本です。したがって、仏道を志す者は、経典に示された何らかの行を行じて「さとり」をめざしたのです。

たとえば、布施・持戒・忍辱・精進・禅定・智慧という六波羅蜜の教えも、最後の智慧（さとり）に達するいくつかの行業やその在り方を示すものにほかなりません。あるいは戒・定・慧という三学も、戒律を守り、禅定を修し、智慧をみがくということを教えるものです。そういう考え方からすれば、称名念仏も一つの行業で、現に比叡山では常行三昧ということが四種三昧（天台の行法、常行三昧・常坐三昧・半行半坐三昧・非行非坐三昧）の一つとして行じられていました。常行三昧というのは、安置した仏像の周りを称名念仏しながら巡り歩いて、三昧の境地に達するという行で、親鸞聖人は、六角堂に参籠される前は、その四種三昧を行じる三昧堂の堂僧《どうそう》であったとされています。（『恵信尼消息』）

しかし、聖人は、ここでは、念仏はそれを行ずるものにとって行ではなく、また善根功徳でもないと明確におっしゃっています。これはどういうことを言おうとされているのでしょうか。
「行」ということについて、聖人のお考えを最も明確にしているのは、やはり『教行信証』の「大行」という表現です。『教行信証』には、「教巻」の初めに、「つつしんで浄土真宗を案《あん》ずるに、二種の回向あり。一つには往相、二つには還相なり」（一三五頁・一五二頁）とあり、「行巻」には「つつしんで往相の回向を案ずるに、大行《だいぎょう》あり、大信《だいしん》あり」（一四一頁・一五七頁）とあって、「大行とはすなはち無碍《むげ》光如来《こうにょらい》の名《みな》を称《しょう》するなり」と記されています。

親鸞聖人にとって、浄土往生のための「行」とは如来から回向された「大行」以外にはなく、その「大行」とは「称無碍光如来名」以外にはないというお考えが、これらのお言葉から理解されるのではないでしょうか。それは、『歎異抄』第二条の「自余の行をはげみて仏に成るべかりける身が、念仏を申して地獄にもおちて候はばこそ、すかされたてまつりてといふ後悔も候はめ。いづれの行もおよびがたき身なれば、とても地獄は一定すみかぞかし」（八三三頁・六二七頁）というお言葉からも知ることができます。「自余の行」というのも、「いずれの行」というのも、念仏以外の行であり、たとえば、坐禅とか懺悔とか、あるいは六波羅蜜の行という行でしょうが、そういうものは果たしがたい、ただ「称無碍光如来名」という行だけが、如来から回向された行として自分には可能なのだという思いが、この文には込められているのではないでしょうか。

昔から、とくに本願寺派の教学では、「行信論《ぎょうしんろん》」の研究が盛んで、それは行信半学《はんがく》（行信を学べば宗学の半分は学んだことになるという意味）というほど大切にされてきたテーマですが、その内容は、現在ではそれほど重要なものとは思われません。

それが問題になったのは、おそらく親鸞聖人が教えを受けられた法然上人の教学と、親鸞聖人ご自身の教学との間にある若干の相違を、どのように会通《えつう》（互いに齟齬する説を何らかの理由をたてて結びつけようとすること）するかという関心があったからだと思われますが、今日ではそういう関心はあまり意味があるとは言えません。

法然上人と親鸞聖人とは、別な個性である以上、その思想に相違があるのは当然で、もし同じものならそれぞれの教学の独自性ということはなくなってしまいます。それは『選択集』の「往生の業《ごう》には、念仏を先《さき》となす」（『註釈版聖典』七祖篇一一八三頁）と、『教行信証』の「大信心」は「証大涅槃の真因」（二一一頁・二二一頁）であるという表現に端的に示されていることです。

法然上人は、日課何万遍という称名念仏行に専心された方であり、親鸞聖人は「信心」こそ「報土の正定の因」（二三五頁・二二八頁）という主張をされた方ですから、力点のおきかたに相違があるのは当然と言わなければなりません。

法然上人の教えを正しく受けたと考えておられた親鸞聖人が、称名念仏という行業を大切にされたのは言うまでもないことですが、同時に、他力回向ということに重点をおかれた親鸞聖人の教学には、自ずから「行」についての特色ある見解が出てきます。それが「大行」という表現ではないでしょうか。

行信論

「行信論」で問題になったことを簡単に触れておきますと、それはこういうことではないかと考えられます。普通、行信論は能行《のうぎょう》説と所行《しょぎょう》説に分けられます。

能行説というのは、「行巻」に、「大行《だいぎょう》とはすなはち無碍光如来の名を称するなり」と記されていることを重く見て、「行」とはあくまで衆生が「南無阿弥陀仏」と称えることだと主張します。その主張の背景には、『大経』の第十八願に誓われた三心十念（至心・信楽・欲生と乃至十念）を文字通り理解するということがあると思われます。すなわち、信心をそなえ称名念仏を行じることが往生の業だという理解（称名大行）です。しかしそれでは自力念仏ということとの相違がはっきりしませんので、本願が心にあるのが「信」であり、口にあらわれたのが「行」であるとして、行信といっても全体が願力のあらわれであって、「行信不二」であると申します。そういう考えを基礎として、そこに複雑な議論を展開するわけです。

これに対して、所行説の方は、「行」といってもそれは第十八願の十念ではなく、第十七願に誓われた諸仏の称名であるとして、それを大行（法体《ほったい》大行）と見、その大行が衆生の信心を起こさせ、また称名させるとして、第十七願の名号と第十八願の信心とは所信能信不二の関係であり、また第十七願の名号と第十八願の十念とは所行能行不二の関係であると申します。

しかし、私は、こうした能・所の関係で行信を説明しようとする議論よりも、行信については、「信行一念章」といわれる次のご消息に、親鸞聖人のお考えは尽くされていると思います。

信の一念・行の一念ふたつなれども、信をはなれたる行もなし、行の一念をはなれたる信の一念もなし。そのゆゑは、行と申すは、本願の名号をひとこゑとなへて往生すと申すことをききて、ひとこゑをもとなへ、もしは十念もせんは行なり。この御《おん》ちかひをききて、疑ふこころのすこしもなきを信の一念と申せば、信と行とふたつときけども、行をひとこゑするとききて疑はねば、行をはなれたる信はなしとききて候ふ。また、信をはなれたる行なしとおぼしめすべし。これみな弥陀の御ちかひと申すことをこころうべし。行と信とは御ちかひを申すなり。(七四九頁・五七九頁)

ここで聖人は、明らかに「行信不離」ということをおっしゃっているのであって、「行信不二」とおっしゃっているのではありません。それは、聖人の宗教的経験に深く根ざした表現です。聖人にとっては、誓願不思議を信じて念仏申さんと思い立った「とき」は決定的な「とき」であって、その「とき」を分けて表現すれば、行と信ということになるでしょうが、その事態そのものはあくまで一つに離れないことと受け取っておられたのではないでしょうか。だから「行をはなれたる信はなし」「信をはなれたる行なし」とおっしゃっているのではないかと思います。

これは、『歎異抄』第一条の「往生をばとぐるなりと信じて念仏申さんとおもひたつこころのおこるとき」とおっしゃっていることと同じことで、そこに「信楽開発」という事態があることは言うまでもありません。そういうこととして現前する称名念仏というものが、非行・非善であることは当然であって、「わがはからひ」で行じたり為したりするものではないとおっしゃっているのです。

そういうことが「他力」ということにほかなりません。最近はいろいろのことを言う人がありまして、他力と自力について、猫の道と猿の道というようなことが言われます。私はそういう比喩は適切ではないと思います。どういうことを言うかというと、猫は自分の子をはこぶのに、首をくわえてはこぶ、猿は子がしっかりと親猿にしがみついている、他力とは、猫の子のように、親が子の首をくわえてはこぶようなもので、まったく子の力を要しない、自力とは、猿の子のように、親にしっかりしがみつくのだというのです。

仏さまが何もしない衆生をつかまえて浄土へ運ぶことが他力で、一生懸命しがみつく衆生を浄土へ運ぶことが自力なのでしょうか。

他力というのは、何もしないで仏さまにくわえられて運ばれるということではありません。他力に乗託するということは、自分のはからい、自分の力、そういうものをすべて捨てて、仏さまのはたらきに全面的におまかせをするということです。何もしないでまかせているということと同じようですが、それは決して同じことではありません。そこには、自分を捨てるということがなければなりません。もちろん自分で自分のはからいを捨てるということではありませんが、むしろ「自分を捨てるという事態が起こる」と言うよりしかたのないことではあるのですが、しかしそれが一番大事なことで、しかも一番困難なことなのです。猫の道、猿の道というようなことを言う人は、それがまったくわかっていないように思います。

「南無阿弥陀仏」という名号は、そういう事態を起こさせる本願のはたらきの尖端なのです。

他力・自力については、曇鸞大師のよく知られた比喩があります。『論註』の初めに、龍樹菩薩の『十住毘婆沙論』からの引用として示されている難行の陸路と、易行の水道という比喩です。『教行信証』の「行巻」にも引用されていますが、これは非常に巧みな比喩で、自力と他力ということの本質をよくとらえています。『論註』にはこう記されています。

易行道《いぎょうどう》とは、いはく、ただ信仏《しんぶつ》の因縁《いんねん》をもつて浄土に生ぜんと願ず。仏願力に乗じてすなはちかの清浄の土に往生を得しむ。仏力住持してすなはち大乗正定《だいじょうしょうじょう》の聚《じゅ》に入る。……たとへば水路《すいろ》に船《ふね》に乗じてすなはち楽《たの》しきがごとし。（一五五頁・一六八頁）

ここには「信仏の因縁をもつて」とか「仏願力に乗じて」とか「水路に船に乗じて」という言葉が明確に記されています。「信仏」ということが「船に乗じて」ということにほかならないのです。

あるいは、「行巻」には「他力釈」として『論註』が引用されていますが、そこには、

まさにまた例を引きて自力・他力の相を示すべし。人《ひと》、三塗《さんず》を畏《おそ》るるがゆゑに禁戒《きんかい》を受持《じゅじ》す。禁戒を受持するがゆゑによく禅定《ぜんじょう》を修《しゅ》す。禅定を修するをもつてのゆゑに神通《じんずう》を修習《しゅじゅう》す。神通をもつてのゆゑによく四天下《してんげ》に遊ぶがごとし。かくのごときらを名づけて自力とす。また劣《れつ》夫《ぶ》の驢《ろ》に跨《またが》つて上《のぼ》らざれども、転輪王《てんりんのう》の行くに従へば、すなはち虚空《こくう》に乗《じょう》じて四天下に遊ぶに障碍《しょうげ》するところなきがごとし。かくのごときらを名づけて他力とす。（一九四頁・一九六頁）

とあります。自ら戒を保ち、禅定を修し、それによって神通力を得て世界に遊ぶのが自力であり、転輪王の行幸について行けばどこへでもゆけるというのが他力であるというのです。この比喩が、名号を信じ名号に乗託して浄土に生まれることを表していることは言うまでもないでしょう。

いずれにしても、自分の力に依らないで他者の力に乗ずるということが他力であり、それは何もしないでいることをいうのではないことは明らかです。この文の最後には、「他力の乗ずべきを聞きてまさに信心を生ずべし」と記されています。この他者の力に「乗ずる」というところに、「信」ということが問題になるのです。

曇鸞の他力思想

元来「他力」という思想は、曇鸞大師に発するとされますが、それはどこに見られるかと言えば、やはりその主著『論註』にあるのです。「正信偈」に「天親菩薩論註解　報土因果顕誓願　往還回向由他力　正定之因唯信心（天親菩薩の『論』を註解して、報土の因果誓願に顕す。往還の回向は他力による。正定の因はただ信心なり）」（二〇五頁・二〇六頁）とありますように、曇鸞大師は、世親菩薩の『浄土論』を註釈して『浄土論註』（『往生論註』ともいう）という著作を作り、そこで「他力」という思想を明らかにされたのです。

『高僧和讃』の「曇鸞讃」（五八三頁・四九二頁）には「天親菩薩のみことをも　鸞師《らんし》ときのべたまはずは　他力広大威徳《こうだいいとく》の　心行《しんぎょう》いかでかさとらまし」「論主《ろんじゅ》の一心《いっしん》ととけるをば　曇鸞大師のみ

ことには　煩悩成就のわれらが　他力の信とのべたまふ」とうたわれています。『浄土論』と『浄土論註』とは浄土の教えの根幹を形作る著作で、これらの著作によって浄土の教えの仏教における位置づけが明確になったと言ってよいと思います。親鸞聖人がこの二人の先輩をどれほど尊重されたかは、お二人の名前によってご自分の名をつくられたことからも知ることができましょう。

ここで、『浄土論』と『浄土論註』について、少し説明をしておきたいと思います。申すまでもなく、『浄土論』は世親菩薩の作とされるものです。世親菩薩と言えば、インドの唯識思想の中心的思想家として有名な方ですが、その晩年の著とされる『浄土論』（『註釈版聖典』七祖篇二九頁）は、『無量寿経』等によって浄土に生まれたいという世親菩薩自身の願生の気持ちを述べられたもので、二十四行の偈頌と短い散文からなっています。

偈頌は、最初に「世尊我一心、帰命尽十方無碍光如来、願生安楽国（世尊、我一心に尽十方無碍光如来に帰命したてまつりて、安楽国に生ぜんと願ず）」という帰敬の偈からはじまり、浄土の三種の荘厳相（仏国土・仏・菩薩）が示されます。散文は、往生浄土の行としての五念門（礼拝・讃嘆・作願・観察・回向）と、その果としての五功徳門（近門・大会衆門・宅門・屋門・園林遊戯地門）が説かれています。この構成から見れば、『浄土論』は、浄土経典に依って浄土の相を讃え、次にその浄土に生まれるための行を論じ、またその行によって得る功徳を明らかにしたものと申せましょう。

親鸞聖人は、この世親菩薩の『浄土論』の冒頭の偈頌にある「一心」という言葉に、「信心」を読みとられたのです。『尊号真像銘文』には、「「一心」といふは教主世尊《きょうしゅせそん》の御《み》ことのりをふたごころなく疑《うたがい》なしとなり、すなはちこれまことの信心なり」（六五一頁・五一八頁）と記されていますし、また、『高僧和讃』の「天親讃」（五八一頁・四九一頁）には「信心すなはち一心《いっしん》なり　一心すなはち金剛心《こんごうしん》　金剛心は菩提心《ぼだいしん》　この心すなはち他力なり」とうたわれています。また聖人は『浄土論』の「広略相入《こうりゃくそうにゅう》」という思想に、浄土教思想の深い哲学的意味を読みとられたのではないでしょうか。それについては、後に申します。

曇鸞大師は、この『浄土論』を解釈するために、『浄土論註』（『註釈版聖典』七祖篇四七頁）を作り、上巻では、総説として、偈頌に五念門の行を配当して論じ、下巻では、解義分として、その散文を十章に分けて詳しく註釈されています。

曇鸞大師は、元来は四論（インド中観学派の論書『中論』『百論』『十二門論』『大智度論』）の学者で、その意味では、中観哲学の研究者であったわけですが、伝説では菩提流支に導かれて浄土教に帰依したとされます。そうした経歴から、曇鸞大師は、浄土教に帰した後も、その仏教としての位置づけに苦心なさったのです。それはこの『論註』の内容から見ることができるように思います。その要点を少し紹介します。

まず、上巻の総説ですが、初めに龍樹菩薩の『十住毘婆沙論』という書物をあげ、その難行道・易行道の説を紹介し、易行道について「ただ信仏の因縁をもつて浄土に生ぜんと願ずれば、仏願力に乗じて、すなはちかの清浄の土に往生を得、仏力住持して、すなはち大乗正定の聚に入る」（同七祖篇四七頁）と言って浄土教の位置づけを明確にされています。これは、仏道を学ぶ者が不退転の境地に入ろうとすれば、難行・易行の道があるが、易行の道とは、「信仏の因縁」によって、浄土に生まれたいと願えば浄土に生まれ、不退転の境地に達することができるという道であり、それを教える世親菩薩の『浄土論』は、大乗仏教の極致であると言うのです。これは、『十住毘婆沙論』の「仏法に無量の門あり。世間《せけん》の道《どう》に難《なん》あり易《い》あり。……菩薩《ぼさつ》の道《どう》もまたかくのごとし。あるいは勤行《ごんぎょう》精進《しょうじん》のものあり、あるいは信方便《しんほうべん》易《い》行《ぎょう》をもつて疾《と》く阿惟越致《あゆいおっち》に至るものあり」（同七祖篇五頁）という説を敷衍するものと申せましょう。

それから偈文を五念門に対応させて説明しています。その中には「願生」といっても「因縁生」であって、生死の生ではないとか、「往生」というのはどういう意味でいうのかといったことを論じています。そういうところに、般若空の思想を述べる中観の哲学をふまえて、浄土教の立場を明らかにしようとする曇鸞大師の苦心を見ることができるように思います。

そして最後に、八番問答をあげて、一、偈文の末尾には「衆生と共に安楽国に往生せん」と記されているがどういう衆生をいうのか、二、『大経』には五逆と謗法は除かれ『観経』には五逆も往生を得とされるが、この二経は矛盾しないか、三、五逆は往生を得るが謗法はどうか、四、謗法とはどういうことか、五、どうして謗法が五逆を越える重罪なのか、六、業道経《ごうどうきょう》には「重きものまづ牽《ひ》く」とあるが『観経』には不善の者も十念の念仏で往生するとあるのは矛盾しないか、

七、一念とはどれほどの時か、八、集中しているときにどうして念を数えるのか、といった問いをあげ、一、一切の凡夫が往生できる、二、五逆と謗法との二種の重罪を具える者は往生できないが謗法しない者は往生できる、三、謗法の者は往生できない、四、謗法とは、仏なし仏法なし菩薩なし菩薩の法なしとする者を言う、五、五逆は正法なきより生ずる故に謗法が重い、六、五逆と十念念仏の軽重は、在心・在縁・在決定という三義によって、十念が重い、七、百一生滅が一刹那であり六十刹那が一念であるが、そういう時間をいうのではない、心に思うのを念という、八、十念といっても回数をいうのではない、と、詳しく答えています。

次に、下巻の解義分ですが、ここには曇鸞大師の浄土教理解の真髄が示されていると言えましょう。そのいくつかの要点をあげてみます。

まず、「起観生信《きかんしょうしん》」の章では、五念門（礼拝・讃嘆・作願・観察・回向）について概略が示されますが、「讃嘆」のところでは、「破闇満願《はあんまんがん》」といって「かの無碍光如来の名号は、よく衆生の一切の無明《むみょう》を破《は》し、よく衆生の一切の志願《しがん》を満《み》てたまふ」（同七祖篇一〇三頁）という言葉があり、さらに「しかるに名を称し憶念《おくねん》すれども、無明なほありて所願《しょがん》を満てざるものある」のは、「如《にょ》実《じつ》に修行《しゅぎょう》せず、名義《みょうぎ》と相応《そうおう》せざるによる」として、如来が実相身《じっそうしん》・為物身《いもつしん》と知り、また信心が淳心・一心・相続心でなければならないと言っています。また「回向」のところでは、往相・還相という二種の回向の考えが示されます。

次の「観察体相《かんざつたいそう》」の章では、仏国土十七種・仏八種・菩薩四種という三荘厳二十九種の功徳荘厳が観察の対象であることが明らかにされ、ついで、「浄入願心《じょうにゅうがんしん》」の章で、それらがもと四十八願等の清浄願心によって成就したとされ、一法句《ぽっく》に入ることが述べられます。それを「広略《こうりゃく》相入《そうにゅう》」と申します。

「広略相入」というのは、「広」というのは先に言った浄土の三種の荘厳相、すなわち仏国土・仏・菩薩という三つの相のことで、「略」というのは一法句、すなわち真如法性《しんにょほっしょう》のことです。それについて、

なんがゆゑぞ広略相入を示現《じげん》するとなれば、諸仏・菩薩に二種の法身《ほっしん》まします。一には法性《ほっしょう》法身、二つには方便《ほうべん》法身なり。法性法身によりて方便法身を生《しょう》ず。方便法身によりて法性法身を出《いだ》す。この二の法身は異《い》にして分《わか》つべからず。一にして同《どう》ずべからず。このゆゑに広略相入して、統《す》ぶるに法《ほう》の名《な》をもつてす。菩薩もし広略相入を知らざれば、すなはち自利利他することあたはざればなり。（同七祖篇一三九頁）

と記されています。これは、真如法性から三種の荘厳が出、三種の荘厳は真如法性につづまるということで、浄土の成立の根拠と、その構造を明らかにしたものと言えましょう。言い換えれば、浄土の相はすべて仏・菩薩の衆生済度の願から出てくるのだ、という曇鸞大師のお考えが表現されているわけです。

後に、親鸞聖人が、『唯信鈔文意』に、

法身はいろもなし、かたちもましまさず。しかれば、こころもおよばれず、ことばもたえた

り。この一如《いちにょ》よりかたちをあらはして、方便法身と申す御《おん》すがたをしめして、法蔵比丘《ほうぞうびく》となのりたまひて、不可思議《ふかしぎ》の大誓願《だいせいがん》をおこしてあらはれたまふ御《おん》かたちをば、世親菩薩は「尽十方無碍光如来」となづけたてまつりたまへり。（七〇九頁・五五四頁）

とおっしゃるのも、こういう曇鸞大師のお考えに基づいておっしゃっていることを知らなければなりません。

その他、「氷上燃火の譬え」とか「不虚作住持《ふこさじゅうじ》功徳成就」とか、曇鸞大師独特の説明がみられますが、ここではそれについては触れないでおきましょう。

この『論註』のエッセンスはどこにあるかと言えば、ふつう「覈求其本《かくぐごほん》釈」と申しますが、第十章の「利行満足《りぎょうまんぞく》章」（同七祖篇一五〇頁）にこのように記されています。

まず始めに、曇鸞大師は、『浄土論』の「菩薩はかくのごとく五念門の行を修して自利利他す。速《すみ》やかに阿耨多羅三藐三菩提を成就することを得るがゆゑなり」という文を引き、阿耨多羅三藐三菩提というのは「無上正遍道」ということであるとして、その意味を説明した後、どうして「速やかに阿耨多羅三藐三菩提を成就することを得」と言えるのかという問いをたて、それについて、「しかるに覈《まこと》に其《そ》の本《もと》を求むるに、阿弥陀如来を増上縁《ぞうじょうえん》となす」といい、「おほよそこれかの浄土に生ずると、およびかの菩薩・人《にん》・天《てん》の所起《しょき》の諸行とは、みな阿弥陀如来の本願力によるがゆゑなり。なにをもつてこれをいふとなれば、もし仏力にあらずは、四十八願すなはちこれ徒《と》設《せつ》ならん。いま的《あき》らかに三願を取りて、もつて義《ぎ》の意《い》を証《しょう》せん」と論じ、そして、このあとに第十八願・第十一願・第二十二願という『大無量寿経』の三願の願文をあげて、これらの願の力によって速やかに菩提を得るのだとして、だから「他力を増上縁となす」と言えるのだとおっしゃっています。これはどういうことを言うのでしょうか。

世親菩薩は、初めに、「もし善男子・善女人、五念門を修して行成就しぬれば、畢竟《ひっきょう》じて安楽国に生じて、かの阿弥陀仏を見たてまつることを得」（同七祖篇三三頁）と言って、衆生が浄土に生まれるための行業として礼拝・讃嘆・作願・観察・回向という五つをあげておられるのですが、曇鸞大師は、そういう行業をなしとげることのできるのは、単なる善男子・善女人ではなくて、菩薩でなければならないとし、しかもその行業は阿弥陀仏の本願力という裏付けをもつことによって初めて有効なのだとお考えになったのです。そこに「他力」という思想が生まれてきます。

先に引用した文章からも明らかなように、曇鸞大師は、浄土に生まれることは、如来のはたらきを待ってはじめてできることで、それなしには可能ではないと考えていらっしゃったのです。

さらに親鸞聖人は、五念門を修して悟りを実現することができるのは、法蔵菩薩以外にはない、その菩薩というのは、法蔵菩薩にほかならない、単なる往生浄土を願う修行者ではないとお考えでした。そこから訓点がふつうの場合とは異なったものとなります。浄土往生の行業としての五念門の行は、法蔵菩薩が行じられたものだと理解されたのです。そこには、「他力」ということをさらに徹底した理解が見られましょう。

いずれにしても、「他力」という思想を仏教の中に正しく位置づけるために、曇鸞大師は深い思索を展開し、親鸞聖人はそれを受けて、一層明確に「他力・本願力」という仏教理解を確立されたと言ってよいのではないでしょうか。

法蔵菩薩の本願が他力を成就し、他力は本願を裏付けとするという他力思想は、曇鸞大師によって確立されたと言えましょう。それを言うのが、親鸞聖人が『教行信証』の「行巻」と「真仏土巻」に引いていらっしゃる「願もつて力を成ず、力もつて願に就く。願徒然《とねん》ならず、力虚設《こせつ》ならず。力・願あひ符《かな》ひて畢竟《ひっきょう》じて差《たが》はざるがゆゑに〈成就〉といふ」（同七祖篇一三一頁）という「不虚作住持功徳成就《ふこさじゅうじくどくしょうじゅ》」についての大師の言葉であろうと思います。

「他力・本願力」という教えは、このように、曇鸞大師の思想を基礎として成立しているのであり、このことを、最も強く言おうとされたのが親鸞聖人であったと申せましょう。

第十講　第九条「踊躍歓喜」

宗教的な喜び

第九条はよく知られた文章です。まず、前半をあげます。

「一　念仏申し候へども、踊躍歓喜《ゆやくかんぎ》のこころおろそかに候ふこと、またいそぎ浄土へまゐりたきこころの候はぬは、いかにと候ふべきことに候ふやらんと、申しいれて候ひしかば、親鸞もこの不審《ふしん》ありつるに、唯円房《ゆいえんぼう》おなじこころにてありけり。よくよく案《あん》じみれば、天にをどり地にをどるほどによろこぶべきことを、よろこばぬにて、いよいよ往生は一定《いちじょう》とおもひたまふなり。よろこぶべきこころをおさへて、よろこばざるは煩悩《ぼんのう》の所為《しょい》なり。しかるに仏《ぶつ》かねてしろしめして、煩悩具足《ぐそく》の凡夫《ぼんぶ》と仰《おお》せられたることなれば、他力の悲願《ひがん》はかくのごとし、われらがためなりけりとしられて、いよいよたのもしくおぼゆるなり。」（八三六頁・六二九頁）

文章の内容からすると、唯円さんが現在の自分の心境について親鸞聖人におたずねしている、ということがわかります。その質問が記されているのです。

「念仏を申しておりましても、踊り上がるような喜びの心がそれほど起こってきませんし、また早く浄土へ往生したいという心もありませんのは、どう考えたらよいでしょうかと、おたずねしたところ、聖人は、〈自分もどうしてだろうかと思っていたが、唯円房も同じ心だった〉とおっしゃって、さらにこう言われた。〈よくよく考えてみると、天におどり地におどるというほど喜ぶべきことを喜ばないから、ますます往生は定まっていると思うのです。喜ぶはずの心を抑えて喜ばないのは、煩悩のしわざです。しかし、仏さまはかねてご存じで、《煩悩をそなえた凡夫》とおっしゃっているのですから、本願はこのような私どものためであったとわかって、ますますたのもしく思われるのです〉と。」

これは、宗教的な喜びというものをよく知っている人たちの対話です。唯円さんは、「踊躍歓喜」の心が「おろそか」であると言っているので、そういう心がまったくないと言っているわけではありません。まったくないのなら、「踊躍歓喜のこころもなく、また浄土へまゐりたきこころの候はぬ」というでしょう。おそらく、唯円さんは、浄土の教えを初めて聞いたときに感じた喜びというものが、時間が経つにつれてだんだんまばらになり、薄れてゆく、その焦燥感におそわれているのではないでしょうか。それでこんな状態でよいのだろうかと、聖人におたずねしたのです。それに対して、聖人は、私も同じだとおっしゃって、宗教的な喜びに浸っていられないほど煩悩の烈しい自分だが、そういう凡夫が仏さまの本願の目当てなのだとおっしゃっています。

浄土の教えを聞くことが大きな喜びを生むということは、親鸞聖人もあちらこちらでおっしゃっていることで、感動を伴わないような宗教的生活というものはあり得ないことを、聖人はよくご存じであったと思われます。

たとえば、『教行信証』の「行巻」（一四六頁・一六一頁）には、龍樹菩薩の『十住毘婆沙論』を引いて、菩薩が初地に入れば歓喜が多いということを繰り返して述べていらっしゃいますが、それは信心の行者の喜びをいうものにほかなりません。また『唯信鈔文意』（七一二頁・五五五頁）には、「この信心をうるを慶喜《きょうき》といふなり」と記し、さらに「慶はよろこぶといふ、信心をえてのちによろこぶなり、喜はこころのうちによろこぶこころたえずしてつねなるをいふ、うべきことをえてのちに、身にもこころにもよろこぶこころなり」とおっしゃっています。

さらにまた「聞其名《もんご》 号信心歓喜《みょうごうしんじんかんぎ》」というのは、『大無量寿経』の成就文であり、聖人が最も尊重された文章ですが、『一念多念証文』（六七八頁・五三四頁）にはこの「歓喜」を説明して、「「歓」は身《み》をよろこばしむるなり、「喜」はこころをよろこばしむるなり、うべきことをえてんずと、かねてさきよりよろこぶこころなり」と説明されています。

はじめから、「歓喜」ということを否定して『歎異抄』の文章を理解しようとする人は、宗教生活の何たるかをまったく知らない人と言わなければなりません。宗教的世界に入るということは、ある意味では、非日常的なことで、その場合に、心身が大きな感動に揺るがされるということは、多くの宗教者の伝記などを見れば容易に理解されることです。しかしそういう感動はいつまでも続くものではありません。必ず沈静するものです。そこから人間は再び日常生活へ帰っていかなければなりません。その日常へ帰ったときに感じる焦燥感というか、空虚感というか、そういうことがここで問題になっているのです。

ウイリアム・ジェイムズ

アメリカの著名な心理学者のウイリアム・ジェイムズは、その著『宗教的経験の諸相』において、回心という宗教的経験を説明していますが、彼はスターバック（ジェイムズと同時代のアメリカの心理学者）の説を引いて、回心はその本質において、人間にとって決して異常な経験ではなく、むしろ青年期の正常とも言える経験であって、子供が小さい世界から広い知的・精神的生活へ移行する際に付随して起こる現象であるとしています。もちろん決して回心しない人もあるが、そういう人は不毛と乾燥の人であるという意味のことを言っています。これは、回心をどういう経験と考えるかという点で、少し問題がありますが、宗教的な転機を異常な経験とは考えないということでは、正しい捉え方をしていると言ってよいでしょう。

さらにジェイムズは、その回心という宗教的経験は、

それまで分裂して、邪悪で劣っていて不幸であると意識していた自分が、宗教的な実在を確証した結果、統一され、正しく優秀で幸福だと意識するようになる漸次的、あるいは突発的な過程をあらわす。（『宗教的経験の諸相』第九講「回心」）

と定義して、そこに三つの相があることを明らかにしています。第一の相は、絶望や深い苦悩に陥っている状態です。そこで何らかの宗教的実在に触れて心の転機が訪れ、それまでとは一転して大きな喜びに達する経験が、宗教的経験であるというのです。こういう宗教的経験の理解は、その後の宗教心理学者が、だいたい共通の理解としていることです。

ジェイムズは、また、フランシス・ニューマンという人の言葉を引いて、こういう意味のことを言っています。神はこの世に一度生まれの子と二度生まれの子とを持っている、一度生まれの子は、神を厳格な審判者とは見ないで、慈愛と美の権化と見る、こういう傾向を「健全な心」というとすると、そういうタイプの人は、大きな心の転機というものを経験しないで一生を送る。それと対照的に、この人生においては悪の面がその本質をなしているという見方があり、生まれながらにしてそうした悪の存在に悩まされる運命をもった人々がいる、そういう人たちは「病める魂」の持ち主であり、彼は第二の誕生というべき転機を経験することによって始めて救われる。

こういう二度生まれの人の性格の心理学的な基盤は、道徳的な素質と知的な素質との不統一にある、その不統一が統一に達する仕方は多様であるが、そのすべての場合に、心理学的に同一の形式の出来事を見ることができる、すなわち、暴風と抑圧と矛盾の時期のあとに、確信と安定と平衡があらわれるという経過である、と。

要するに、ジェイムズは、人間には「健全な心」の持ち主と「病める魂」の持ち主という二つのタイプがあり、後者は、宗教的な転機を経験してはじめて自分の内の深い分裂を克服できると考えていたようです。もちろん、この二つのタイプは、いわば理想的な抽象物で、実際の人間は、中間種であると考えていたようですが……。

それはともかく、こうした見解は、心理学者として、客観的にいろいろの事例によって宗教的経験を理解しようとする場合に、的確な理解だったと言ってよいでしょう。

ジェイムズは、回心という現象は、心理学的用語を用いると、「それまで意識の周辺にあった宗教的観念が中心的な場所を占めるにいたるということ、宗教的な目的が或る人間のエネルギーの習慣的な中心を占めるにいたるということ」であるというのです。そして、そのときに起こる感情的な経験について、いくつかの特色をあげています。その一つは、高い力の支配という感じであり、次に、いままで知らなかった真理を悟ったという感じであり、第三には、世界が客観的に変化したように見えるという感じである、と言っています。

しかし、そういう回心に伴う感情の動きというものは、いつまでも続くものではありません。かならずそれは弛緩し、沈静します。けれども、最後にジェイムズは、スターバックのこういう言葉を引いています。「回心を経験して、ひとたび宗教生活に対する一定の立場をとったひとは、その宗教的熱情がどれほど衰えることがあろうとも、あくまで宗教生活を自己の生活と感じる傾向がある」。（岩波文庫『宗教的経験の諸相』上、桝田啓三郎訳、三八八頁）

ジェイムズの『宗教的経験の諸相』という本は、宗教心理学の古典であり、今もよく読まれているものですが、いくつかの点で問題があるとはいえ、回心という現象の本質をよく捉えているということができます。とくに、宗教的な転機というものが、人間の心の在り方に大きな変化をもたらすということを指摘していることは、宗教的な生活を理解する上で、重要な意味をもっています。「二度生まれ」といわれるようなタイプの人にとっては、宗教的経験は、大きな感動を伴う経験であって、それによって、自分が生まれ変わったという意識を持つに至るであろうと考えられます。親鸞聖人や唯円さんは、おそらくそういうタイプの方たちであったのではないでしょうか。そこに、ここで言われるようなことが問題になったのではないかと考えられます。

親鸞と唯円との対話

武内義範先生は、この『歎異抄』の第九条をめぐって、『親鸞と現代』という著作でこのようにおっしゃっています。

この『歎異抄』の親鸞と唯円との対話は、もし誰かそれを読む人が第三者の立場でそれを理解しようとしたら、そこにはもう唯円の問いも親鸞の答えも存在しないような、せっぱつまった応答であって、多くの人がするように、いくばくかの唯円の不審の名残りを、軽く受け継いで、それでもって親鸞の同じ解答を期待しうるような種類のものではない。それは、そういう立場からは全く立ち入れない領域であって、そこにふみ入るには、人はまず「弥陀の五劫思惟の願をよくよく案ずれば、ひとへに親鸞一人がためなりけり」という宗教的実存の単独者の立場を、何らかの意義で体得しなければならない。……このような宗教的実存の

「一人」の立場に対して、初めてそこだけで遭遇しうる弥陀の本願が真実のものとなり、浄土真実の生きた姿、生きたはたらきが彼の心に映じてくる。そうしてこのような親鸞一人の問題が、実は唯円一人の問題であるところに、この応答があり、またそれがすべての人の一人一人の究極の問題であり、またそうなるかぎり、この『歎異抄』の言葉は、かぎりない深さが最も直接な切実さとなって、暖かくわれわれの心に呼びかけ、語りかけてくる、私の心に将来する真実である。……信は人間の求めるもっとも究極的なものにかかわっている。したがってそれによって得られる喜びもまた「よろこぶこころのきわまりなきかたち」としての踊躍歓喜を伴っているはずである。けれどもそれだけが信楽の唯一の表現ではない。宗教的体験の歓喜や法悦の後には、その精神の緊張が弛緩した状態も、やがてまた必然的に継起してくる。神秘主義者たちが「魂の闇夜」と呼んだのは、このような神に見離された孤独と寂寥のことである。しかし真の慶喜はいわゆる「魂の闇夜」をくぐりぬけた「往生一定のたのもしさ」でなければならない。親鸞が言っているのは、この「我ならぬ」真実の深さと力強さについてである。……親鸞も唯円もこの踊躍歓喜の体験をもっている。それはかつてもあったし、今もおろそかになってはいるが、間歇的に存在しはする。しかし信によってするどくされた自己反省は、これを信仰の確かさの最後の根拠、真理の最高の規準にすることをこばむのである。憶念のつねなる喜びはそこにないから。ではどこにそれは見出されるべきであるか？　われわれは次の「よろこばぬにて、いよいよ往生は一定」という逆説的な言い

あらわしのうちに、とぎすまされた信楽が、心光に輝いているのを見出すであろう。（『武内義範著作集』第二巻一〇九頁）

こういう宗教的経験についての正しい理解をもたずにこの『歎異抄』の文章を読めば、どういうことになるかというと、そのよい例があります。それは、司馬遼太郎さんの『以下、無用のことながら』（文藝春秋社刊）という本にある「浄土――日本的思想の鍵」という文章の中のこういう叙述です。

また、同じ『歎異抄』で、唯円が、お念仏を唱えまいらせると、非常に阿弥陀如来の本願というものがよくわかって、こおどりしたくなるという話を聞きましたが、自分は実を言うと、どうもそんなふうにはならないんです、それはどうしたことでしょうかと、親鸞に聞いています。親鸞は、唯円坊もそうか、実は自分も、ちっとも嬉しくならないんだ。阿弥陀如来というものは、こっちが逃げて逃げて逃げても追っかけてきて救って下さる。それが阿弥陀如来の本願だときいている。その場合、人間というのは嬉しさのあまり歓喜踊躍（これを坊主読みすると、カンギユヤク）するというとも聞いているけれども、おかしいことに自分は、この歳になっても、お浄土に行くということが、そんなに嬉しいとは思えないんだ、そのように言っています。

この司馬さんの文章が、『歎異抄』の第九条をふまえていることは明らかですが、そこで問題になっていることがまったくわかっていないことも明らかです。司馬さんと言えば、文化勲章を受章したほどの人ですから、立派な仕事をたくさんなさったのでしょうが、ここでおっしゃっていることは理解に苦しみます。第九条の内容が正しくとらえられているとは到底思えません。この文章の前にも、司馬さんはこのようにおっしゃっています。

このなかで唯円が「南無阿弥陀仏を唱えまいらせると極楽に行けますか」と聞くと、「極楽に行けるかどうか、自分にはわからない。ただ自分はいい人だと思っていた法然からそう聞いた。法然という人がいい人だから、私は信じているんだ」と答えています。

これは信仰とはなんぞやということの基本だと思います。

第二条で申しました親鸞聖人と法然上人とのお出会いがこれだけのことだったら、精神史的に画期的な意味を持つ日本における浄土教の伝承ということも成立しなかったでしょうし、親鸞聖人の思想の独自性ということも成立しなかったでしょう。その他にも、司馬さんのおっしゃっていることでおかしいことはたくさんありますが、それはここでは取り上げません。しかし、司馬さんだけではなく、明治以降の所謂知識層の人たちが『歎異抄』を十分理解しないで、自分勝手にとらえているところがたくさんあることを、私たちは注意しなければなりません。どうして宗教的文献を宗教的な文脈の中で理解しようとしないのでしょうか。

たとえば、キリスト教でも、イエス・キリストを政治的な関係の中だけでとらえるならば、単なる民衆扇動者としてしか理解できないかもしれません。しかし、当時のユダヤの人たちのメシア待望という宗教的な空気のなかにイエスを位置づけるとき、イエスに対する民衆の熱狂的な支持とまた後の反発が理解されるでしょうし、また十字架の死という事件の意味も理解されるのではないでしょうか。それと同じことです。

親鸞聖人と唯円さんとの対話を、日常の対話にしてしまえば、そこで問題になっていることの本当の理解はまったく不可能です。聖人の教えを聞いて、いったんは宗教的な感動にみたされた唯円さんが、時とともにその感動が薄れ、そのために烈しい不安に襲われているという状況を知り、自分もそうだと、それに共感するとき、初めてこの第九条の対話が理解できるのではないでしょうか。

『歎異抄』を宗教的な文献として読まねばならないということを以前にも申しましたが、それはこういうことを意味していたのです。宗教的な喜びがおろそかであるということは、宗教的な生き方をしているから言えることで、浅薄な人間中心主義的な考えから言えることではありません。言い換えれば、日常生活のレベルで問題になることではなくて、非日常的な宗教的経験を通って再び日常生活へ帰って来たときに問題になることです。そこではじめて唯円さんの問いが意味を持ち、またそれに対する親鸞聖人の答えが意味を持つのではないでしょうか。

『教行信証の哲学』

さらに聖人はこのようにおっしゃいます。第九条後半の文章です。

「また浄土へいそぎまゐりたきこころのなくて、いささか所労《しょろう》のこともあれば、死なんずるやらんとこころぼそくおぼゆることも、煩悩《ぼんのう》の所為《しょい》なり。久遠劫《くおんごう》よりいままで流転《るてん》せる苦悩《くのう》の旧里《きゅうり》はすてがたく、いまだ生まれざる安養 浄土《あんにょうじょうど》はこひしからず候ふこと、まことによくよく煩悩の興盛《こうじよう》に候ふにこそ。なごりをしくおもへども、娑婆《しゃば》の縁尽《えんつ》きて、ちからなくしてをはるときに、かの土へはまゐるべきなり。いそぎまゐりたきこころなきものを、ことにあはれみたまふなり。これにつけてこそ、いよいよ大悲《だいひ》大願《だいがん》はたのもしく、往生は決定《けつじょう》と存《ぞん》じ候へ。踊躍歓喜《ゆやくかんぎ》のこころもあり、いそぎ浄土へもまゐりたく候はんには、煩悩のなきやらんと、あやしく候ひなましと云々。」（八三七頁・六二九頁）

「また、はやく浄土へ生まれたいという心もなくて、少し病気にでもかかると、死ぬのではないだろうかと心細く思われるのも、煩悩のしわざです。果てしなく遠い昔から現在に至るまで、生まれかわり死にかわりしてきたこの苦しみの迷いの世界は離れがたく、まだ生まれたことのないやすらかな浄土に心がひかれないのは、本当に煩悩がさかんだからです。しかし、どれほど名残惜しいと思っても、この世の縁がつき、どうしようもなくていのち終わるときに、浄土に生まれさせていただくのです。早く浄土へ生まれたいという心のないものを一層哀れに思ってくださるのです。それにつけても、ますます慈悲の心で起こされた本願はたのもしく、浄土往生はまちがいないと存じます。躍り上がるようなよろこびもあり、また浄土へ早くまいりたいということなら、煩悩がないのだろうかと、いぶかしく思うということになるでしょう。」

これも、親鸞聖人のお答えです。唯円さんが、「またいそぎ浄土へまゐりたきこころの候はぬは、いかにと候ふべきことにて候ふやらん」（またいそいで浄土に往生したいという心が起こってこないのは、どういうことでございましょうか）と尋ねたことに対して、浄土へいそいで往生したいと思うどころか、少し病気にでもかかると死ぬのではないかと心細くなるという、現代の人間も共通に襲われる不安というものをつつみなく語って、それこそが煩悩というものだとおっしゃっています。

ここにも親鸞聖人の、宗教的生活ということについての深い洞察が示されています。仏さまの教えを聞いて、浄土往生を決定し、この苦しみの穢土を捨てて早く浄土に生まれたいと願うのではなくて、むしろちょっとした病気にかかっても死ぬのではないかと恐れを感じるということは、現世に対するわたしたちの強い執着を表すものにほかなりません。それは「死の不安」という問題ですが、それについて思い出すのは、武内義範先生が『教行信証の哲学』（『武内義範著作集』第一巻所収）で論じられたことです。

先生は、昭和十六年に『教行信証の哲学』という書物を刊行され、初めて『教行信証』が宗教哲学書としてすぐれた内容をもつものであることを明らかにされました。先生のお言葉によれば、『教行信証』の本質は、「おそらく、かつて何人も到達しなかったであろうもっとも深邃な宗教的自覚に対して、周到な透徹する論理的省察を行っている点にある」のであり、この書に展開している「〈信楽〉の論理を、彼の信仰生活に即しながら、その生成の過程において理解すること」を試みられたのが先生の『教行信証の哲学』です。

武内先生は、『教行信証』の二つの部門「浄土真実」と「方便化身土」との関係を、ヘーゲルの「論理学」と「精神現象学」との関係に相応するものとされ、とくに「方便化身土巻」に「精神現象学」的構造を見るという見地から「三願転入」という問題を取り上げ、『大経』の四十八願中、第十九・二十・十八願に対応する宗教的精神の段階を、倫理的観想的段階・内在的宗教の段階・歴史的超越的段階として理解しようとされています。

「三願転入」というのは、直接には『教行信証』の「方便化身土巻」に記された、

ここをもつて愚禿釈《ぐとくしゃく》の鸞《らん》、論主《ろんじゅ》の解義《げぎ》を仰《あお》ぎ、宗師《しゅうし》の勧化《かんけ》によりて、久《ひさ》しく万行《まんぎょう》諸善《しょぜん》の仮《け》門《もん》を出《い》でて、永《なが》く双樹林下《そうじゅりんげ》の往生を離る。善本徳本《ぜんぽんとくほん》の真門《しんもん》に回入《えにゅう》して、ひとへに難思《なんじ》往生の心《しん》を発《おこ》しき。しかるに、いまことに方便《ほうべん》の真門を出《い》でて、選択《せんじゃく》の願海《がんかい》に転入《てんにゅう》せり。すみやかに難思議往生の心《しん》を離れて、難思議往生を遂《と》げんと欲《ほっ》す。果遂《かすい》の誓《ちかい》、まことに由《ゆえ》あるかな。ここに久しく願海に入りて、深く仏恩《ぶっとん》を知れり。（四一二頁・三五六頁）

という文章を指し、この文章が、聖人が、そのご生涯において、『大経』の四十八願中の第十九・二十・十八願に対応する宗教的精神の三つの段階を経歴されたことを告白されたものと、一般には理解されています。

その三願について、第十九願は、「念仏以外の諸行を一つあるいは多数にとりまぜて修行し、この功徳を阿弥陀仏に至心発願して廻向し、極楽へ生ぜんと願う」という段階であり、第二十願は、「このような余行を一切打ち捨てて一向に念仏を励み、この念仏の徳本を仏に至心回向して極楽

に往生せんと思う」という段階であり、第十八願は、「全く自力の我執を脱し去った〈至心信楽己れを忘れた〉念仏者の一類に相当する」段階であるとするのが、ふつうの理解です。

武内先生は、この「三願転入」ということを、単に親鸞聖人の体験の経歴を語るものにとどまらず、同時に類型的一般性をそなえたものとして理解し、それが、「方便化身土巻」で、正像末史観を背景として、ヘーゲルの精神現象学的方法で展開しているとされており、それをめぐって哲学的考察を試み、またそうした見地から、従来の三願の段階の理解に新たな見方を表明されているのですが、ここではその内容には立ち入らず、とくに第十九願の段階について述べられたことについて、少し考えてみたいと思います。

武内先生は、第十九願の段階を解明するにあたって、その願文の「寿《いのち》終《お》わるときに臨んで、たとひ大衆《だいしゅ》と囲繞《いにょう》してその人の前に現ぜずは」という言葉に注目されます。そこには、この段階の精神が「臨終に仏の来迎《らいごう》を望んでいる」ことが示されているとして、その「臨終に正念に住して仏の来迎にあずかりたいと祈る心」に「死の不安」を見いだすことができるとおっしゃるのです。「死の不安」と来迎との関係は、時代の不安が増すにつれて、多くの往生伝が製作されたことや、速来迎《はやらいごう》の図が描かれたことなどからも確かめられますが、武内先生は、善導大師の『往生礼讃偈』の「無常の偈」（『註釈版聖典』七祖篇六六九頁）を引いて、「死の不安」が来迎を望む心の前提であることを指摘されています。そして、そのことを、道綽・善導・源信・源空といった浄土教の先達の臨終来迎に因んだ死の解釈を紹介しつつ論じておられます。

それと同時に、この問題について、親鸞聖人が、これらの先輩たちとはまったく別の見解をお持ちであったことが指摘されています。親鸞聖人にとっては、「信仰の決定するそのときが〈前《ぜん》念命終《ねんみょうじゅう》・後念即生《ごねんそくしょう》〉であって、生死の転換が本質的には、このときに行われてしまう。ゆえに臨終の善悪は、問題にならない」とされています。

これはたしかにこの問題に対する聖人の一貫した考えで、『消息集』に多く記されている「臨終まつことなし、来迎たのむことなし」（七三五頁・六〇〇頁）というのは、それについての聖人の基本的な立場だったと申せましょう。たとえば、

来迎は諸行《しょぎょう》往生にあり、自力の行者なるがゆゑに。臨終といふことは、諸行往生のひとにいふべし、いまだ真実の信心をえざるがゆゑなり。また十悪《じゅうあく》・五逆《ごぎゃく》の罪人《ざいにん》のはじめて善知識《ぜんちしき》にあうて、すすめらるるときにいふことなり。真実信心の行人《ぎょうにん》は、摂取不捨《せつしゅふしゃ》のゆゑに正定《しょうじょう》聚《じゅ》の位《くらい》に住《じゅう》す。このゆゑに臨終まつことなし、来迎《らいごう》たのむことなし。信心の定まるとき往生また定まるなり。来迎の儀則《ぎそく》をまたず。（同頁）

信心まことにならせたまひて候ふひとは、誓願《せいがん》の利益《りやく》にて候ふうへに、摂取して捨てずと候へば、来迎臨終を期《ご》せさせたまふべからずとこそおぼえ候へ。いまだ信心定まらざらんひとは、臨終をも期し来迎をもまたせたまふべし。（八〇三頁・六〇八頁）

といった『御消息』の文はそれを明確に示しています。

しかしそれなら、この『歎異抄』第九条の「死の不安」の表明はどういう意味をもつのでしょ

うか。聖人にとっては、「死の不安」は、煩悩以外の何ものでもなかったと考えられます。『一念多念証文』に、

凡夫といふは、無明《むみよう》煩悩われらが身にみちみちて、欲もおほく、いかり、はらだち、そねみ、ねたむこころおほくひまなくして、臨終の一念《いちねん》にいたるまでとどまらず、きえず、たえずと、水火《すいか》二河《にが》のたとへにあらはれたり。（六九三頁・五四五頁）

とあるように、われら凡夫は臨終の一念まで煩悩がとどまらないというのが聖人の人間理解であり、また自己の在り方についての理解であったと言えましょう。
また、罪業の自覚とむすびついていた「不安」が、その罪業からの解放によってひらかれた境地から再び問題になるとき、それはむしろ別な意味で積極的な意味を持つものとならなければなりません。

そういう見方からすれば、「死の不安」を感じても、それは臨終の正念とか仏菩薩の来迎といった宗教的な対応を期待すべきものではなく、もしそうした不安が起こっても、むしろその不安を「煩悩の所為」としてそのまま認め、さらにその煩悩にこそ如来が悲願を起こされる所以をみるという、いわばマイナスの契機をプラスに転じるという逆転の意味づけを展開することになったのではないかと思われます。

「不安」については、現代の実存哲学の重要なテーマとして、キルケゴールやハイデッガーに、よく知られた分析があります。

キルケゴールは『不安の概念』において、「不安」をキリスト教的実存の立場から考えようとしていますし、ハイデッガーは、『存在と時間』において、「死への存在」と規定する日常的自己の存在様式として「不安」という在り方を問題にしています。親鸞聖人の「不安」についての考え方は、それらとは違った形で、「不安」のもつ意味を明らかにするものではないでしょうか。

それは「死なんずるやらんとこころぼそくおぼゆる」ところにこそ人間存在の実相を見、また同時にそこに「大悲大願はたのもしく、往生は決定」と思うという、煩悩具足の凡夫がそのままで不退転に住する境地というものが表されていると申せましょう。

武内義範先生のご葬儀

武内先生は、本年（二〇〇二年）四月十二日に八十九歳で亡くなりましたが、そのご葬儀のときに、こういうことがありました。辻村公一先生が、学士院を代表して弔辞を述べられたのですが、辻村先生は弔辞の中で、学士院の例会でのエピソードを話されました。あるとき、武内先生が学士院の例会で講演をされることがあり、そのとき辻村先生が「信心を決定しても、退転するということがあるのではないでしょうか」という質問をされたのです。それに対して、武内先生は、きっぱりと「信心を決定すれば、退転することはありません」とお答えになったそうです。

私は感銘深くそれをお聞きしました。これは、武内先生のご著作を読んでいる者にとって、大きな意味をもつことです。

武内先生は、先に紹介した『教行信証の哲学』において、「三願転入」を問題にされ、とくに第二十願の段階と第十八願の段階との関係をめぐって、従来の理解とは異なった理解をされています。それは、第二十願と第十八願とは、それぞれお互いに消滅契機であって、第二十願は第十八願の段階へ一回きりに転入するのではないという理解です。先生は、

第十八願と第二十願とは宗教的精神の本質的な自覚の両契機であるから、第十八願の精神はただ一度第二十願から転入して第十八願となってしまうのではなく、第十八願は絶えず第二十願を自己疎外によって成立せしめつつ、またさらにそれを消滅契機として否定し、第十八願に転入せしめ続けねばならない。（『武内義範著作集』第一巻四五頁）

とおっしゃっています。

こうした理解は、従来の理解にはみられなかったもので、先生は、そのように理解される根拠を、『恵信尼消息』に記された親鸞聖人の寛喜三年（一二三一）の夢の記述と、「人の執心、自力のしんは、よくよく思慮あるべし」（八一六頁・六一九頁）というお言葉に見いだされています。そこに武内先生の独特の『教行信証』理解があると言えるのですが、現実の私たちの宗教的な経験としてはなかなか理解しにくいものです。ここで武内先生がどういう事態を捉えようとされているかは、簡単に説明することは容易ではありません。しかし、他方、「信心が決定すれば退転しない」という先生のお考えは、「信心」が如来回向の「信心」であるかぎり、明白なことがらで、親鸞聖人が繰り返しておっしゃったことです。そこから理解できることは、武内先生のご領解も、

この点に関するかぎりは明白であったと言うことができます。
それでは、『教行信証の哲学』でおっしゃっていることは、どういう意味をもつのでしょうか。それは、『教行信証』の哲学的理解を試みる上では、宗教的精神の自覚向上の過程として、第二十願の精神と第十八願の精神に関して、そこにダイナミックな関係を見ることができるということであろうかと思います。そしてそのことは、私たちの実際の宗教的生においても、積極的な意味をもつものです。

武内先生は、別の論文で、『教行信証』の「証巻」に示された「住正定聚」と「必至滅度」という二つの契機が、親鸞聖人の教えにはあるということを重視されて、それがまた浄土教的な宗教的精神の特色であるとお考えでした。これは一面では浄土往生について業事成弁、すなわち決着はついているということですが、同時に他面ではまだ決着はついていないで未来にもちこされているという、そういう二面が矛盾なくあるということを意味します。それが、「機法二種一具の信」といわれることの具体的な内容であるともいうことができましょう。

しかも、そういう信が「決定すれば退転しない」と言い切れるところに、浄土真宗の「信心正因」と言われる立場があるということではないでしょうか。「他力の悲願」が「われらがためなりけりとしられて、いよいよたのもしくおぼゆる」というのは、そういう境地を言うものと考えられます。

第十一講　第十条「無義の義」・第十一条「誓名別執」

自然法爾

第十条は、短い文章です。

「一　念仏には無義《むぎ》をもつて義《ぎ》とす。不可称《ふかしょう》不可説《ふかせつ》不可思議《ふかしぎ》のゆゑにと仰《おお》せ候ひき。」（八三七頁・六三〇頁）

「無義の義」という言葉は、よく知られた「自然法爾章《じねんほうにしょう》」（七六八頁・六〇二頁）といわれる文章や、多くの御消息には「義なきを義とす」という言葉で出ているもので、「はからいのないのを本義とする」という意味と理解されています。これは、晩年の親鸞聖人が繰り返しておっしゃった言葉であろうと思われます。

「自然法爾章」というのはこういう文章です。

「自然《じねん》」といふは、「自《じ》」はおのずからといふ、行者《ぎょうじゃ》のはからひにあらず、「然《ねん》」といふは、しからしむといふことばなり。しからしむといふは、行者のはからひにあらず、如来のちかひにてあるがゆゑに法爾《ほうに》といふ。「法爾」といふは、この如来の御《おん》ちかひなるがゆゑに、しからしむるを法爾といふなり。法爾はこの御ちかひなりけるゆゑに、およそ行者のはからひのなきをもつて、この法《ほう》の徳《とく》のゆゑにしからしむといふなり。すべて、ひとのはじめてはからはざるなり。このゆゑに、義《ぎ》なきを義とすとしるべしとなり。「自然《じねん》」といふは、もとよりしからしむるといふことばなり。弥陀仏《みだぶつ》の御《おん》ちかひの、もとより行者のはからひにあらずして、南無阿弥陀仏とたのませたまひて迎へんと、はからはせたまひたるによりて、行者のよからんとも、あしからんともおもはぬを、自然《じねん》とは申すぞときて候ふ。

ちかひのやうは、無上仏《むじょうぶつ》にならしめんと誓《ちか》ひたまへるなり。無上仏と申すは、かたちもなくまします。かたちもましまさぬゆゑに、自然《じねん》とは申すなり。かたちましますとしめすときには、無上涅槃《むじょうねはん》とは申さず。かたちもましまさぬやうをしらせんとて、はじめて弥陀仏と申すとぞ、ききならひて候ふ。

弥陀仏は自然《じねん》のやうをしらせん料なり。この道理《どうり》をこころえつるのちには、この自然《じねん》のことはつねに沙汰《さた》すべきにはあらざるなり。つねに自然《じねん》を沙汰せば、義なきを義とすといふことは、なほ義のあるになるべし。これは仏智《ぶっち》の不思議《ふしぎ》にてあるなるべし。（七六八頁・六〇二頁）

この文章には、最後に「正嘉二年十二月十四日　愚禿親鸞八十六歳」という日付が書かれており、もう一通「文応元年十一月十三日」の乗信房宛《じょうしんぼう》のお手紙（聖人八十八歳）とともに、聖人の最後に到達された境地をあらわすものとして、重要なものです。

乗信房宛のお手紙（七七〇頁・六〇三頁）は、年月日の明記されている最後のお手紙です。

なによりも、去年《こぞ》・今年《ことし》、老少男女《ろうしょうなんにょ》おほくのひとびとの、死にあひて候ふらんことこそ、あはれに候へ。ただし生死無常《しょうじむじょう》のことわり、くわしく如来の説きおかせおはしまして候ふうへは、おどろきおぼしめすべからず候ふ。まづ善信《ぜんしん》が身《み》には、臨終の善悪をば申さず、信心決定のひとは、疑《うたがい》なければ正定聚《しょうじょうじゅ》に住することにて候ふなり。さればこそ愚痴無智《ぐちむち》の人《ひと》も、をはりもめでたく候へ。如来の御《おん》はからひにて往生するよし、ひとびとに申され候ひける、すこしもたがはず候ふなり。としごろおのおのに申し候ひしこと、たがはずこそ候へ、かまへて学生《がくしょう》沙汰《ざた》せさせたまひ候はで、往生をとげさせたまひ候ふべし。

故法然聖人は、「浄土宗の人《ひと》は愚者《ぐしゃ》になりて往生す」と候ひしことを、たしかにうけたまはり候ひしうへに、ものもおぼえぬあさましきひとびとのまゐりたるを御覧《ごらん》じては、「往生必定すべし」とて、笑ませたまひしをみまゐらせ候ひき。文沙汰《ふみざた》して、さかさかしきひとのまゐりたるをば、「往生はいかがあらんずらん」と、たしかにうけたまはりき。いまにいたるまでおもひあはせられ候ふなり。ひとびとにすかされさせたまはで、御信心《ごしんじん》たぢろかせたまはずして、おのおの御往生候ふべきなり。ただし、ひとにすかされさせたまひ候はずとも、信心の定まらぬ人《ひと》は正定聚に住したまはずして、うかれたまひたる人《ひと》なり。

乗信房にかやうに申し候ふやうを、ひとびとにも申され候ふべし。あなかしこ、あなかしこ。

この二つの文章を読みますと、晩年の親鸞聖人の信の境地がよくわかります。

まず「自然法爾章」と言われる文章ですが、その内容は、念仏の教えは、行者のはからいによるものではなくて、如来の誓願であって、人間があれこれはからうものではない、如来が「南無阿弥陀仏」と、行者にたのませて、浄土へ迎えようとお考えになったのだから、行者が善いとも悪いとも思わないのが「自然」ということだとおっしゃっています。そのように、人間の方があれこれ思慮分別をはたらかせるのではないから、「無義の義」というのだとおっしゃっているのです。

「自然法爾」というのは、「おのずからしからしむ」ということだから、人間のはからうことではない、だから「義なきを義とす」というのである、それをさらにあれこれ詮索するなら、「義なきを義とす」といっても、そこに義があるということになってしまう、とおっしゃっています。

そういう趣旨は、「笠間《かさま》の念仏者の疑《うたが》ひとはれたる事」（七四六頁・五九四頁）という表題のある『御消息』に、「如来の御《おん》ちかひなれば「他力には義なきを義とす」と、聖人の仰せごとにてありき、義といふことは、はからふことばなり。行者のはからひは自力なれば義といふなり。他力は本願を信楽《しんぎょう》して往生必定なるゆゑに、さらに義なしとなり」とあるお言葉（ここでの「聖人」とは法然上人のことです）や、先にあげた親鸞聖人の最後のお手紙に、やはり法然上人のお言葉としておっしゃっている「浄土宗の人は愚者になりて往生す」というお言葉とも通じるところがあると申せましょう。

とくにこのお手紙には、「かまへて学生沙汰せさせたまひ候はで、往生とげさせたまひ候ふべし」というお言葉と、法然上人が「ものもおぼえぬあさましきひとのまゐりたるを御覧じては「往生必定すべし」とて、笑ませたまひしをみまゐらせ候ひき」というお言葉が記されており、親鸞聖人が、法然上人の教えとして、「文沙汰して、さかさかしき」ことが、浄土の教えを聞く上でふさわしくないと考えておられたことが、明らかに知られましょう。

「義なきを義とす」というお言葉についても、いろいろ解釈がありまして、初めの「義」と後の「義」とは意味が違うということで、初めの「義」は自力のはからいをいうのであり、あとの「義」は如来のはからいをいうと理解されていましたが、近頃は、あとの方は「本義」という意味だと考えられるようになりました。これは大谷大学の多屋頼俊先生が『歎異抄新註』という本で、国語学的に詳しく検討されて、「自力のはからいのないのを本義とする」という意味だと主張されまして、それが一般的になっています。おそらく聖人のお気持ちもそういうことであったかと思います。「義なきを義とす」、あるいは「無義の義」ということは、人間のはからいを捨てるところに浄土の教えは開かれるということをおっしゃっているのです。

それについて、以前にも足利義山先生のことを申しておりましたが、義山先生がご息女の甲斐和里子さんのご主人の甲斐虎山さんに初めて会われたときに、「まあ学者気分を捨ててしもうて、イロハも知らぬ愚夫愚婦《ぐふぐふ》に成りさがってしまいなさいや、そうすると夜があけてきますよ」とおっしゃった、その「学者気分を捨てる」ということが「無義の義」ということなのです。学問研究のために、あれが正しいとかこれが正しいとかいうことは、理知の分析ということですが、一般的には、それはそれで大切な知性のはたらきですが、宗教的なことについては、むしろそういう理知の分析ということを捨てる所に、本当の智慧が開かれるということがあるわけです。そこに「本義がある」、ということは、そこに本当の意味があるということです。

そういう考えは、洋の東西を問わず、宗教的な在り方として根本的なことです。以前にも申しましたが、たとえば、デンマークの哲学者のキルケゴールは「信仰の騎士」ということを言っています。

「信仰の騎士」というのは、宗教的人間ということで、宗教的人間というものはどういうものであるかということをいうのです。キルケゴールは、自分はまだそういうところに達してはいないが、宗教的人間とはどういうものかということはわかる、宗教的人間は外から見てそうだということはわからない、ふつうの人間だ、彼は毎朝弁当をもって勤め先へ行く、夕方になると今晩のおかずはなんだろうなどと思いながら家路につく、帰宅して皆と一緒の晩ごはんを終えると、ベランダへ出て、椅子に座ってたばこをくゆらしている、そういうことはふつうの人とは少しも変わらない、しかし、私は彼のことをどれほどうらやんでもうらやみ切れないほどだ、なぜかといえば、彼はあらゆる瞬間にこの世の一切のことを断念し、同時にその一切を神から受け取りなおしている、一切を神から与えられたものとして受け取っている、それを思うと、私は彼をどれほどうらやんでもうらやみ切れない、と、こういうことを言っています。これは何か不思議なことを言っているようですが、そこで言っていることは、非常に意味の深いことです。

「あらゆる瞬間にすべてを断念している」ということは、『歎異抄』の言葉で言えば、自らの「はからい」を捨てている、ということです。キリスト教の場合では「神のはからいにまかせているということです。日常生活のすべてを、神から与えられたものとして受け取っているということです。宗教的人間というのは、そういう人間だとキルケゴールはいうのです。そういう人のことを、キルケゴールは「信仰の騎士」というのですが、その人はあらゆる瞬間に二重の飛躍をしている、ちょうど軽業師《かるわざし》のように、空中で一回転をしてもとのとおりに地上に立つ、そういうことをしているのが宗教的人間だと申します。彼は自分の信仰において、すべてのものをあらゆる瞬間に断念しているのです。それと同時に、あらゆる瞬間にすべてのものを神からあたえられたものとして受け取っているのです。こうした宗教的人間の捉え方は、どこか『歎異抄』の「無義の義」とか「はからいのないのが本義だ」とおっしゃっていることと通じているのではないでしょうか。

浄土真宗には妙好人と言われる篤信の方がありまして、鈴木大拙先生が日本的霊性《れいせい》ということをおっしゃって、それを発揚した人たちとして紹介されて、よく知られるようになりましたが、その妙好人の多くの人は、学問のある人ではないし、地位のある人でもない、田舎のおじいさん・おばあさんであるわけですが、その言行に日本的霊性が発揚されている、と大拙先生は言われるのです。その人たちの生き方が、まさに「すべてを断念し、同時にすべてをうけとりなおしている」という生き方に通じるものと言えるように思います。そういう妙好人の、浄土真宗的に言えば「如来にすべてをおまかせして自然法爾に生きる」という生き方が、どこから出てくるかというと、それはやはり親鸞聖人の「はからいのないのが本義である」という教えから出てくるように思います。

先にあげました聖人の最晩年のお手紙には、法然上人が文沙汰している人々をみては「往生はいかがあらんずらん」とおっしゃったが、一文不知の人たちの念仏するのをみては「往生必定」だとほほえまれたということを今に至って思い出すと、八十いくつになって記されていますが、親鸞聖人が法然上人のその様子をご覧になったのは、おそらく青年時代でありましょうが、それを五十年も経って思い出していらっしゃるという、そのお気持ちのなかには、浄土の教えは愚痴に帰って信ずる教えだということにその真髄があるということを、あらためて受け止めていらっしゃるということがあると思います。

要するに、はからいのかたまりの自我というものをすてて、自ずから生かされている自己として生きる、本願に生かされる自己として生きる、そういうことを聖人はおっしゃっているわけで、私たちの学ぶことの中心は、心をむなしくして本願を聞くということしかないのではないかと思います。

最近、カトリックの方で、加賀乙彦さんという方の書かれたものを読んでいて、深い感銘を受けました。加賀さんは私と同年輩で、戦後に精神科の医師となられた方ですが、カトリックに対する関心がふかくなったので、あるとき、神父さんにたのんで、四日間自分の疑問を全部ぶつけるので答えてほしいとおっしゃって、それで一日目、二日目と自分のありったけの疑問をぶつけておられたのですが、三日目にはもう問いかけることがなくなってしまった、すっからかんになって、心が本当に透明になった、そのときに、はじめて神父さんが、あなたは洗礼を受けてもいいですよとおっしゃった、ということが書いてありました。私はそれを読んでいて、加賀さんの気持ちがよくわかりました。

「はからい」と申しますと、なにか一つ一つの「はからい」があるように思いますが、そうではなくて、人間というものは「はからい」のかたまりなのです。そういう「はからい」というものを、すべて仏さまの前になげだすと、そこで「はからい」がなくなってしまうのです。そこに「はからい」のない世界というものがあらわれてくる、「無義の義」というものが現前してくるといってよいでしょうか。

加賀さんはカトリックの方ですから、ここでは内容を問題にしているわけではありません。人間の心の動きということを問題にしているのですが、聖人が『歎異抄』で、「無義の義」とおっしゃったのは、そういう世界というものがひらかれてくるということです。「不可称・不可説・不可思議」とおっしゃっているのは、人間の思議を超えた世界がひらかれるということをおっしやっているのです。

歎異の文の序文

この第十条で、いったん親鸞聖人の語録が終わりまして、その次から、おそらく唯円さんによると思われる歎異の文が始まります。その歎異の文の序文が次の文章です。

「そもそもかの御在生《ございしょう》のむかし、おなじくこころざしをして、あゆみを遼遠《りょうえん》の洛陽《らくよう》にはげまし、信をひとつにして心を当来《とうらい》の報土《ほうど》にかけしともがらは、同時に御意趣《ごいしゅ》をうけたまはりしかども、そのひとびとにともなひて念仏申さるる老若《ろうにゃく》、そのかずをしらずおはしますなかに、上人《しょうにん》の仰《おお》せにあらざる異義《いぎ》どもを近来《きんらい》はおほく仰せられあうて候ふよし、伝《つた》へうけたまはる。いはれなき条々《じょうじょう》の子細《しさい》のこと。」（八三七頁・六二〇頁）

この文章の意味はとくに難しいことではありません。親鸞聖人がいらっしゃるとき、志を同じくして、はるか東国から京都へやってきて、聖人におめにかかり、聖人の教えに従って信心をよろこび、お浄土に生まれる身になった者は、みな同時に聖人のみ教えをうけたまわったのであるが、その人々につき従って念仏される老若が、現在たくさんいらっしゃるその中に、聖人のおっしゃったこととは異なったことを、ちかごろは多くおっしゃっている由、伝えきいています。それについて、正しくない点を、次に一々詳しく申しましょう、と、こういうことでしょう。この文章に続いて当時の異義と考えられる条項の一つ一つがあげられ、それについての批判の言葉が述べられます。

この後の八ケ条の異義についての叙述は、「一つ書き」といいまして初めにそれぞれの異義を「一、……のこと」というようにあげ、それに対する批判の文章を記して異義を退けるという構成になっています。その内容は、梅原真隆先生の分類（角川日本古典文庫『歎異鈔』梅原真隆訳註）によりますと、一、「誓名《せいみよう》別執《べつしゆう》の異計」二、「学解《がくげ》往生の異義」三、「怖畏《ふい》罪悪《ざいあく》の異義」四、「念仏《ねんぶつ》滅罪《めつざい》の異義」五、「即身成仏《そくしんじようぶつ》の異義」六、「自然《じねん》回心《えしん》の異義」七、「辺地《へんじ》堕獄《だごく》の異義」八、「施量《せりよう》別報《べつぽう》の異義」というようになります。その一つ一つについて見ていきます。

誓願不思議と名号不思議

そこでまず第十一条をあげます。

「一　一文不通《いちもんふつう》のともがらの念仏申すにあうて、「なんぢは誓願不思議を信じて念仏申すか、また名号《みようごう》不思議を信ずるか」と、いひおどろかして、ふたつの不思議を子細《しさい》をも分明《ぶんみよう》にいひひらかずして、ひとのこころをまどはすこと、この条《じよう》、かへすがへすもこころをとどめて、おもひわくべきことなり。

誓願の不思議によりて、やすくたもち、となへやすき名号を案《あん》じだしたまひて、この名字《みようじ》をとなへんものをむかへとらんと御約束《おんやくそく》あることなれば、まづ弥陀の大悲大願の不思議にたすけられまゐらせて生死《しようじ》を出《い》づべしと信じて、念仏の申さるるも如来の御《おん》はからひなりとおもへば、すこしもみづからのはからひまじはらざるがゆゑに、本願に相応《そうおう》して実報土《じっぽうど》に往生するなり。これは誓願の不思議をむねと信じたてまつれば、名号の不思議も具足《ぐそく》して、誓願・名号の不思議ひとつにして、さらに異《こと》なることなきなり。つぎにみづからのはからひをさしはさみて、善悪のふたつにつきて、往生のたすけ・さはり、二様《ふたよう》におもふは、誓願の不思議をばたのまずして、わがこころに往生の業《ごう》をはげみて申すところの念仏をも自行《じぎょう》になすなり。このひとは名号の不思議をもまた信ぜざるなり。信ぜざれども、辺地《へんじ》懈慢《けまん》・疑城《ぎじょう》胎宮《たいぐう》にも往生して、果遂《かすい》の願《がん》のゆゑに、つひに報土に生ずるは、名号不思議のちからなり。これすなはち、誓願不思議のゆゑなれば、ただひとつなるべし。」（八三八頁・六三〇頁）

ここで初めに問題にしていることは、一文不知の念仏者に、あなたは「誓願不思議」を信じて念仏しているのか、「名号不思議」を信じて念仏しているのか、と言って、何もそれについての説明もしないで、その心をまどわすというようなことはしてはいけないというのですが、これは現在ではなかなかわかりにくいことです。「誓願不思議」を信ずるということと、「名号不思議」を信ずるということとがどうちがうのか、なぜそういうことを言うのか、それについては、ここには何も記されていません。ただこのことの背景に、私は、法然門下で問題になった一念義と多念義との対立があるのではないかと思います。

「誓願不思議」というのは一念義に、「名号不思議」というのは多念義につながるのではないでしょうか。要するに、念仏行者に対して、お前は一念義をとるのか、多念義をとるのかと迫るということがあったのではないでしょうか。

「誓願不思議」というのは、本願のはたらきが不思議だから、いったん本願を信じたならば、どんなことをしてもよいのだという一念義の「造悪無碍」につながるし、「名号不思議」というのは、南無阿弥陀仏の名号のはたらきがすぐれているから、一生懸命称名念仏をして、行業を正しくしなければならないという多念義の「賢善精進」につながるところがあります。それに対して、唯円さんは、「誓願不思議」ということも「名号不思議」ということも、別のことではない、おなじことだ、そんなことをあれこれいうことよりも大切なことは、「みずからのはからひ」をまじえないことが肝心だ、ということを言おうとしているようです。

次に言っていることは、第一条に「弥陀の誓願不思議にたすけられまゐらせて、往生をばとぐるなりと信じて念仏申さんとおもひたつこころのおこるとき、すなはち摂取不捨の利益にあづけしめたまふなり」と聖人がおっしゃっていることと、よく対応しています。不思議の本願によって考えだされたことは、南無阿弥陀仏という名号であり、その名号を称える者を迎えとろうというのが第十八願です。「至心信楽、欲生我国、乃至十念、若不生者、不取正覚」、三心十念と申しますが、それは私たちが三心を起こし十念の念仏をするのではない、これは本願のはたらきとして念仏を申そうと思いたつこころが起こる、信と行とが不離にそこに成立する、それは如来の御はからいによる、如来回向の行信、如来のはからわせたまいたる行信、そこには行者のはからいというものはまじらない、それが本願の趣旨である、その趣旨にマッチする、そして浄土に往生する。これは誓願の不思議を信じるということだが、それが名号の不思議を信じるということでもある、だから、誓願不思議と名号不思議は一つであって別なものではない。「念仏申す」ようになったのも、「如来の御はからひ」であるから、自分のはからいがまじったことではない。だから「誓願不思議」に「名号不思議」もそなわっているから、それらは別のことではない、というのが唯円さんの説明です。

さらに、そういうふうに、誓願の不思議と名号の不思議を一つのものとして受け取らずに、自分のはからいをさしはさんで、往生のためには何がいいか、何がわるいかと、自分の道徳的な行為、善悪を、自分の考えに従っていうのは、如来のはたらきの不思議をたのまないで、わが心にはげんで念仏しているのだから、念仏も自分の行としてしていることになる。それから、自分のはからいで、善根を積めば浄土往生のたすけになる、悪業を犯せば往生のさわりになると考えているのは、「誓願不思議」をたのんでいるのではない。そういう気持ちで念仏を申していても、それは自分の行業として申しているので、「名号不思議」を信じているのでもない。

しかし、そういうように、本願を信じないで、自分のはからいで念仏を申していても、第二十願の誓願によって、辺地懈慢・疑城胎宮に往生し、さらについには報土に生まれることができる。それは、自力の念仏にはげんでいても、第二十願は果遂の願であるから、念仏行者はついには第十八願の段階に転入することができるのだ、それは名号不思議のはたらきによるのであり、またそれは誓願不思議のはたらきにほかならないのだと、唯円さんはいうのです。

この「わがこころに往生の業をはげみて申すところの念仏をも自行になすなり」という言葉は、西田幾多郎先生の『善の研究』の第四編「宗教」にも引用されています。西田先生は「一点尚自己を信ずるの念ある間は未だ真正の宗教心とはいはれない」(『西田幾多郎全集』第一巻一六九頁)と言い、「現世利益のために神に祈る如きはいふに及ばず、徒らに往生を目的として念仏するのも真の宗教心ではない」とおっしゃって、この言葉を引用されているのです。西田先生は、念仏を称えるということは、自力の行業として称えるのではない、ということをよく理解されていたと申せましょう。

この誓願と名号とを別に考えるということは、親鸞聖人の御在世中にもあったようで、『御消息』にそれをたしなめる趣旨のものがあります。これは聖人が教名《きょうみょう》房《ぼう》という人に宛てられたお手紙で、

御文《おんふみ》くはしくうけたまはり候ひぬ。さては、この御不審《ごふしん》しかるべしともおぼえず候ふ。そのゆゑは、誓願・名号と申してかはりたること候はず。誓願をはなれたる名号も候はず、名号をはなれたる誓願も候はず候ふ。かく申し候ふも、はからひにて候ふなり。ただ誓願を不思議と信じ、また名号を不思議と一念信じとなへつるうへは、なんでふわがはからひをいたすべき。ききわけ、しりわくるなどわずらはしくは仰せられ候ふやらん。これみなひがごとにて候ふなり。ただ不思議と信じつるうへは、とかく御はからひあるべからず候ふ。往生の業には、わたくしのはからひはあるまじく候ふなり。あなかしこ、あなかしこ。ただ如来にま

かせまゐらせおはしますべく候ふ。あなかしこ、あなかしこ。（七八一頁・六〇五頁）

とあります。誓願不思議、名号不思議ということをめぐって、どちらをとるかと、いろいろ争いがあったのでしょう。それについては、親鸞聖人も、唯円さんも問題にするに足りないと考えていたようです。

「信ぜざれども、辺地懈慢・疑城胎宮にも往生して」という部分は、少しわかりにくいところがありますが、これは『御消息』のなかにも「他力のなかの自力」ということで述べられていることで、たとえば、「笠間の念仏者の疑ひとはれたる事」という表題のあるご消息には、

わが身《み》のわるければ、いかでか如来迎《にょらいむか》へたまはんとおもふべからず、凡夫はもとより煩悩具足したるゆゑに、わるきものとおもふべし。またわがこころよければ往生すべしとおもふべからず、自力の御《おん》はからひにては真実の報土へ生まるべからざるなり。「行者のおのおのの自力の信にては、懈慢・辺地の往生、胎生・疑城の浄土までぞ往生せらるることにてあるべき」とぞ、うけたまはりたりし。（七四七頁・五九四頁）

と記されています。おそらく、法然上人の教えとして、自力の信では浄土の周辺にしか生まれることはできないと聞いているということなのでしょう。

要するに『歎異抄』で言われていることは、他力の教えに従うと言っていても、自分のはからいをとどめているならば、それは他力の中の自力であって、往生するとしても、浄土の周辺の懈慢・辺地、疑城・胎宮に往生するにすぎない、しかしそれでも、第二十願は果遂の願であるから、

いずれは報土に生まれることができる、それは誓願不思議・名号不思議のはたらきによるのだから、その二つは別のものではない、と唯円さんは説明しているのです。

三願転入

この他力のなかの自力、すなわち第十九願・第二十願に対応する宗教的精神の段階の把握という問題は、親鸞聖人の教学の重要な問題で、『教行信証』の「方便化身土巻」に、一層ととのった形で述べられています。

これは以前にも申しましたが、親鸞聖人は「方便化身土巻」で、『大無量寿経』に説かれた法蔵菩薩の四十八願のうちの第十九願・第二十願・第十八願に対応する三つの宗教的精神の段階を区別され、第十九願は修諸功徳、第二十願は自力念仏、第十八願は他力念仏というように、浄土の法門にも自力と他力があることを明らかにされ、「三願転入の自督」と申しまして、自分もその三つの段階を経歴したと、第十九願・第二十願を経てついに第十八願の弘願真実の段階に転入したと、告白されているわけです。

その文章は、前講にあげた「三願転入の自督」（一九一頁参照）といわれるものですが、この三つの段階の把握が、同時に聖人の教学の体系をも形成しておりまして、第十九願・第二十願・第十八願という三願に対応する邪定聚《じゃじょうじゅ》・不《ふ》定聚《じょうじゅ》・正定聚《しょうじょうじゅ》の三つの機類、それが要門《ようもん》・真門《しんもん》・弘《ぐ》願門《がんもん》でありますが、その三つに『観無量寿経』・『阿弥陀経』・『大無量寿経』という三経典が対応し、また双樹林下往生《そうじゅりんげ》・難思往生・難思議往生が対応する、として、ここに「三三四科の法門」という教学の体系が形成されるわけです。『教行信証』の「方便化身土巻」の前半は、この要門・真門の分析にあてられており、それを通して浄土の法門全体の組織的な理解を展開されていると言ってよいように思います。

そういう聖人のお考え方に従って、唯円さんも、ここで、自力の念仏の者も、これは第二十願の機であって、いったんは辺地懈慢・疑城胎宮に生まれるけれども、ついには第十八願の段階に転入して報土往生を遂げると、それは果遂の誓、すなわち第二十願によるのであって、それはとりもなおさず、誓願不思議・名号不思議によるのだということを言おうとしているのです。

この第十九願・第二十願の機類が疑心自力の者であって、辺地懈慢・疑城胎宮にとどまるということについては、『大無量寿経』の趣旨に添って、『正像末和讃』に「誡疑讃」（六一〇頁・五〇五頁）として二十三首の和讃が作られています。たとえば、「仏智の不思議をうたがひて　自力の称念このむゆゑ　辺地懈慢にとどまりて　仏恩報ずるこころなし」とか、「罪福信ずる行者は仏智の不思議をうたがひて　疑城胎宮にとどまれば　三宝にはなれたてまつる」といった和讃です。これらの和讃から知られることは、疑心自力の徒というのは、罪福を信ずる者たちで、ということは、「善因楽果・悪因苦果」という因果の理を信じる者で、本願のはたらきによって、それが断ち切られるということを信じ得ない者であるが、その因果を超える横超の大誓願ということを素直に受け取らないかぎり、第十八願の世界に入ることができないのだ、という聖人の強いお気持ちがあるのです。

「三願転入」に関しては、いろいろ議論があって、親鸞聖人が実際そういう段階を経歴されたのか、経歴なさったとすればいつごろか、というようなことについて、歴史家などがいろいろ詮索する場合もありますが、ここではそういう問題にはたちいりません。

ただ、この三願の段階を宗教的精神の深化向上の過程として理解し、その段階のそれぞれの意味を思想的に検討されたのは、前回にも申しましたが、武内義範先生の『教行信証の哲学』という書物であり、この書によって親鸞聖人の宗教的生の哲学的理解という観点が成立し、聖人の思想の宗教哲学的理解というものが深められたと言うことを重ねて申しておきたいと思います。

当時の人たちは、この「三願転入」ということをどう考えていたのか、それはよくわかりませんが、私は、親鸞聖人がこのように、わざわざ三願に対応する機類を考えられたのは、やはり、法然門下の対立ということがあったのではないかと思います。「他力のなかの自力」というのは、法然上人の教えを聞きながら、本当に「他力」に帰することができず、「諸行本願」を主張する人たちであるとか、自力に執することから離れられない「自力念仏」の人たちとかを見るにつけて、「執心自力の心」がいかにぬきがたいものであるかということと、「横超断四流」という教えが容易に受け取りがたいこと、そして現に他力に帰することを得た自らの喜びを、聖人は思わずにはおれなかったのではないでしょうか。そういうお気持ちが「三願転入の自督」の言葉にあふれているように思います。

第十二講　第十二条「学解往生」・第十三条「怖畏罪悪」

信仰と学問

今日は第十二条から読みたいと思います。まず、第一節です。

「一　経釈《きょうしゃく》をよみ学《がく》せざるともがら、往生不定《ふじょう》のよしのこと。この条《じょう》、すこぶる不足言《ふそくごん》の義《ぎ》といひつべし。

他力真実のむねをあかせるもろもろの正教《しょうぎょう》は、本願を信じ念仏を申さば仏《ぶつ》に成《な》る、そのほかなにの学問《がくもん》かは往生の要《よう》なるべきや。まことに、このことわりに迷《まよ》へらんひとは、いかにもいかにも学問して、本願のむねをしるべきなり。経釈をよみ学すといへども、聖教の本意《ほんい》をこころえざる条、もつとも不便《ふびん》のことなり。一文不通《いちもんふつう》にして、経釈の往《ゆ》く路《じ》もしらざらんひとの、となへやすからんための名号《みょうごう》におはしますゆゑに、易行《いぎょう》といふ。学問をむねとするは聖道門《しょうどうもん》なり、難行《なんぎょう》となづく。あやまつて学問して名聞《みょうもん》・利養《りよう》のおもひに住《じゅう》するひと、順次《じゅんじ》の往生、いかがあらんずら

んといふ証文《しようもん》も候ふべきや。」（八三九頁・六三一頁）

「経典やその解釈を、読んだり学んだりしない者たちは、浄土往生ができるかどうかわからないということについて」。これがここで問題になる異義です。まず唯円さんは、学問をすることが浄土往生には必要だ、学問をしないものは往生が定まらない、と主張する人たちをしりぞけます。「こういうことをいうのは、あらためて言うまでもないほど、はなはだ誤った考えだ」というのです。

なぜなら「本願他力の真実を説かれている教えは、本願を信じ念仏を申せば仏になるということが説かれているのだから、それ以外にどういう学問が浄土往生のために必要であろうか」と唯円さんは申します。「この道理、すなわち「本願を信じ、念仏を申さば仏に成る」という道理に迷っている人は、たしかに学問をして、本願の趣旨を知るべきである。経典やその解釈を読んだり学んだりしても、その教えの本意がわからないのは、たいへん残念なことだ。文字も知らず、経典やその解釈の筋道もわからないような人が、称えやすいようにという名号であるから、易行というのだ。学問を主とするのは聖道門で、難行という。学問をして名誉や利益を得ようと、まちがって思うような人は、このたびの浄土往生はどうであろうか、疑わしいことだ、という証文もあるはずだ」、これが唯円さんの考えです。

ここで、「証文」と言っているのは、前講で引用した親鸞聖人の八十八歳のお手紙を指しているようです。そこには、法然上人が「文沙汰して、さかさかしきひとのまゐりたるをば、「往生はいかがあらんずらん」」とおっしゃった、それを親鸞聖人は「たしかにうけたまはりき」、と記されており、法然上人も親鸞聖人も、ともに学問沙汰をしりぞけていらっしゃるというのが、唯円さんの言い分です。

これは、前講でも申しましたが、浄土の教えは、「無義の義」であって、はからいのないのを本義とするということが根本ですから、学問沙汰をしりぞけるのは当然のことです。

しかし、これはあくまで浄土の教えを受け取る基本的態度として言われることで、浄土の教えが思想としての内容を持たないということではありません。法然上人は『選択本願念仏集』という著作を製作されていますし、親鸞聖人も『教行信証』その他の著作を製作されています。また三国七祖の伝統ということも思想的な伝統を言うわけで、法然上人や親鸞聖人も、その教えの伝統と己証《こしょう》を明らかにされたのであって、その努力なしには、浄土の教えは一般に普及しなかったでしょう。

そういうことと、「愚痴にかえって信じる」とか、「愚者になりて往生する」ということとは違うということを、よく知らなければなりません。ここでは、浄土往生について、学問沙汰は無用だ、ということを言っているのです。

これは、キリスト教の場合でも同様で、キリスト教神学は、ギリシャ思想の影響の下に、古代から中世にかけて大いに進展しましたが、キリスト教の信仰は「イエスをキリスト（救世主）と信じる」ということで、ふつうの知性の立場を超えるところがあり、そのことをめぐって、信仰と知性とが対立し、それが古代・中世を通じて思想的な大問題でした。しかし、基本的には、信仰の独自な性格を認めるという考え方が中心であったように思います。その問題をめぐって、「不合理であるから信じる」とか「知るために信じる」とか、多くのキリスト教の神学者が、それぞれの立場での主張を展開したのであり、それがキリスト教神学の発展をうながしたのです。

浄土真宗の場合でも、後に蓮如上人が「聖　教《しょうぎょう》よみの聖教よまず」（一二六一頁・八七二頁）ということをおっしゃって、「聖教をばよめども、真実によみもせず法義《ほうぎ》もなきは、聖教よまずなり」とか、「聖教よみの仏法を申したてたることはなく候ふ」とおっしゃって、「聖教をよめども名聞《みょうもん》がさきにたちて心には法なきゆゑに、人の信用なきなり」と学問沙汰をする者を痛烈に批判されたことも、そこには単なる知識と信とをめぐる同様な問題意識があると言ってよいでしょう。知識のための知識をもとめるとか、何らかの利益を得るために学問するというようなことは、浄土門では、しりぞけるべきことだったのは当然です。

七箇条制誡

「当時、専修《せんじゅ》念仏のひとと聖道門のひと、法論《ほうろん》をくはだてて、「わが宗《しゅう》こそすぐれたれ、ひとの宗はおとりなり」といふほどに、法敵《ほうてき》も出《い》できたり、謗法《ほうぼう》もおこる。これしかしながら、みづからわが法《ほう》を破謗《はほう》するにあらずや。たとひ諸門《しょもん》こぞりて、「念仏はかひなきひとのためなり、その宗あさし、いやし」といふとも、さらにあらそはずして、「われらがごとく下根《げこん》の凡夫《ぼんぶ》、一文不《いちもんふ》

通《つう》のものの、信ずればたすかるよし、うけたまはりて信じ候はへば、さらに上根《じようこん》のひとのためにはいやしくとも、われらがためには最上《さいじよう》の法《ほう》にてまします。たとひ自余《じよ》の教法《きようぼう》すぐれたりとも、みづからがためには器量《きりよう》およばざればつとめがたし。われもひとも、生死《しようじ》をはなれんことこそ、諸仏《しよぶつ》の御本意《ごほんい》にておはしませば、御《おん》さまたげあるべからず」とて、にくい気《げ》せずは、たれのひとかありて、あだをなすべきや。かつは諍論《じようろん》のところにはもろもろの煩悩《ぼんのう》おこる、智者遠離《ちしやおんり》すべきよしの証文《しようもん》候ふにこそ。」（八四〇頁・六三一頁）

ちかごろ、専修念仏門のひとと聖道門のひととが議論をして、「わたしの信じる教えがすぐれている、他のひとのは劣っている」などというから、教えに敵対するものも出てくるし、教えを謗《そし》る者も出てくる。これはそのまま自分の信じる教えを謗り、ほろぼすことになるのではないか。たとえ他の教えのひとたちがこぞって「念仏は能力のないひとたちのためのものだ、その教えは浅いし、粗末だ」といっても、あらそわないで、「私たちのような力のない、文字のひとつも知らない者でも、信ずればたすかるということを、聞いて信じておりますので、機根のすぐれた人たちには粗末なものであっても、私たちにはこの上ない教えです。たとえ他の教えがすぐれておりましても、自分にとっては、力が及ばないので、修することはできません。だれもが生死の迷いを離れることが諸仏のご本意ですから、さまたげないでください」といって、相手にさからう態度をとらなければ、いったいだれが妨げをするだろう。それにまた「論争をするところには、さまざまな煩悩がおこる、智者はそういうところから遠く離れるべきである」という証文もある。

これが唯円さんの主張です。

この当時、聖道門の人と念仏門の人との対立がいろいろあったのでしょう。すでに法然上人のときに、激しい内部対立があり、それが「念仏停止」という社会的に大きな事件につながったことは、よく知られたことです。元久元年（一二〇四）十一月七日、法然上人は「七箇条制誡」というものをつくって門弟たちに示し、南都北嶺の仏教徒の攻撃をかわそうとされました。その第二条にこうあります。

一、無智の身をもって、有智の人に対し、別行の輩に遇ひ、好んで諍論を致すを停止すべき事

右、論義は、これ智者の有なり、さらに愚人の分にあらず。また諍論の処には、もろもろの煩悩起る。智者は是を遠離すること百由旬なり。いはんや一向念仏の行人においてをや。

（岩波日本思想大系『法然一遍』二三二頁）

『歎異抄』が編集されたのは、「七箇条制誡」が出されたころから、おそらく八十年ほど経っていると思われますが、唯円さんはこのことを思い出しているのでしょう。「智者遠離すべきよしの証文」というのは、この「七箇条制誡」を指していると考えられます。

信じる者と謗る者

さらに、親鸞聖人の「信謗ともにあり」というお言葉が示されます。

「故聖人の仰せには、「この法をば信ずる衆生もあり、そしる衆生もあるべしと、仏説きおかせたまひたることなれば、われはすでに信じたてまつる。またひとありてそしるにて、仏説まことなりけりとしられ候ふ。しかれば往生はいよいよ一定とおもひたまふなり。あやまってそしるひとの候はざらんにこそ、いかに信ずるひとはあれども、そしるひとのなきやらんともおぼえ候ひぬべけれ。かく申せばとて、かならずひとにそしられんとにはあらず、仏の、かねて信謗ともにあるべきむねをしろしめして、ひとの疑をあらせじと、説きおかせたまふことを申すなり」とこそ候ひしか。」（八四一頁・六三二頁）

この文は『教行信証』の「後序」にある「信順を因とし、疑謗を縁として、信楽を願力に彰し、妙果を安養に顕さん」（四七三頁・四〇〇頁）という言葉と深く相応じています。聖人のお気持ちは、『教行信証』最後の引用文である「もし菩薩、種々の行を修行するを見て、善・不善の心を起すことありとも、菩薩みな摂取せん」（四七四頁・四〇一頁）という『華厳経』の言葉に示されているように、法蔵菩薩の誓願は一切の衆生を摂取してやまないということを、なんとかして知らせたいということにあったと申せましょう。

唯円さんは、こう申します。「親鸞聖人は、「この浄土の教えを信じる人もあり、謗る人もある、と釈尊もお説きになっていることであるから、私はすでに信じ申しあげている、また謗る人もあるということで、釈尊の教えが本当だということがわかるのだ。だから私が浄土に往生することは、定まっていると思うのだ。もし謗る人がいなかったら、どうして信じる人があるのに、謗る人がいないのだろうかと思ってしまうだろう。このように言っても、必ず人に謗られようというのではない。釈尊が、信じる者と謗る者とがともにいるはずだと、あらかじめ知っていらっしゃって、疑いのないようにと、お説きになっている、ということをいうのだ」とおっしゃっている」と。聖人のお言葉として、「信謗ともにあり」ということを言って、学問的な論争をして教えの優劣をきめるなどということをすべきでない、と言おうとしているのです。

法の魔障・仏の怨敵

「今の世には、学文《がくもん》してひとのそしりをやめ、ひとへに論議問答むねとせんとかまへられ候ふにや。学問せば、いよいよ如来の御本意《ごほんい》をしり、悲願《ひがん》の広大のむねをも存知《ぞんじ》して、いやしからん身《み》にて往生はいかがなんどあやぶまんひとにも、本願には善悪・浄穢《じょうえ》なき趣《おもむき》をも説ききかせられ候はばこそ、学生《がくしょう》のかひにても候はめ。たまたまなにごころもなく、本願に相応《そうおう》して念仏するひとをも、学文してこそなんどいひおどさるること、法《ほう》の魔障《ましょう》なり、仏《ぶつ》の怨敵《おんてき》なり。みづから他力の信心かくるのみならず、あやまつて他《た》を迷はさんとす。つつしんでおそるべし、先師《せんし》の御《おん》こころにそむくことを。かねてあはれむべし、弥陀の本願にあらざることを。」（八四一頁・六三二頁）

最後の文章は、唯円さんの言葉です。「近頃の人は、いろいろ学問して物知りになって、他人に謗られないようになり、ひたすら議論や問答をすることが大切だと身構えているのだろうか。そんなことよりも、学問をするならば、いよいよ仏さまの心を知り、広大な本願の趣旨をも理解して、自分のようないやしい身では往生はどうだろうかと心配している人にも、本願には善人か悪人か、清らかかけがれているか、というようなことは問題ではないということを、説き聞かせられるならば、学問する者としての値打ちもあるだろうが、たまたま何のはからいもなく、本願にかなって念仏する人に、学問をしてこそ往生できるなどと言っておどすのは、教えをさまたげる魔物であり、仏さまの敵である。自分に他力の信心が欠けているだけではなく、誤って他の人を迷わそうとしている。そういう者は、親鸞聖人のおこころにそむくことを恐れるべきであり、また阿弥陀さまの本願にかなっていないことを悲しむべきである。」

最後の言葉はかなり激しい言葉です。唯円さんは、浄土の教えを信じるには学問をしなければならないとか、論争をして言い負かさなければならないと主張するような人たちに、強い反発の気持ちをもっていたのではないでしょうか。「法の魔障」とか「仏の怨敵」というような表現を、親鸞聖人がご門弟になさることはありません。唯円さんにとっては、学問をして往生できるなどという人は、浄土の教えの根本を知らず、人々を再び聖道門にひきもどそうとする者と思われたのでしょう。

造悪無碍

以上、第十一条・第十二条で、唯円さんが批判していることは、聖人の『御消息』にも同じ趣旨の文面があり、その教えにつながるものです。しかし、次の第十三条は、かなり大きな問題を含んでいるように思います。それは、『御消息』などに記されている親鸞聖人の教えとは少し違った考えが出てくるからです。

はじめに、『御消息』で示されている聖人の教えをみてみましょう。

まず一つは、常陸の門弟に宛てて書かれたもので、建長四年（一二五二）二月二十四日（聖人八十歳）の日付のあるものです。ここで聖人は、造悪無碍を厳しくしりぞけていらっしゃいます。

まづおのおの、むかしは弥陀のちかひをもしらず、阿弥陀仏をも申さずおはしまし候ひしが、釈迦・弥陀の御方便《ごほうべん》にもよほされて、いま弥陀のちかひをもききはじめておはします身にて候ふなり。もとは無明《むみょう》のさけに酔ひて、貪欲《とんよく》・瞋恚《しんに》・愚痴《ぐち》の三毒《さんどく》をのみ好《この》みめしあうて候ひつるに、仏《ぶつ》のちかひをききはじめしより、無明の酔ひもやうやうすこしづつさめ、三《さん》毒《どく》をもすこしづつ好まずして、阿弥陀仏の薬《くすり》をつねに好みめす身となりておはしましあうて候ふぞかし。

しかるになほ酔ひもさめやらぬに、かさねて酔ひをすすめ、毒も消えやらぬになほ毒をすすめられ候ふらんこそ、あさましく候へ。煩悩具《ぼんのうぐ》足《そく》の身なればとて、こころにまかせて、身にもすまじきことをもゆるし、口にもいふまじきことをもゆるし、こころにもおもふまじきことをもゆるして、いかにもこころのままにてあるべしと申しあうて候ふらんこそ、かへすがへす不便《ふびん》におぼえ候へ。酔ひもさめぬさきになほ酒をすすめ、毒も消えやらぬに、いよいよ毒をすすめんがごとし。薬あり、毒を好めと候ふらんことは、あるべくも候はずとぞおぼえ候ふ。仏《ぶつ》の御名《みな》をもきき念仏を申して、ひさしくなりておはしまさんひとびとは、後世《ごせ》のあしきことをいとふしるし、この身のあしきことをばいとひすてんとおぼしめすしるしも候ふべしとこそおぼえ候へ。

はじめて仏のちかひをききはじむるひとびとの、わが身のわろく心のわろきをおもひしりて、この身のやうにてはなんぞ往生せんずるといふひとにこそ、煩悩具足したる身なれば、わがこころの善悪をば沙汰《さた》せず、迎へたまふぞとは申し候へ。かくききてのち、仏を信ぜんとおもふこころふかくなりぬるには、まことにこの身をもいとひ、流転《るてん》せんことをもかなしみて、ふかくちかひをも信じ、阿弥陀仏をも好みまうしなんどするひとは、もとこそ、こころのままにてあしきことをもおもひ、あしきことをもふるまひなんどせしかども、いまはさやうのこころをすてんとおぼしめしあはせたまはばこそ、世をいとふしるしにても候はめ。また往生の信心は、釈迦・弥陀の御《おん》すすめによりておこるとこそみえて候へば、さりともまことのこころおこらせたまひなんには、いかがむかしの御《おん》こころのままにては候ふべき。（七三八頁・五六一頁）

このお手紙とほとんど同じこころに書かれたもので、同様の趣旨が述べられたものがあります。

われ往生すべければとて、すまじきことをもし、おもふまじきことをもおもひ、いふまじきことをもいひなどすることはあるべくも候はず。貪欲《とんよく》の煩悩にくるはされて欲もおこり、瞋恚《しんに》の煩悩にくるはされてねたむべくもなき因果《いんが》をやぶるこころもおこり、愚痴《ぐち》の煩悩にまどはされておもふまじきことなどもおこるにてこそ候へ。めでたき仏の御ちかひのあればとて、わざとすまじきことどもをし、おもふまじきことどもをもおもひなどせんは、よくよくこの世のいとはしからず、身のわろきことをおもひしらぬにて候へば、念仏にこころざしもなく、仏の御ちかひにもこころざしのおはしまさぬにて候へば、念仏せさせたまふとも、その御こころざしにては順次《じゅんじ》の往生もかたくや候ふべからん。（七四四頁・五六四頁）

これらのお手紙で、親鸞聖人がおっしゃっていることは、「造悪無碍」という主張をする者に対して、そんなことはあってはならないことだと、厳しくたしなめていらっしゃるのです。その趣旨は、

「浄土の教えを聞いて念仏をするようになった者は、無明の酒に酔うて三毒を好んでいた者が、ようやく酔いから醒《さ》め、すこしずつ三毒を好まぬようになってきたという状態なのに、煩悩具足の身だから、身・口・意ですきなようにすればよい、などと言いあっているものは、まだ酔いもさめていないのに酒をすすめ、すっかり毒も消えていないのに毒をすすめるようなもので、薬があるから毒を好めというようなことは、あってはならないことだ。

はじめて仏の本願を聞いた者が、自分のような者がどうして浄土往生ができようかと言う場合には、私たちは煩悩具足の身だから、その心の善悪を問題にしないで、仏さまは浄土へ迎えてくださるのだと言うのだ。しかし、そういう本願の教えを聞いて、仏を信じる心が深くなったものは、もとは悪いことをしたり、言ったり、思ったりしたが、いまはそういう心をすてようと思っ

てこそ、生死流転をいとうしるしとなろう。また信心は如来のはたらきでおこるものだから、そういう信心がおこったならば、どうしてもとの心のままであろうか。本願があるからといって、わざとしてはならないことをしたり、思ってはならないことを思ったりするのは、この世をいとわず自分が悪いことも知らないのだから、ほんとうに本願を尊ぶ気もないので、そういう心では、浄土往生ということも、困難であろう。」

これが、「悪くるしからず」とするような主張に対する聖人のお考えです。

このことについて、武内義範先生は、このようにおっしゃっています。（『武内義範著作集』第二巻所収「親鸞と現代」第五章）まず、『御消息』第三十七通の、

> なによりも聖教のをしえをもしらず、また浄土宗のまことのそこをもしらずして、不可思議の放逸無慚《ほういつむざん》のものどものなかに、悪はおもふさまにふるまふべしと仰せられ候ふなるこそ、かへすがへすあるべくも候はず。北《きた》の郡《こほり》にありし善証房《ぜんしょうぼう》（善乗房）といひしものに、つひにあひむつるることなくてやみにしをばみざりけるにや。凡夫《ぼんぶ》なればとて、なにごともおもふさまならば、ぬすみもし、人をもころしなんどすべきかは。もとぬすみごころあらん人も、極楽をねがひ念仏を申すほどのことになりなば、もとひがうたるこころをもおもひなほしてこそあるべきに、そのしるしもなからんひとびとに、悪くるしからずといふこと、ゆめゆめあるべからず候ふ。煩悩にくるはされて、おもはざるほかにすまじきことをもふるまひ、いふまじきことをもいひ、おもふまじきことをもおもふにてこそあれ。さはらぬことなればと

て、ひとのためにもはらぐろく、すまじきことをもし、いふまじきことをもいはば、煩悩にくるはされたる儀《ぎ》にはあらで、わざとすまじきことをもせば、かへすがへすあるまじきことなり。（八〇〇頁・五六六頁）

という部分を、先生は、

何よりも聖教の教えも知らず、また浄土教のまことの深い意義も知らないで、言いようもなく放逸無慚な人々の中で、悪は思いのままにするがよいと言われていることこそ、返す返すもあるべからざる事である。私が関東に逗留していた頃に、北の郡にいた善乗房という者を、ついに親しくしなかったのを見なかったのであろうか。凡夫であるからといって何事も思うようにしてよいとして、盗みをもし、人を殺しなどしてよいものであろうか。以前に盗心のあった人も、極楽を願い、念仏を申すほどに宗教心が目覚めてくれば、以前の邪悪な心を当然懺悔する（改心する）ようになっているべきであるのに、そのような様子も見えない人々に、悪はしたいようにするがよいということは、決して言ってはならない。煩悩の力に狂わされて、自分が欲せぬ悪事をしてしまい、言うまじきことを言い、思うまじきことを思うのが人間の罪障である。往生に障りがないとしても、人に対して悪意を含み、なすまじきことをなし、言うまじきことを言えば、これはもう煩悩に狂わされたのではなく、ことさらに悪を行うのである。そのようなことは返す返すあってはならない。（同著作集一〇一頁）

と訳された上で、次のようにおっしゃっています。

この書簡では「煩悩に狂わされて、思わざるほかに」行う（業に起因する）行動と、わざとなすまじきことをする造罪無礙の人の行動とが判然と区別されている。ここで往生に障りがないとしても、と訳した「さは（障）らぬことなりといへども」という表現は、ほとんど同一のか、あるいは類似の言葉が親鸞の他の書簡に出ている。「往生にさはり無ければとて、ひがごとを好むべしとは、申したること候はず」（『親鸞聖人御消息集』五）とか「われ往生すべければとて、為まじき事をもし……」（『末燈鈔』第十九）とかである。また同第二十の「煩悩具足の身なればとて、心にまかせて、身にもすまじきことをも許し、口にも言ふまじきことをも許し……」というときは、（1）人間はもともと煩悩具足のものだから仕方がないではないかという意味と、（2）どうせこうなのだとして心にまかせ口にまかせ身にまかせて、すまじきことを勝手気儘にするというのと、（3）煩悩具足の衆生に与えられたのが弥陀の本願名号の功徳なのだからというのと、三つの意味がある。最後の場合は、「さはらぬ事なれば」と同じことになる。そしてここで問題にしている煩悩具足の自覚は、そのような（最後の場合のような形の）ものである。

親鸞はそれではこのような「往生にさはり無し」とすることを、それはそれとして真理であると考えていたのかというと、そうではない。『末燈鈔』第十九の「それでも自分は往生できるのだからとして、なすまじきことをもし、思うまじきことをも思い、言うまじきことを言うのは、あるべきことではない。貪欲の煩悩に狂わされて、不可抗力的に欲が起こるとか、瞋恚の煩悩に狂わされて、妬むべきでないものを妬む、そうして因果の理を破って、他人を害する間違った行為を行う心が起こるとか、愚痴の煩悩にまどわされて思うまじきことを思い企てるのが、人間の煩悩の姿である。結構な仏の本願があるからといって、わざとすまじきことなどをし、思うまじきことを思いなどするのは、ほんとうにこの世を厭う心もなく、自分が悪人の身であることを知らないのだから、実際は念仏に志もなく、また仏の本願にたよる志もない人である。それで、たとえその人が念仏をとなえていても、そのような心ばえでは、第十九願の機（第十九願に相応する宗教心の主体）のように、次の世で念仏にはげんで、いつか来々世に往生をとげるというところまでもいっていない。……」という文では、明らかに「われ往生すべければ」という考えを親鸞は否定している。（同著作集一〇二頁）

ここで、武内先生が、『末燈鈔』第十九として引用されているのは、さきにあげた『消息集』の第二のお手紙ですが、先生は、「たとえどのような悪人でも本願をたのめば、救われるというのは、自分の罪に絶望して、本願を信じない人に対する最初の教えである。それを聞いて本願を信ずる心が起これば、その人はもとの状態のままではいないと判然と親鸞は言っている（『末燈鈔』第二十）。」（同著作集一〇四頁）とおっしゃっています。

親鸞聖人の『消息集』に記されていることは、『歎異抄』の第十三条に記されていることとかなり違うように思われます。『歎異抄』には「よきこころのおこるも、宿善《しゆくぜん》のもよほすゆゑなり。悪事《あくじ》のおもはれせらるるも、悪業《あくごう》のはからふゆゑなり」とあります。私たちの心によいことが思いつかれるのは、過去世の善根の結果であり、わるいことを思いついたり、行なったりするのは、過去世の悪業の結果だというのです。それでは、現在の自分の判断や行為というものは、まったくそれに関係がないということになります。

このことについて、武内先生はこのようにおっしゃっています。

以上の親鸞の書簡と比べると、『歎異抄』のこのような唯円の考え方は、むしろ善悪の宿業的決定論に立っているとするべきであろう。『歎異抄』は「よきこころの起こるも宿善（前世でなした善根）のもよほす故である、悪事を欲望し行為するのも悪業がはからふ故である」と言い、親鸞も「兎の毛羊の毛のさきに入るほどの塵ばかりの僅少の罪でも宿業に基づかないものはない」と言ったという。しかし、それは「濁世の起悪造罪は暴風駛雨にことならず」と親鸞が和讃した業の深みから捉えられた人間の実相のことであって、わざとすまじきことをするような次元での議論ではない。……罪業も罪の不安と一つに開示される人間の実存の有限性・罪障性の自覚と、それと相即する濁世と呼ばれる歴史的運命的世界、つまり、罪において解明される、自己と世界とを包む根元的時間性の問題で、「わざとすまじきことを」と言われるような次元の問題ではない。（同著作集一〇四頁）

要するに、武内先生は、『歎異抄』に記された唯円さんの「よきこころのおこるも、宿善のもよほすゆゑなり。悪事のおもはれせらるるも、悪業のはからふゆゑなり」というような考え方は、親鸞聖人の罪業の考え方とずれるところがあることを指摘されているのです。そして、そのすぐあとで、こうおっしゃっています。

このような宿業感がただそれだけで取り出されると、それは著しく運命論的なものとなるであろう。しかし親鸞の業感には「弥陀五劫の思惟の願をよくよく考えると、親鸞一人のためであった。それでこのように多くの業をもっている身であるのに、それをたすけようと思し召しになった本願のありがたさよ」（『歎異抄』第十八）という述懐につらなっている。親鸞は自己の存在の全体、人間性の全体、宇宙の全体をおおっている業の中心にたって、弥陀の本願に照らされている。業を親鸞一人に荷負させるその自覚が、また本願のめぐみに輝いている親鸞一人を示している。いわゆる機の深信と法の深信の相即関係である。『歎異抄』は親鸞のこの述懐が機の深信の「自身は現にこれ罪悪生死の凡夫、曠劫よりこのかたつねに没しつねに流転して出離の縁あることなしと信ず」（自分はまことに罪悪生死の人間で久遠の過去からこのかた、罪悪生死の輪廻の海につねに沈み、流転していて、少しもそこから脱れ出る縁がないものであることを、決定してふかく信じる）という善導の言葉と少しも相違しないと言っているが、彼の述懐はまた法の深信「決定してふかくかの阿弥陀仏の四十八願は、衆生を摂受してうたがひなくおもんぱかりなければ、かの願力に乗じてさだめて往生をうと信ず」（弥陀の四十八願は、衆生を摂受するための本願である。これを信じて疑いなく遅慮することがなければ、弥陀の本願力に乗じて、必ず往生することができることを、決定して深く信じる）の表現でもある。もし機の深信が法の深信に翻るところを考えないと、この立場は上述のように決定論となってしまう。

これはどういうことかと言えば、唯円さんのような捉え方をすれば、人間の現在の行為というものは、すべて過去の業の結果として動きのつかないものとなり、先の『消息集』にみられるような親鸞聖人のお考えとは、あわなくなってしまうということです。聖人が「卯毛《うもう》・羊毛《ようもう》のさきにゐるちりばかりもつくる罪《つみ》の、宿業《しゆくごう》にあらずといふことなしとしるべし」（八四二頁・六三三頁）とおっしゃったのは、「機の深信」としておっしゃっているので、それは同時に「法の深信」と一つにおっしゃっているということを知らなければなりません。「さるべき業縁《ごうえん》のもよほさば、いかなるふるまひもすべし」（八四四頁・六三四頁）という聖人のお言葉も、「それほどの業をもちける身にてありけるを、たすけんとおぼしめしたちける本願のかたじけなさよ」（八五三頁・六四〇頁）と同時におっしゃっているので、それを武内先生は「業を親鸞一人に荷負させるその自覚が、また本願のめぐみに輝いている親鸞一人を示している」と記されているのです。

この問題は、現代の浄土真宗における「業」の問題として、非常に重大な意味をもっていると考えられるので、次に引き続いて考えたいと思います。

第十三講　第十三条「宿業」について・第十四条「念仏滅罪」

業の問題

前回に引き続いて、第十三条を読みたいと思います。まず、第一節です。

「一　弥陀の本願不思議におはしませばとて、悪をおそれざるは、また本願ぼこりとて、往生かなふべからずといふこと。この条《じょう》、本願を疑ふ、善悪の宿業《しゅくごう》をこころえざるなり。よきこころのおこるも、宿善《しゅくぜん》のもよほすゆゑなり。悪事《あくじ》のおもはれせらるるも、悪業《あくごう》のはからふゆゑなり。故聖人《こしょうにん》の仰《おお》せには、「卯毛《うもう》・羊毛《ようもう》のさきにゐるちりばかりもつくる罪《つみ》の、宿業にあらずといふことなしとしるべし」と候ひき。」（八四二頁・六三三頁）

この条は、「本願ぼこり」を非難する者に対して、そういう人たちは「善悪の宿業」ということがわかっていないと、唯円さんが批判しているのです。ここで、「本願ぼこり」というのは、阿弥陀仏の本願はどんな悪人をも救うから、悪事をしてもさわりはないと言って、本願をほこる者のことで、「造悪無碍」に近いところがあるといってよいかもしれません。しかし唯円さんは、「仏さまの本願が不思議だからといって自分のおかす悪をおそれないような者は、「本願ぼこり」であって、そういう者は往生ができない」と主張することが異義だと批判しているのです。だから、唯円さんは、むしろ「本願ぼこり」と言われる立場を支持して、悪をさけるべきだという立場の人を批判しているということになります。しかし、その批判の中には、現代の思想状況において、大きな問題をはらむところがあり、慎重に検討しなければなりません。

どういう点が問題かというと、ここで言われる「よきこころのおこるも、宿善のもよほすゆゑなり。悪事のおもはれせらるるも、悪業のはからふゆゑなり」という主張には、前講で武内義範先生の指摘として紹介しましたように、哲学的に決定論とか運命論と言われる考え方があるからです。

決定論というのは、何らかの力によってどんな人間の行為もすでに決定されているという考え方で、これは人間の行為の自由を否定することになり、とくに倫理的行為について問題を含むとされているのです。というのは、倫理や道徳の場では、人間の行為の自由ということが前提されなくては、その行為についての責任が問えないからです。いろんな犯罪などについても、その犯罪を犯す場合の主体の自由ということがなければ、その行為について当人に責任があると言えなくなってしまいます。これは、宗教的な問題としてはつねに出てくる問題であって、以前に申しましたキリスト教の聖者、アウグスティヌスの「自由意志論」や、宗教改革の中心人物であるルターやカルヴァンの「恩寵論」などがそれにかかわっています。

アウグスティヌスは、「原罪」についての理解に基づいて、人間には自由意志というものは存在しない、とくに善に向かう素質というものは完全に失われているという主張をいたしましたし、ルターやカルヴァンは、おそらくこのアウグスティヌスの考えを受けて、人間は神の恩寵なしには救われないと主張し、とくにカルヴァンは、人間の救済は天地創造の時に決定されていると主張いたしました。それぞれ、人間の救済ということについて、人間の努力の無効を言おうとするもので、そこには神の救済についての確信というものが背景になっています。それはそれとして非常に深い意味をもつのですが、一面、人間の努力や善への可能性ということについて、難しい問題をはらんでいます。

それについての議論はさておき、ここで、唯円さんがいう「よきこころのおこるも、宿善のもよほすゆゑなり。悪事のおもはれせらるるも、悪業のはからふゆゑなり」という主張も、同じ問題を含んでいるのです。

もし、唯円さんのいうようなら、人間のあらゆる行動は、それぞれの人間の責任を問えないものになってしまいます。善悪のすべての行為が、過去世の業の結果であり、その過去世の業もそれに先立つ過去の世の業であると、限りなく遡源していって限りがないということになります。たしかに、人間の行為というものには、自分自身の判断や決意ということを超えてしまうような、暗い衝動に突き動かされてしてしまうという面もあるのですが、そういう行動ばかりではありません。とくに社会的な角度からいうと、責任を負うということがなければなりません。それをも、業のなすところだというなら、どんなことにも、責任を負うということがなくなってしまうのです。

もとより、宗教的な立場から、自分は罪のかたまりだとか、「罪業深重」の身であるという自覚が重要な意味をもつことは言うまでもありませんが、そのことと、あらゆる行為が業の現れだと考えることとは、自ずから異なった意味をもつわけです。

それだけではありません。現代の問題として、一層重大な問題点は、こういう業の捉え方が、社会的な差別を温存し、助長してきたのではないかということです。

現代の浄土真宗において、最も重大な問題は、この宿業論にあると思います。従来の布教伝道の場では、私たちの行為について、罪悪深重という観点から、宿業ということを強く言ってきました。過去世にまいた因が現世で果として現れ、現世での行いが因となって来世の結果を生むということを、お説教の中で繰り返して言ってきたのではないでしょうか。そういう考えが、現在の差別や抑圧を肯定するという点で、大きな問題をはらむことはいうまでもありません。しかし、そうした因果の考え方が、「地獄は一定すみかぞかし」ということの前提として説かれたのです。

しかし、親鸞聖人の教えは、そういうことを言おうとするものではないように思います。聖人は、決定論というような考え方をおもちではなく、またその教えの主眼は、善因楽果・悪因苦果という因果の連鎖を断ち切る仏の本願の力を教えるところにあったと言わねばなりません。

『教行信証』の「方便化身土巻」で問題になる、第十九願・第二十願の機類の自力修善という態度の根本は、「信罪福《しんざいふく》」ということにありました。たとえば、「不《ふ》了仏智《りょうぶっち》のしるしには　如来の諸智《しょち》を疑惑《ぎわく》して　罪福信《ざいふくしん》じ善本《ぜんぽん》を　たのめば辺地《へんじ》にとまるなり」（六一〇頁・五〇五頁）とか「罪福信ずる行者は　仏智の不思議をうたがひて　疑城《ぎじょう》胎宮《たいぐう》にとどまれば　三宝《さんぼう》にはなれたてまつる」（六一一頁・五〇五頁）といった和讃に、聖人の因果ということについてのお考えが示されているように思います。「罪福を信じる」ということは、自業自得の因果のみを信じて、それを超えた如来の本願のはたらきを信じないことです。

　また以前にも申しましたが、「横超断四流」（二五四頁・二四三頁）とか、「六趣・四生、因亡じ果滅す」（二五五頁・二四四頁）というような表現にも、聖人の因果についての思い切った考え方が示されていると申せましょう。

　そうした考え方に対して、ここで唯円さんが「善悪の宿業」として言う「よきこころのおこるも、宿善のもよほすゆゑなり。悪事のおもはれせらるるも、悪業のはからふゆゑなり」という主張は、どういう意味をもつのでしょうか。これはむしろ善因善果・悪因悪果という固定的な、動きのとれない因果関係を肯定していると言わなければなりません。ここからは、前講で引いた聖人のいくつかの消息に記されたような「もとこそ、こころのままにてあしきことをもおもひ、あしきことをもふるまひなんどせしかども、いまはさやうのこころをすてんとおぼしめしあはせたまふ」（七四〇頁・五六二頁）というようなことは、出てこないのではないでしょうか。

　それなら、聖人の「卯毛・羊毛のさきにゐるちりばかりもつくる罪の、宿業にあらずといふことなしとしるべし」という言葉はどのように理解されるべきかということになりますが、これは前講で申しましたように、後序に出てくる「さるべき業縁のもよほさば、いかなるふるまひもすべし」（八四四頁・六三四頁）という言葉とともに、「機の深信」をいうものにほかならないのであり、「それほどの業をもちける身にてありけるを、たすけんとおぼしめしたちける本願のかたじけなさよ」（八五三頁・六四〇頁）という「法の深信」を意味する言葉と深く相応じて、聖人の生きられた信の境地の内容を語るものということができましょう。

親鸞聖人にとっては、どんな行為も宿業の結果であるという見方は、同時に、そういう業をかかえた自分を救おうとされる本願のかたじけなさを仰ぐということと一つにとらえられていたのです。ただ善悪の宿業に歎《なげ》くということだけのことではなく、そのことを思うにつけても、本願のはたらきを喜ばずにはおれないという、自らの宗教的な生そのものの喜びの表現がそこにあるのではないでしょうか。そのことは、「悲歎述懐讃」として知られる「無慚無愧《むざんむぎ》のこの身《み》にて　まことのこころはなけれども　弥陀の回向の御名《みな》なれば　功徳は十方にみちたまふ」（六一七頁・五〇九頁）とか「蛇蝎奸詐《じやかつかんさ》のこころにて　自力修善《しゆぜん》はかなふまじ　如来の回向をたのまでは　無慚無愧にてはてぞせん」（六一八頁・五〇九頁）といった和讃からも知ることができます。

聖人にとって意味のあることは、私たちの知見では及びがたい過去世の業というようなものを詮索することより、現に如来の救済が実現しているということではなかったのでしょうか。唯円さんには、それが十分理解されていないように思います。

そういう業についての聖人の独自の理解をはなれて、善悪の行為を固定的に考えるならば、唯円さんのような決定論的な理解に陥ってしまうのではないでしょうか。

往生のために千人殺せ

そのことは、次のよく知られた譬えにおいても考えられます。

「またあるとき、「唯円房はわがいふことをば信ずるか」と、仰せの候ひしあひだ、「さん候ふ」と、申し候ひしかば、「さらば、いはんことたがふまじきか」と、かさねて仰せの候ひしあひだ、つつしんで領状《りょうじょう》申して候ひしかば、「たとへば、ひと千人ころしてんや、しからば往生は一定すべし」と、仰せ候ひしとき、「仰せにては候へども、一人《いちにん》もこの身の器量《きりょう》にては、ころしつべしともおぼえず候ふ」と、申して候ひしかば、「さては、いかに親鸞がいふことをたがふまじきとはいふぞ」と。「これにてしるべし。なにごともこころにまかせたることならば、往生のために千人ころせといはんに、すなはちころすべし。しかれども、一人《いちにん》にてもかなひぬべき業縁《ごうえん》なきによりて害《がい》せざるなり。わがこころのよくてころさぬにはあらず。また害せじとおもふとも、百人・千人をころすこともあるべし」と、仰せの候ひしかば、われらがこころのよきをばよしとおもひ、悪しきことをば悪しとおもひて、願の不思議にてたすけたまふといふことをしらざることを、仰せの候ひしなり。」（八四二頁・六三三頁）

この一節はよく知られています。人を千人殺したならば浄土往生ができると唯円さんは親鸞聖人に言われますが、千人どころか一人も殺せそうにはありませんと答えます。聖人は、「何でも心のままにできるなら、浄土往生のために千人殺せといえば殺すだろう。しかしそういう縁がなければ一人でも殺すことはできない。自分の心が善いから殺さないのではない。殺さないでおこうと思っても、そういう縁がもよおしたら、百人でも千人でも殺すことがあるだろう」とおっしゃったというのです。

この聖人の言葉は、人間というものの理解に関して、深い意味をもっています。それについて、『歎異抄』の編者は、「わたしたちが、心によいと思うことをよいことだとし、悪いと思うことを悪いことだとして、願の不思議によってたすけられるということを知らないことを聖人はおっしゃっている」と説明していますが、その説明は十分ではありません。これにくらべると、『口伝鈔』で述べられている方が明確です。『口伝鈔』にはこう書かれています。

あるときの仰せにのたまはく、「なんだち、念仏するよりなほ往生にたやすきみちあり、これを授《さず》くべし」と。「人を千人殺害《せつがい》したらばやすく往生すべし、おのおのこのをしへにしたがへ、いかん」と。ときにある一人《いちにん》、申していはく、「某《それがし》においては千人まではおもひよらず、一人たりといふとも殺害しつべき心《ここ》ちせず」と云々《うんぬん》。上人かさねてのたまはく、「なんぢ、わがをしへを日ごろそむかざるうへは、いまをしふるところにおいてさだめて疑《うたがい》をなさざるか。しかるに一人なりとも殺害しつべき心ちせずといふは、過去にそのたねなきによりてなり。もし過去にそのたねあらば、たとひ殺生罪《せっしょうざい》を犯《おか》すべからず、犯さばすなはち往生をとぐべからずといましむといふとも、たねにもよほされてかならず殺罪をつくるべきなり。善悪のふたつ、宿因《しゅくいん》のはからひとして現果《げんか》を感ずるところなり。しかればまつたく、往生においては善もたすけとならず、悪もさはりとならずといふこと、これをもつて准知《じゅんち》すべし」。

（八七九頁・六五四頁）

ここでは、過去にその因があるなら、殺生するなといっても殺生をする、善についても、悪についても、因があれば果が生じる、人間の行為の善悪というのは、そういう因果の関係で生じるのであって、善であろうと、悪であろうと、それ以上のものではない。したがって、善が浄土往生の因にはならないし、悪が浄土往生の障りにはならない、と言っています。そしてその文意は、「ただ善悪のふたつをば過去の因にまかせ、往生の大益《だいやく》をば如来の他力にまかせて、かつて機《き》のよきあしきに目をかけて往生の得否《とくひ》を定むべからずとなり」（八七八頁・六五四頁）という、この文に先立つ主張にむすびついているのです。これはこれで、論旨としては一貫しているように思われます。

しかし、『歎異抄』で親鸞聖人のおっしゃったこととして記されていることは、唯円房や覚如上人の理解とは少し異なるところがあるように思います。聖人のおっしゃっていることは、「何でも自分の心にまかせてなし得るならば、浄土往生のために千人殺せといえば殺すだろうが、そういう行為はそうなる業縁というものがなければなし得ないのだ、自分のこころがよいから殺さないのではない、もし業縁がもよおしたなら、殺さないでおこうと思っても、百人・千人を殺すというようなこともあるだろう」というのであって、人間の行為というものは、その意志のままのものではなく、業縁にもよおされて起こるのだということです。そこには、人間の行為というものの底知れぬ暗さというものが語られているように思われます。

それは、このあとで、「さるべき業縁のもよほさば、いかなるふるまひもすべし」という聖人のお言葉と相応じるもので、まさに「機の深信」、すなわち「自身《じしん》は現《げん》にこれ罪悪生死《ざいあくしょうじ》の凡夫、曠劫《こうごう》よりこのかたつねに没《もつ》し、つねに流転《るてん》して、出離《しゅつり》の縁《えん》あることなしと信ず」（二一七頁・二一五頁）をいうものにほかなりません。そしてそういう救われようのない自分を、「かの阿弥陀仏の四十八願は衆生を摂受《しょうじゅ》して、疑《うたがい》なく慮《おもんぱか》りなくかの願力《がんりき》に乗じて、さだめて往生を得と信ず」（二一八頁・二一五頁）と「法の深信」がいうように、阿弥陀仏の本願は救おうとするのであり、それを信じるところに浄土の教えがあるのです。そうした人間理解と、「機法二種の深信」が一具《いちぐ》であることを示されるところに、聖人の人間というものの洞察の的確さと、その信の在り方の深さというものが語られていると思われます。

親鸞と唯円のズレ

しかし、唯円さんは、そうした親鸞聖人の信境を語るのではなくて、「悪は往生のさはりたるべしとにはあらず」という主張を繰り返します。

「**そのかみ邪見《じゃけん》におちたるひとあつて、悪をつくりたるものをたすけんといふ願にてましませば**

とて、わざとこのみて悪をつくりて、往生の業とすべきよしをいひて、やうやうにあしざまなることのきこえ候ひしとき、御消息《ごしょうそく》に、「薬あればとて、毒をこのむべからず」と、あそばされて候ふは、かの邪執《じゃしゅう》をやめんがためなり。まつたく、悪は往生のさはりたるべしとにはあらず。持《じ》戒《かい》・持律《じりつ》にてのみ本願を信ずべくは、われらいかでか生死をはなるべきやと。かかるあさましき身も、本願にあひたてまつりてこそ、げにほこられ候へ。さればとて、身にそなへざらん悪業は、よもつくられ候はじものを。」（八四三頁・六二三頁）

さきに見たように、「薬あり、毒を好めと候ふらんことは、あるべくも候はず」（七三九頁・五六一頁）というのが聖人のお言葉であり、「まことのこころおこらせたまひなんには、いかがむかしの御こころのままにては候ふべき」とおっしゃっていますが、唯円さんは、むしろそれは邪執をやめさせるためにおっしゃっているので、悪は往生のさわりになるというのではない、こういう浅ましい身でも、本願に遇ってほこりとすることができると、むしろ本願をほこることを積極的に支持しています。これは、本願を仰ぐという聖人のお言葉と同じようにみえますが、聖人の場合には、深い慚愧というものとひとつにいわれているので、その点に、唯円さんとは違う謙虚な気持ちというものが現れています。

このところの唯円さんの考えについて、武内先生はこのようにおっしゃっています。

『歎異抄』（第十三）は続けてかつて親鸞の常陸の門下の中から邪義が起こって、悪をつくったものを救済しようというのが、もともと弥陀の本願なのだから、故意に悪いことをして往生の業にしたらよいと言って、いろいろ悪事を行っている由が聞こえてきたとき、親鸞が京都から「本願の薬があるからといって悪をこのんではならない」と言っていましめたのは、このような邪見に執している人の間違いを捨てさせるためであったと記している。（『武内義範著作集』第二巻一〇一頁）

『歎異抄』はこれらのいましめを特殊な場合に応じてのいましめであって、弥陀の本願の深い意味を明らかにしているものではないとしているが、これらの書簡によって見るかぎり、決してそのような第二義的なものではない。むしろ反対にたとえどのような悪人でも本願をたのめば、救われるというのは、自分の罪に絶望して、本願を信じない人に対する最初の教えである。それを聞いて本願を信ずる心が起これば、その人はもとの状態のままではいないと判然と親鸞は言っている（『末燈鈔』第二十）。（同著作集第二巻一〇四頁）

武内先生は、親鸞聖人のお考えと唯円さんの考えとのあいだには、かなりのずれがあることを指摘されているのです。そして、唯円さんの考えに従うならば、決定論にならざるを得ないということが起こってきます。

「また、「海《うみ》・河《かわ》に網《あみ》をひき、釣《つり》をして、世《よ》をわたるものも、野山《のやま》にししをかり、鳥《とり》をとりて、いのちをつぐともがらも、商《あきな》ひをし、田畠《でんばく》をつくりて過ぐるひとも、ただおなじことなり」と。「さるべき業縁《ごうえん》のもよほさば、いかなるふるまひもすべし」とこそ、聖人は仰せ候ひしに、当時は後世者《ごせしゃ》ぶりして、よからんものばかり念仏申すべきやうに、あるいは道場にはりぶみをして、なんなんのことしたらんものをば、道場に入るべからずなんどといふこと、ひとへに賢善精進《けんぜんしょうじん》の相《そう》を外《ほか》にしめして、内《うち》には虚仮《こけ》をいだけるものか。願《がん》にほこりてつくらん罪《つみ》も、宿業《しゅくごう》のもよほすゆゑなり。されば善きことも悪しきことも業報《ごうほう》にさしまかせて、ひとへに本願をたのみまゐらすればこそ他力にては候へ。『唯信抄《ゆいしんしょう》』にも、「弥陀、いかばかりのちからましますとしりてか、罪《ざい》業《ごう》の身なれば、すくはれがたしとおもふべき」と候ふぞかし。本願にほこるこころのあらんにつけてこそ、他力をたのむ信心も決定《けつじょう》しぬべきことにて候へ。」（八四四頁・六三四頁）

この文章でも、唯円さんの引く「さるべき業縁のもよほさば、いかなるふるまひもすべし」と言う聖人の言葉と、それに続く唯円さんの言葉とがマッチしません。道場に「これこれのことをしたものは道場に入るな」と規則を示すということが、どうして「賢善精進の相を示して内に虚仮をいだく」ということになるのか。それなら、共同生活をしていても、各人は何をしてもかまわないということなのでしょうか。聖人のおっしゃっているレベルと、唯円さんのいうレベルとは違うのではないでしょうか。

親鸞聖人が「外に賢善精進の相を現ずることを得ざれ、内に虚仮を懐いて、貪瞋邪偽《とんじんじゃぎ》、奸詐《かんさ》百《ひゃく》端《たん》にして悪性《あくしょう》侵《や》めがたし、事《こと》、蛇蝎《じゃかつ》に同じ」（二一六頁・二一五頁）と記されているのは、「至誠心釈」としてであって、私たちには、往生浄土の因としての真実心が、ひとかけらもないことをいうものにほかなりません。日常生活の規律として、これこれのことをするとか、しないとかいうことではありません。生活の規範というものを、すべて認めないならば、集団生活というものは成り立たなくなるのではないでしょうか。

　この時代には、東国でも、有力な門弟を中心に道場が成立し、多くの念仏者たちができてきたようです。そういう人たちのルールをつくるために、道場ごとに規律がつくられたことは容易に想像できます。それを「賢善精進」としてしりぞけるならば、集団の規律はどうなるのでしょうか。

　唯円さんのこういう考え方は、結局、次に言われる「願にほこりてつくらん罪も、宿業のもよほすゆゑなり。されば善きことも悪しきことも業報にさしまかせて」ということをいうためでしょうが、人間のすべての行為は、過去世の業の結果であり、個人の判断によるのではない、どんな場合でも、人間はその業のままに行為するしかない、というのなら、さきに言った決定論以外のなにものでもないでしょう。日常的な行為についても、自分の善悪の判断というものを一切すてる、そしてしたいようにするということが、本願にまかせるということなのでしょうか。それは、本当に本願にまかせるということではなくて、まかせていると思っているにすぎず、実際は自分の好きなようにしている、ということではないでしょうか。

「おほよそ、悪業・煩悩を断《だん》じ尽《つく》してのち、本願を信ぜんのみぞ、願にほこるおもひもなくてよかるべきに、煩悩を断じなば、すなはち仏に成り、仏のためには、五劫思惟《ごこうしゆい》の願、その詮《せん》なくやましまさん。本願ぼこりといましめらるるひとびとも、煩悩・不浄具足《ふじょうぐそく》せられてこそ候うげなれ。それは願にほこらるるにあらずや。いかなる悪を本願ぼこりといふ、いかなる悪かほこらぬにて

候ふべきぞや。かへりて、こころをさなきことか。」（八四四頁・六三四頁）

しかし唯円さんはこう言います。「悪業や煩悩を滅しつくした後に、本願を信じるというだけなら、本願をほこるという思いもなくてよいはずだが、煩悩を滅したなら、すぐに仏になるのだから、そういう仏のためには、法蔵菩薩の五劫思惟の願も、そのかいがないということになるでしょう。「本願ぼこり」をいましめる人々も、煩悩や不浄をそなえていらっしゃるようです。それは本願をほこっていらっしゃるのではないでしょうか。どういう悪を本願ぼこりといい、どういう悪をほこらないというのでしょうか。そういうことを言うのは、心のおさないことです」。

この最後の部分も、唯円さんの詭弁のようで、もう一つ説得力がないように思います。「本願ぼこり」を非難する人々は、おそらく、本願があるからといって、どんなことをしてもいいんだと主張する人たちに対して、そんなことはない、親鸞聖人も信心を喜ぶ身になったならば、できるだけ身を慎みなさいとおっしゃっていると言っているので、私たちが本願を信ずると煩悩がなくなると言っているわけではないように思います。

唯円さんは、本願をほこるしかないということを言うために、人間の行為はすべて宿業の結果だといわなければならなくなるので、「本願ぼこり」ということが、「悪人ぼこり」とともに、一つのとらわれの態度であることを知るならば、聖人の消息に示されたお言葉の意味を、より正しく理解できたのではないでしょうか。

そういう意味で、この第十三条は、唯円さんの言い分をそのまま受け容れるのではなくて、十分吟味しなければならないように思います。

念仏滅罪の異義

次の第十四条は、「念仏滅罪の異義」といわれるものですが、それについては、唯円さんは的確な批判をしていると言ってよいように思います。

「一　一念《いちねん》に八十億劫の重罪《じゅうざい》を滅《めつ》すと信ずべしといふこと。この条は、十悪・五逆の罪人《ざいにん》、日ごろ念仏を申さずして、命終《みょうじゅう》のとき、はじめて善知識《ぜんぢしき》のをしへにて、一念申せば八十億劫の罪《つみ》を滅し、十念申せば十八十億劫の重罪を滅して往生すといへり。これは十悪・五逆の軽重《きょうじゅう》をしらせんがために、一念・十念といへるか、滅罪《めつざい》の利益《りやく》なり。いまだわれらが信ずるところにおよばず。」

（八四五頁・六三五頁）

「一度念仏を称えると、八十億劫という長い間、生死流転を繰り返すという重い罪が消えると信じなければならない」という主張に対して、唯円さんは、「こういう主張は、十悪五逆というような罪を犯し、日ごろ念仏を申したこともないような者が、命が終わる時に、初めて善知識の教えを受け、一度念仏を申せば、八十億劫の間の生死流転の罪が消え、十度念仏を申すと、その十倍の生死流転の罪が消えて、浄土に往生するといわれていることに基づいていますが、これは、十悪・五逆という罪がどれほど重いかを知らせるために、一度とか十度の念仏ということを言っているので、要するに、念仏の罪を消すという利益をいうのです」といって、「しかし、そういうことは、私たちが信じるところではありません」と申します。

これは、『観無量寿経』の散善の下品下生を説くところに、

あるいは衆生ありて不善業たる五逆・十悪を作り、もろもろの不善を具せん。……かくのごときの愚人、命終わらんとするときに臨みて、善知識の種々に安慰して、ために妙法を説き、教へて念仏せしむるに遇はん。……かくのごとく心を至して、声をして絶えざらしめて、十念を具足して南無阿弥陀仏と称せしむ。仏名を称するがゆゑに、念々のなかにおいて八十億劫の生死の罪を除く。(一一五頁・一二〇頁)

とあるのに依っているのですが、唯円さんは、そういう念仏の滅罪の利益というようなことは、自分の信じるところではないといって、その理由を申します。

「そのゆゑは、弥陀の光明に照らされまゐらするゆゑに、一念発起《ぼつき》するとき金剛《こんごう》の信心をたまはりぬれば、すでに定聚《じようじゆ》の位《くらい》にをさめしめたまひて、命終《みようじゆう》すれば、もろもろの煩悩・悪障《あくしよう》を転《てん》じて、無生忍《むしようにん》をさとらしめたまふなり。この悲願《ひがん》ましまさずは、かかるあさましき罪人《ざいにん》、いかでか生死《しようじ》を解脱《げだつ》すべきとおもひて、一生のあひだ申すところの念仏は、みなことごとく如来大悲《だいひ》の恩《おん》を報《ほう》じ、徳《とく》を謝《しや》すとおもふべきなり。」(八四五頁・六三五頁)

唯円さんは申します。「聖人の教えによれば、仏の光明に照らされて、如来回向の信心を発起したならば、住正定聚・必至滅度の利益を与えられるのであって、如来の本願によって生死を解脱することができるのであるから、この本願がなければ、どうしてこのようにあさましい罪人が

迷いの世界を離れられるであろうかと思って、一生の間申す念仏は、すべてその恩徳を報じるための念仏であるとおもわねばなりません」。これは、信心正因・称名報恩という聖人のお考えを述べたものです。

「念仏申さんごとに、罪《つみ》をほろぼさんと信ぜんは、すでにわれと罪を消《け》して、往生せんとはげむにてこそ候ふなれ。もししからば、一生のあひだおもひとおもふこと、みな生死のきづなにあらざることなければ、いのち尽きんまで念仏退転《たいてん》せずして往生すべし。ただし業報《ごうほう》かぎりあることなれば、いかなる不思議のことにもあひ、また病悩苦《びょうのうく》痛《つう》せめて、正念《しょうねん》に住せずしてをはらん、念仏申すことかたし。そのあひだの罪をば、いかがして滅すべきや。罪消えざれば、往生はかなふべからざるか。」（八四六頁・六三五頁）

「そういう報恩の念仏であるのに、念仏を称えるごとに罪を消すと信じるようなことは、自分で罪を消して浄土往生をしようと努力するということになりましょう。もしそうなら、生きている間、思うことはすべて生死流転につなぎとめることばかりだから、命が終わるまで、称名念仏をおこたらないでいて、はじめて往生ができるでしょう。しかし、業報というものには制限がありますから、どんな思いがけないことにあうかもしれませんし、また病気の苦痛に責められて、心安らかになれずに、命終わることもあるでしょう。そういう場合は、念仏することもむずかしいでしょう。その間につくった罪を、どうして消すことができるのでしょう。罪が消えなければ、往生はできないのでしょうか」。これが唯円さんの批判ですが、至極もっともな意見です。

「摂取不捨《せっしゅふしゃ》の願《がん》をたのみたてまつらば、いかなる不思議ありて、罪業をおかし、念仏申さずしてをはるとも、すみやかに往生をとぐべし。また念仏の申されんも、ただいまさとりをひらかんずる期《ご》のちかづくにしたがひても、いよいよ弥陀をたのみ、御恩《ごおん》を報《ほう》じたてまつるにてこそ候はめ。罪を滅《めつ》せんとおもはんは、自力のこころにして、臨終正念《りんじゅうしょうねん》といのるひとの本意なれば、他力の信心なきにて候ふなり。」（八四六頁・六三五頁）

「摂取不捨の本願を信じおまかせするならば、どんな思いがけないことで罪をおかし、念仏しないで命が終わっても、すみやかに浄土に往生をすることができるのです。また念仏を申すことができても、その念仏は、さとりをひらくときが近づくにつれて、いよいよ仏さまにおまかせしそのご恩に報じるという念仏なのです。念仏して罪を消そうなどと思うのは、自力のこころであって、臨終に正念であろうとする人の本意ですから、そういう人は、他力の信心がないということです。」

親鸞聖人の教えは、「臨終来迎」とか「臨終正念」ということを問題にするのではないということを、門弟の主だった人たちはよく理解していたということが、この唯円さんの言葉でわかります。それから、前にも紹介しました、覚信房の臨終についての手紙の内容も、思いあわされます。「臨終まつことなし、来迎たのむことなし。信心の定まるとき往生また定まるなり」（七三五頁・六〇〇頁）というのが、聖人の教えに従う人たちの共通の理解だったのです。

第十四講　第十五条「即身成仏」・第十六条「自然回心」第十七条「辺地堕獄」・第十八条「施量別報」

さとりをひらく

次に、第十五条です。ここでは「さとりをひらく」ということが問題になっています。

「一　煩悩具足《ぼんのうぐそく》の身《み》をもつて、すでにさとりをひらくといふこと。この条《じょう》、もつてのほかのことに候ふ。

即身成仏《そくしんじょうぶつ》は真言秘教《しんごんひきょう》の本意《ほんい》、三密行業《さんみつぎょうごう》の証果《しょうか》なり。六根清浄《ろっこんしょうじょう》はまた法華一乗《ほっけいちじょう》の所説《しょせつ》、四安楽《しあんらく》の行《ぎょう》の感徳《かんとく》なり。これみな難行上根《なんぎょうじょうこん》のつとめ、観念成就のさとりなり。来生《らいしょう》の開覚《かいかく》は他力浄土の宗旨《しゅうし》、信心決定《けつじょう》の通故《つうこ》なり。これまた易行下根《いぎょうげこん》のつとめ、不簡《ふけん》善悪の法《ほう》なり。おほよそ今生《こんじょう》においては、煩悩《ぼんのう》・悪障《あくしょう》を断《だん》ぜんこと、きはめてありがたきあひだ、真言・法華を行ずる浄侶《じょうりょ》、なほもつて順次生《じゅんじしょう》のさとりをいのる。いかにいはんや、戒行《かいぎょう》・慧解《えげ》ともになしといへども、弥陀の願船《がんせん》に乗じて、生死《しょうじ》の苦海《くかい》をわたり、報土《ほうど》の岸につきぬるものならば、煩悩の黒雲《こくうん》はやく晴れ、法性《ほっしょう》の覚月《かくげつ》すみやかにあらはれて、尽十方《じんじっぽう》の無碍《むげ》の光明に一味《いちみ》にして、一切の衆生を利益《りやく》せんときにこそ、さとりにては候へ。」（八四六頁・六三六頁）

浄土の教えを聞きひらくとしても、私たちはあくまで煩悩をそなえた身だから、それを「さとりをひらく」というように言うことはもってのほかだと、唯円さんは厳しくしりぞけます。その理由として、天台・真言の教えについて、その主眼とするところを簡潔に述べています。そこには、聖道門・浄土門、難行道・易行道、他力・自力といった基本的な対立概念が示されています。

「この身がこのままで仏になるというのは、真言密教の根本の教えであり、身・口・意の三密加《か》持《じ》の行を修して得られる結果です。また眼・耳・鼻・舌・身・意という六つの感覚器官がその対象への執着をたって清浄になるのは、『法華経』の一仏乗の教えであり、身・口・意・誓願という四つの安楽行を修して得られるものです。これはみな難行であり、機根のすぐれたもののすることであり、精神統一を完成して達せられるさとりです。

これに対して、来世でさとりをひらくというのが、他力門である浄土の教えであり、信心決定による道です。これは機根の劣った者のための容易な教えであり、善悪を問題にしない教えです。

およそこの世で、煩悩や罪悪のさわりを断ち切ることは、とてもできることではないので、真言密教や法華一乗の教えを行ずる清僧でも、なお次の世でさとりをひらくことを願うのです。まして私たちが、この世でさとりをひらくなどということは、できるわけもありません。

しかし戒律をまもり、智慧をみがくということができなくても、弥陀の本願の船に乗って生死輪廻の海を渡り、浄土の岸についたならば、煩悩の雲はたちまちに晴れ、さとりの月がすぐに現れて、十方を照らす無碍の光明とひとつになり、すべての衆生を救うことができましょう。そのときにこそ、さとりをひらいたと申せましょう。」

　唯円さんは、この世で「さとり」をひらくことと、来世で「さとり」をひらくことを明確に区別をしています。そして、この世で「さとり」をひらくのは、聖道門の教えであり、浄土の教えでは、来世で浄土に生まれ、そこで「さとり」をひらくのだと言っています。それは、浄土の教えが、自分では煩悩を断じ得ない罪悪深重の凡夫のためのものだからです。こういうことを言うのは、おそらく、法然上人のご在世の頃から、念仏門への激しい攻撃があって、それに対して浄土の教えの独自性を内外に示さなければならないという必要があったからだと思われます。

「この身をもつてさとりをひらくと候ふなるひとは、釈尊のごとく種々《しゅじゅ》の応化《おうげ》の身をも現《げん》じ、三十二相・八十二随形好《ずいぎょうこう》をも具足《ぐそく》して、説法利益《せっぽうりやく》候ふにや。これをこそ、今生《こんじょう》にさとりをひらく本《ほん》とは申し候へ。『和讃』にいはく、「金剛堅固《けんご》の信心の　さだまるときをまちえてぞ　弥陀の心光《しんこう》摂護《しょうご》して　ながく生死をへだてける」と候ふは、信心の定まるときに、ひとたび摂取《せっしゅ》して捨てたまはざれば、六道《ろくどう》に輪廻《りんね》すべからず。しかれば、ながく生死をばへだて候ふぞかし。かくのごとくしるを、さとるとはいひまぎらかすべきや。あはれに候ふをや。「浄土真宗には、今生に本願を信じて、かの土にしてさとりをばひらくとならひ候ふぞ」とこそ、故聖人の仰せには候ひしか。」（八四七頁・六三六頁）

「この身でさとりをひらくなどという人は、釈尊のように、いろいろの応化身をあらわし、三十二相八十二随形好というような姿をもそなえて教えを説き、人々に利益を与えるのでしょうか。このようなことができてこそ、この世でさとりをひらいたと言えましょう。『高僧和讃』に「金剛堅固の信心の　さだまるときをまちえてぞ　弥陀の心光摂護して　ながく生死をへだてける」とあるのは、信心が決定するときに、仏さまは私たちを摂取して捨てられないから、迷いの世界に輪廻することはない、だから、とこしえに生死輪廻を離れる、というのです。このように知ることをさとると言いまぎらかしていいのでしょうか。残念なことです。「浄土の教えでは、この世で本願を信じ、浄土でさとりをひらくと、法然上人から教えていただきました」と、親鸞聖人は仰せでした。」

仏教の基本的な目的は、生死解脱です。生きることは苦悩であり、その苦悩の起こる源は煩悩にある、その煩悩を断滅して、はじめて涅槃の境地に至ることができる。もし煩悩を断滅できなければ、苦悩の生死流転の迷いを繰り返さなければならない、この生死輪廻の迷いをはなれることが、仏教のめざすところであり、それを果たされた方が釈尊です。釈尊のお弟子であるかぎり、釈尊の教えに従って、この生死の迷いから脱しようと求めます。そのための道が、インド・中国・日本と展開し、浄土の教えもその中から成立したことは言うまでもありません。

現在では、「さとり」というようなことは、あまり話題にもなりませんが、昔は、「さとりをひらく」ということが、人間として生まれてきたことの最大の目的だと考えられていたのです。「さとりをひらく」ということは、生死流転の迷いから出るということで、それを達成しなければ、限りなく迷いを繰り返さねばならない、ということが自明のこととして受け取られていました。そういう意味では、「さとり」ということは、身近な問題だったのです。

したがって、浄土の教えを聞いて、さとりをひらくと言う者がいても、それほど突飛なことではなく、むしろそう言ってよいのだと考える人もいたのではないでしょうか。

しかし、浄土の教えが、それまでの仏教理解のふつうの流れと決定的に異なるところは、それが聖者・賢者のためのものではなく、罪悪深重の凡夫のためのものであるという点にあります。すなわち、自ら生死無常を観じ、流転輪廻を離れた涅槃寂静の境地を目指す、そのために、捨家棄欲の生活をして、修行し煩悩を断じる、そういう道が志操堅固な聖賢の道です。そして、多くのまじめな僧侶は、その道を歩み、さとりに至ろうと努めたのです。しかし、そういう道を歩むことができず、日常の煩悩の生活から離れられない庶民が、どうすれば生死流転から離れることができるのでしょうか。それに対する答えが、浄土の教えだったのです。煩悩具足の凡夫は、仏さまの本願力に乗託するほかはないというのが、法然上人や親鸞聖人の教えです。

そういう浄土の教えの根本の意味を無視して、本願を信じるのがさとりに達する道だというような理解をしようとする者に、唯円さんは、そんなことを言うのはもってのほかだと言わざるを得なかったのでしょう。此土《しど》入聖《にっしょう》と彼土《ひど》往生とが、聖道と浄土の相違点です。それは聖賢の道と、凡夫の道の相違です。それがわからなければ、浄土の教えの真髄が見失われたのと同じです。

「浄土真宗には、今生に本願を信じて、かの土にしてさとりをばひらく」というのが、念仏門の基本的立場と理解されていたのです。このことは、浄土の教えにとって、重要な意味を持っていたように思います。

『教行信証』の「証巻」には、「住正定聚・必至滅度」と言われています。今生では住正定聚、すなわち不退転の位に住し、来生では必ず滅度、すなわちさとりに達するというのが聖人の教えです。現当二益と申しますが、わたしたちの得る利益を、現世と来世の二つにわけるのが浄土真宗の基本的な立場です。それは、信の内容を「機法二種の深信」とすることに密接にむすびついています。

「機の深信」を信の側面とするかぎりは、この世で生死解脱を実現するということはできません。自分が現に「罪悪生死の凡夫」である以上は、さとりに到達したとはいえないのです。しかし「法の深信」が信の他の側面であるならば、本願のはたらきによって浄土に生まれることは定まっているのです。この二つの側面を表現しようとすれば、「住正定聚・必至滅度」ということになるのです。それを別な言葉で言えば、「今生に本願を信じて、かの土にしてさとりをばひらく」ということになるでしょうか。そういうことからすれば、如来回向の信心をよろこぶ身でも、さとりをひらいたとは言えないのです。

しかし、親鸞聖人は、ある場合には、信心の行者を「如来にひとし」とおっしゃっています。それはどういう意味なのでしょうか。たとえば、『御消息』の第十一通にはこう記されています。

信心をえたるひとは、かならず正定聚《しようじようじゆ》の位《くらい》に住するがゆゑに等正覚《とうしようがく》の位と申すなり。『大無量寿経』には、摂取不捨《せつしゆふしや》の利益《りやく》に定まるものを正定聚となづけ、『無量寿如来会』には等正覚と説きたまへり。その名こそかはりたれども、正定聚・等正覚は、ひとつこころ、ひとつ位なり。等正覚と申す位は、補処《ふしよ》の弥勒《みろく》とおなじ位なり。弥勒とおなじく、このたび無上覚《むじようかく》にいたるべきゆゑに、弥勒におなじと説きたまへり。

さて『大経』(下)には、「次如弥勒《しによみろく》」とは申すなり。弥勒はすでに仏にちかくましませば、弥勒仏と諸宗のならひは申すなり。しかれば弥勒におなじ位なれば、正定聚の人は如来にひとしとも申すなり。浄土の真実信心の人は、この身こそあさましき不浄造悪《ふじようぞうあく》の身なれども、心《こころ》はすでに如来とひとしければ、如来とひとしと申すこともあるべしとしらせたまへ。弥勒はすでに無上覚にその心さだまりてあるべきにならせたまふによりて、三会《さんね》のあかつきと申すなり。浄土真実のひとももこのこころをこころうべきなり。

光明寺の和尚《かしよう》の『般舟讃《はんじゆさん》』には、「信心のひとは、その心《しん》すでにつねに浄土に居《こ》す」と釈したまへり。「居す」といふは、浄土に、信心のひとのこころつねにゐたり、といふこころなり。これは弥勒とおなじといふことを申すなり。これは等正覚を弥勒とおなじと申すによりて、信心のひとは如来とひとしと申すこころなり。(七五八頁・五九一頁)

これは「便同弥勒」とか「次如弥勒」、あるいは「諸仏等同」といわれる思想で、聖人の八十三、四歳頃に出てくるものとされています(吉川弘文館・人物叢書、赤松俊秀著『親鸞』三〇九頁)。親鸞聖人が、信心を喜ぶ者は「如来とひとし」と考えておられたことは疑い得ないことです。そのお気持ちは、『浄土和讃』に、「信心よろこぶそのひとを　如来とひとしとときたまふ　大信心は仏性なり　仏性すなはち如来なり」（五七三頁・四八七頁）と明らかにされています。

こういうお考えは、「さとり」ということと結びつかないのでしょうか。「弥勒等同」という聖人の教えが、門弟たちにとって、大きな力になったことは容易に推測できます。しかし、まさにそのゆえに、唯円さんは、浄土の教えが今生にこの身がさとりをひらくというものではないことを明言しなければならなかったのでしょう。その背後にある初期教団の複雑な事情を明らかにするすべはありませんが、そこにいろいろな問題があったことはある程度理解できることです。たとえば、『御消息』の第三十二通にはこう記されています。

また承信房《じょうしんぼう》の、弥勒とひとしと候ふも、ひがごとには候はねども、他力によりて信をえてよろこぶこころは如来とひとしと候ふを、自力なりと候ふらんは、いますこし承信房の御《おん》こころの底のゆきつかぬやうにきこえ候ふこそ、よくよく御案《ごあん》候ふべくや候ふらん。自力のこころにて、わが身は如来とひとしと候ふらんは、まことにあしう候ふべし。他力の信心ゆゑに、浄信房のよろこばせたまひ候ふらんは、なにかは自力にて候ふべき。よくよく御はからひ候ふべし。……（七九四頁・五八〇頁）

これは、親鸞聖人ご在世中から、「弥勒等同」ということをめぐって、門弟たちの間で、論争があったことを示しています。おそらく承信房は、浄信房が「如来とひとし」というのを聞いて、それが自力だと非難したのでしょうが、聖人は信心は他力回向の信心だから、「如来とひとし」といってよろこんでも少しも悪いことではないと言って、承信房をたしなめていらっしゃいます。聖人は、他力回向の信心を喜ぶという立場から「如来とひとし」ということをおっしゃっているのですが、それを浅薄に理解する者が、さとりをひらいたというように受け取るかもしれません。そういう理解に対して、唯円さんは批判しているのです。唯円さんのおかれている状況を考えた上で、その異義批判を聞かなければなりません。

回心

次に第十六条です。ここでは「回心」ということが問題です。この場合の「回心」は、ふつう宗教心理学などで問題になる「回心」ということとは、少し違うことのようです。ここで言う「回心」は、「こころをひるがえす」ということだけをいうのではないようです。たとえば、『歎異抄』の第三条に、「自力のこころをひるがへして」という言葉がありますが、この第十六条のはじめでは、必ずしもそういう意味だけで「回心」という言葉を言っているのではないように思います。

「一　信心の行者、自然《じねん》にはらをもたて、あしざまなることをもをかし、同朋《どうぼう》・同侶《どうりょ》にもあひて口論《こうろん》をもしては、かならず回心《えしん》すべしといふこと。この条《じょう》、断悪修善《だんあくしゅぜん》のここちか。

一向専修《いっこうせんじゅ》のひとにおいては、回心といふこと、ただひとたびあるべし。その回心は、日ごろ本

願他力真宗をしらざるひと、弥陀の智慧《ちえ》をたまはりて、日ごろのこころにては往生かなふべからずとおもひて、もとの心をひきかへて、本願をたのみまゐらするをこそ、回心とは申し候へ。」

（八四八頁・六三七頁）

「信心をよろこぶ者が、つい腹を立てたり、わるいことをしたり、仲間と口論をしたりすることがあったら、必ず回心懺悔をしなければならないということについて、こういうことをいう人は、信心をよろこぶ以上は、悪を断ち切り、善根をおさめることが必要だという考えなのでしょうか。

本願を信じて念仏する人にとっては、回心ということは、ただ一度あるべきことです。その回心ということは、日ごろ、本願他力の教えを知らない人が、阿弥陀仏の智慧を頂いて、日ごろの心のままでは浄土往生はできないと考えて、もとの心ひるがえして、本願をたのみおまかせすることを、回心と申します。」

この初めの方は、日常の心得として、信心をよろこぶほどの者なら、つい腹を立てたりけんかをしたりしたならば、必ず「自分がわるかった」と、反省しなければならないと言い立てる人がいたのでしょうが、そういう者に対して、唯円さんは、そんなことを言うのは、自力修善の徒だと非難をしているのです。ここでの「回心」ということは、それほど重要な意味でいわれているのではなく、せいぜい自分の言動を省みて反省するという程度の意味です。

ところが、その後で唯円さんは、「心をひるがえす」ということは、念仏者にとってはただ一度だと申します。これは、「信一念」ということで親鸞聖人がおっしゃっていることですが、これは、腹を立てたりして反省する場合の回心ということとは、少し違うのではないかと思います。

聖人が「信楽開発の時剋の極促」として「信一念」とおっしゃっている場合は、宗教的な「コンバージョン」と言われる場合のことで、第九条のところで申しましたように、アメリカの心理学者のウイリアム・ジェイムズが『宗教的経験の諸相』で詳しく分析している宗教的な意味での心の転換をいうのです。

唯円さんは、人間にとって、この決定的な意味をもつ回心ということと、日常的な意味で言われる反省ということとを、混同しているように思います。自分自身を反省する場合でも、「こころを入れ替えて」ということもありますが、それはあくまで道徳的なレベルで言われることで、「真人間に生まれ変わる」という場合でも、必ずしも宗教的な全面的な転換をいうわけではないように思います。いままでのルーズな生き方をあらためて、まじめに生きるとか、ふつうの社会人として日常生活に適応するとか、そういう場合にいうことです。その場合でも、根本的に生き方を反省するという意味もふくまれるでしょうが、そこでは、宗教的な次元とのふれあいということは、ふつうはいわれません。

しかし、宗教的な意味で、回心ということが言われる場合は、何らかの意味で、高次の実在というものが問題になるのです。唯円さんが本願他力と言っているものがまさにそれで、その高次の実在に触れて今までの生き方を百八十度転換するということが、宗教的な意味での回心ということです。そういうことは、人間の生活の中で、そう再々起こることではありません。むしろ

「ただひとたびあるべし」と唯円さんが言うのももっともなことです。

　そういう回心と、腹を立てたり、何か悪いことをしたり、仲間と口論をしたりしたときに反省するということとは、異なることではないでしょうか。

「一切の事《じ》に、あしたゆふべに回心して、往生をとげ候ふべくは、ひとのいのちは、出《い》づる息《いき》、入《い》るほどをまたずしてをはることなれば、回心もせず、柔和《にゅうわ》・忍辱《にんにく》のおもひにも住せざらんさきにいのち尽きなば、摂取不捨の誓願《せいがん》はむなしくならせおはしますべきにや。口には願力《がんりき》をたのみたてまつるといひて、こころにはさこそ悪人をたすけんといふ願、不思議にましますといふとも、さすがよからんものをこそたすけたまはんずれとおもふほどに、願力を疑ひ、他力をたのみまゐらするこころかけて、辺地《へんじ》の生《しょう》をうけんこと、もつともなげきおもひたまふべきことなり。」（八四八頁・六三七頁）

　しかし、唯円さんは、道徳的なレベルでいわれることを、そのまま宗教的なレベルにおきかえています。

「あらゆることを朝晩に回心して往生するというのなら、人間のいのちは、ひと呼吸するまにも終わるものですから、回心もせず、やすらかで落ち着いた思いになる前に、命が尽きたならば、阿弥陀仏の摂取不捨の誓願はむなしくなってしまうのでしょうか。口では本願のはたらきにおまかせしますといっても、心のなかでは、悪人を助けようという本願がどれほど不思議であるといってもやはり善人を助けたまうのであろう、と思うから、本願のはたらきを疑い、他力におまかせする心がかけていて、辺地に生まれるということになってしまうのは、もっとも悲しく思うべきことです。」

日常の行為について、一々反省しなければならないというなら、そういつもかも、冷静に正しい態度でいるわけにいきませんから、激しく腹を立てて、その結果脳溢血で倒れるということもあり得るでしょう。そんな場合はどうするのかと、唯円さんは言いたいのでしょうが、回心ということをそういう意味でいうのでしょうか。

唯円さんは、できるだけ善いことをしなければならないという人たちに対して、そういうことをいうのは、本当に本願におまかせしていないのだ、本願におまかせするならば、悪を止められない自分だということがわかると、非常に強く言いたいのではないかという感じがします。

しかし、こういう主張では、門弟たちの指導は十分にはたせなかったのではないでしょうか。

「信心定《さだ》まりなば、往生は弥陀にはからはれまゐらせてすることなれば、わがはからひなるべからず。わろからんにつけても、いよいよ願力を仰ぎまゐらせば、自然《じねん》のことわりにて、柔和《にゅうわ》・忍《にん》辱《にく》のこころも出《い》でくべし。すべてよろずのことにつけて、往生にはかしこきおもひを具《ぐ》せずして、ただほれぼれと弥陀の御恩《ごおん》の深重《じんじゅう》なること、つねはおもひいだしまゐらすべし。しかれば念仏も申され候ふ。これ自然《じねん》なり。わがはからはざるを、自然《じねん》と申すなり。これすなはち他力にてまします。しかるを、自然《じねん》といふことの別にあるやうに、われ物《もの》しりがほにいふ人の候ふよし、うけたまはる、あさましく候ふ。」（八四九頁・六三七頁）

「信心が決定したならば、浄土往生は弥陀如来のはからいによってすることですから、自分のはからいによるのではありません。自分がどれほど悪くても、いっそう本願のはたらきを仰ぎまいらせるならば、自ずから安らかで落ち着いた心も出てくるでしょう。浄土往生については、どんなことについても、こざかしい考えを捨てて、ただ己を忘れて仏さまのご恩の深重なることを、いつもは思い出しなさい。そうすれば、念仏も自ずから申されましょう。自分のはからいを捨てることを自然と申すのです。これが他力ということです。そうだのに、自然ということが別にあるように、自分だけが知っているようにいう人があると聞きましたが、なげかわしいことです。」

ここで唯円さんの言いたいことは「すべてよろづのことにつけて、往生にはかしこきおもひを具せずして、ただほれぼれと弥陀の御恩の深重なること、つねはおもひいだしまゐらすべし。」ということのようですが、これが唯円さんの考える念仏者の日常倫理というものでしょうか。先に第十三条で見た「善きことも悪しきことも業報にさしまかせて、ひとへに本願をたのみまゐらすればこそ他力にては候へ」という唯円さんの言葉とあわせてみるとき、そこに、唯円さんの思い浮かべる信者像というものが出てくるように思います。しかし、それと、晩年の親鸞聖人の生き方はマッチするのでしょうか。

実子善鸞の異義を退け、東国の門弟たちに正しい信心を伝え、本願の真実に生きてその生涯を終わった聖人は、最後まで「愛欲の広海に沈没し、名利の太山に迷惑して、定聚の数に入ることを喜ばず、真証の証に近づくことを快しまざることを、恥づべし傷むべし」（二六六頁・二五一頁）

と、自らを省みてやまない人でした。そして、その反省は同時に、「本願のかたじけなさ」を仰ぐ気持ちに裏打ちされていたと申せましょう。そのダイナミックな心境は、唯円さんのこうした言葉では、十分表現され得ないように思われます。

辺地堕獄の異義

この後、第十七条は、「辺地堕獄の異義」といわれるものに対する批判です。

「一　辺地《へんじ》往生をとぐるひと、つひには地獄におつべしといふこと。この条《じょう》、なにの証文《しょうもん》にみえ候ふぞや。学生《がくしょう》だつるひとのなかに、いひいださるることにて候ふなるこそ、あさましく候へ。経論《きょうろん》・正教《しょうぎょう》をば、いかやうにみなされて候ふらん。

信心かけたる行者は、本願を疑ふによりて、辺地に生じて疑《うたがい》の罪《つみ》をつぐのひてのち、報土《ほうど》のさとりをひらくとこそ、うけたまはり候へ。信心の行者すくなきゆゑに、化土《けど》におほくすすめいれられ候ふを、つひにむなしくなるべしと候ふなるこそ、如来に虚妄《こもう》を申しつけられまゐらせ候ふなれ。」（八四九頁・六三八頁）

「辺地に往生する人は、最後は地獄に堕ちることになるということについて、こんなことは、どこにその証文があるのでしょうか。学者ぶった人たちの中から言い出されたということですが、なげかわしいことです。経典や聖教をどのようにみていらっしゃるのでしょうか。

信心がかけている念仏行者は、本願を疑っているから、辺地に生まれて、疑いのつみを償って後に、浄土に生まれ、悟りをひらくと、お聞きしています。信心をよろこぶ行者が少ないから、方便化土に多くの人を生まれさせていらっしゃるのを、それが最後には無意味になるというのは、仏さまが嘘をいっていらっしゃると、押しつけることになりましょう。」

この問題は、『教行信証』の「方便化身土巻」に関係することで、聖人は、同じく法然上人の教えを聞きながら、「信心決定」に至らない者のことを常にお考えになり、それは他力の中の自力の者で、第十九願の機、第二十願の機として、いずれは如来によって摂取されると見ておられたのではないかと思われます。この条は、そういう聖人の思いを反映しているのではないでしょうか。

施量別報の異義

次の第十八条は、「施量別報の異義」といわれるものについての批判です。

「一　仏法《ぶっぽう》の方《かた》に、施入物《せにゅうもつ》の多少にしたがつて大小仏《だいしょうぶつ》になるべしといふこと。この条《じょう》、不可説なり、不可説なり。比興《ひきょう》のことなり。

まづ、仏に大小の分量を定めんこと、あるべからず候ふか。かの安養浄土《あんにょうじょうど》の教主《きょうしゅ》の御《ご》身量《しんりょう》を説かれて候ふも、それは方便報身《ほうべんほうじん》のかたちなり。法性《ほっしょう》のさとりをひらいて、長短《ちょうたん》・方円《ほうえん》のかたちにもあらず、青《しょう》・黄《おう》・赤《しゃく》・白《びゃく》・黒《こく》のいろをもはなれなば、なにをもつてか大小を定むべきや。」

（八五〇頁・六三八頁）

「寺院などに布施として寄進する物の多い少ないによって、大小の仏になるということについて、こんなことは、言語道断、とんでもないことです。

まず、仏さまについて、大小というような分量をきめることは、あってはならないことです。経典に阿弥陀さまの体の大きさが説かれていますが、それは、方便として示された姿です。真実のさとりをひらいて、長短、方円のかたちもとらず、青・黄・赤・白・黒の色もはなれたならば、何によって大小をきめることができましょうか。」

「念仏申すに、化仏《けぶつ》をみたてまつるといふことの候ふなるこそ、「大念《だいねん》には大仏《だいぶつ》を見、小念《しょうねん》には小仏《しょうぶつ》を見る」といへるが、もしこのことわりなんどにばし、ひきかけられ候ふやらん。かつはまた、檀波羅蜜《だんぱらみつ》の行《ぎょう》ともいひつべし、いかに宝物《たからもの》を仏前《ぶつぜん》にもなげ、師匠《ししょう》にも施《ほどこ》すとも、信心かけなば、その詮なし。一紙《いっし》・半銭《はんせん》も仏法の方《かた》に入れずとも、他力にこころをなげて信心ふかくは、それこそ願の本意《ほんい》にて候はめ。すべて仏法にことをよせて、世間《せけん》の欲心《よくしん》もあるゆゑに、同朋《どうぼう》をいひおどさるるにや。」（八五〇頁・六三八頁）

「念仏申すと、仏さまの姿を拝見するということがあるようですが、それについて、経典に、「大念には大仏を見、小念には小仏を見る」と記されていますが、このことなどにひきかけて、大小仏になるなどというのでしょうか。また、寄進は布施の行とも言えるのですが、どんなに宝物を仏前にささげ、師匠にさしあげても、信心がかけているなら、そのかいはありません。一枚の紙や少しの財も寄進しなくても、本願におまかせして信心を深くよろこぶならば、それこそ本願の趣旨にかなうことでしょう。こういうことをいうのは、すべて仏の教えにことよせて、世間の欲望もあって、なかまをおどされるのでしょうか。」

この条は、今日では、あまり問題にするにたりないことのようですが、こうした考えに近いことは、いつの時代にもあるようです。たとえば、蓮如上人の『御文章』の一帖十一には、

これについてちかごろは、この方の念仏者の坊主たち、仏法の次第もつてのほか相違す。そのゆゑは、門徒のかたよりものをとるをよき弟子といひ、これを信心のひとといへり。これおほきなるあやまりなり。また弟子は坊主にものをだにおほくまゐらせば、わがちからかなはずとも、坊主のちからにてたすかるべきやうにおもへり。これもあやまりなり。かくのごとく坊主と門徒のあひだにおいて、さらに当流の信心のこころえの分はひとつもなし。まことにあさましや。……（一一〇〇頁・七七二頁）

と記されています。

内容は少し違うようですが、寄進によって利益を得ようとする心情は同じと言えましょう。唯円さんも、蓮如上人も、そんなことより信心が肝要とおっしゃっています。

こういうことについても、聖人の教えを伝えるについて、指導者の苦労がいろいろあったのでしょう。

第十五講　「後序」について

本願力回向の信心

以上、『歎異抄』の各条について見てまいりましたが、親鸞聖人の「語録」十条と、編者の「歎異の文」八条の後に、ふつう「後序」と申しておりますが、おそらく唯円さんの書いたと思われる後書きが記されています。なかなか心の込められた文章で、編者の気持ちがよく表れているものです。まず、第一節です。

「右条《みぎじょうじょう》々は、みなもつて信心の異なるよりことおこり候ふか。故《こ》聖人《しょうにん》の御物語《おんものがたり》に、法然聖人の御《おん》とき、御弟子そのかずおはしけるなかに、おなじく御《ご》信心《しんじん》のひともすくなくおはしけるにこそ、親鸞、御同朋《おんどうぼう》の御《おん》なかにして御《ご》相論《そうろん》のこと候ひけり。そのゆゑは、「善信《ぜんしん》が信心も聖人のご信心も一つなり」と仰せの候ひければ、勢観房《せいかんぼう》・念仏房《ねんぶつぼう》なんどと申す御同朋達、もつてのほかにあらそひたまひて、「いかでか聖人の御信心に善信房の信心、一つにはあるべきぞ」と候ひければ、「聖人の御智慧《おんちえ》・才覚《さいかく》ひろくおはしますに、一つならんと申さばこそひがごとならめ。往生の信心においては、まつたく異なることなし、ただ一つなり」と御返答《ごへんとう》ありけれども、なほ「いかでかその義《ぎ》あらん」といふ疑難《ぎなん》ありければ、詮ずるところ、聖人の御《おん》まへにて自他《じた》の是非《ぜひ》を定むべきにて、その子細《しさい》を申しあげければ、法然聖人の仰《おお》せには、「源空《げんくう》が信心も、如来よりたまはりたる信心なり、善信房の信心も、如来よりたまはらせたまひたる信心なり。されば、ただ一つなり。別の信心にておはしまさんひとは、源空がまゐらんずる浄土へは、よもまゐらせたまひ候はじ」と仰せ候ひしかば、当時の一向専修《いっこうせんじゅ》のひとびとのなかにも、親鸞の御信心《ごしんじん》に一つならぬ御《おん》ことも候ふらんとおぼえ候ふ。」（八五一頁・六三九頁）

「以上、異義と考えられる八条をあげてそれに対する批判を述べましたが、こういう異義は、みな〈信心〉ということがわかっていないことから起こるのでしょうか」。こう言って、唯円さんは親鸞聖人のおっしゃった物語を紹介しています。それについては、すでに第七講で申しましたので繰り返しませんが、「如来よりたまはりたる信心」ということが、法然上人のいらっしゃったころから、お弟子たちにも、十分理解されなかったと、親鸞聖人も唯円さんも考えていたようです。このことから、「本願力回向の信心」ということが、法然上人から受け伝えられた親鸞聖人の教えの中心であるということと、またそれが法然上人のお弟子たちにも親鸞聖人のお弟子たちにも、必ずしも十分に受け取られなかったということとが、よくわかるのではないでしょうか。

ここでの眼目は、「源空（法然上人）の信心も、如来さまからいただいた信心である。善信房

（親鸞聖人）の信心も、如来さまからいただかれた信心である。だから唯一つだ。別の信心でいらっしゃる人は、源空のおまいりする浄土へは、まさかおまいりになりますまい」という法然上人のお言葉にあります。この「如来よりたまはりたる信心」ということこそ、法然上人と親鸞聖人の教えの共通の核心であったのです。

親鸞聖人が亡くなって、異義がはびこるなかで、唯円さんは、「なくなく筆を染めて」この『歎異抄』を記したと書いていらっしゃいますが、その願いの中心は、聖人のおっしゃった「本願力回向の信心」を明らかにしたいというお気持ちではなかったでしょうか。唯円さんのお考えには、すでに指摘しましたように、いくつか問題点はありますが、聖人がお教えになった「如来回向の信心」を明らかにしたいという点では、いささかの曇りもないと言ってよいように思います。

大切の証文

「いづれもいづれも繰《く》り言《ごと》にて候へども、書きつけ候ふなり。露命《ろめい》わずかに枯草《こそう》の身《み》にかかりて候ふほどにこそ、あひともなはしめたまふひとびとの御不審《ごふしん》をもうけたまはり、聖人の仰せの候ひし趣《おもむき》をも申しきかせまゐらせ候へども、閉眼《へいがん》ののちは、さこそしどけなきことどもにて候はんずらめと、歎《なげ》き存じ候ひて、かくのごとくの義《ぎ》ども、仰せられあひ候ふひとびとにも、いひまよはされなんどせらるることの候はんときは、故聖人の御《おん》こころにあひかなひて御《おん》もちゐ候ふ御聖《おんしょう》教《ぎょう》どもを、よくよく御覧《ごらん》候ふべし。おほよそ聖教には、真実《しんじつ》・権仮《ごんけ》ともにあひまじはり候ふなり。

権《ごん》をすてて実《じつ》をとり、仮《け》をさしおきて真《しん》をもちゐるこそ、聖人の御本意《ごほんい》にて候へ。かまへてかまへて、聖教をみ、みだらせたまふまじく候ふ。大切《たいせつ》の証文《しょうもん》ども、少々《しょうしょう》ぬきいでまゐらせ候うて、目《め》やすにしてこの書《しょ》に添《そ》へまゐらせて候ふなり。」（八五二頁・六三九頁）

ここの文章には、少し文意が通らないところがあるので、錯簡があると考え、つぎのように順序を変更すべきであるとする説（佐藤正英著『歎異抄論註』）があります。それによれば、このような文章になります。

「かくのごとくの義ども、仰せられあひ候ふひとびとにも、いひまよはされなんどせらるることの候はんときは、故聖人の御こころにあひかなひて御もちゐ候ふ御聖教どもを、よくよく御覧候ふべし。おほよそ聖教には、真実・権仮ともにあひまじはり候ふなり。権をすてて実をとり、仮をさしおきて真をもちゐるこそ、聖人の御本意にて候へ。かまへてかまへて、聖教をみ、みだらせたまふまじく候ふ。

いづれもいづれも繰り言にて候へども、書きつけ候ふなり。露命わずかに枯草の身にかかりて候ふほどにこそ、あひともなはしめたまふひとびとの御不審をもうけたまはり、聖人の仰せの候ひし趣をも申しきかせまゐらせ候へども、閉眼ののちは、さこそしどけなきことどもにて候はんずらめと、歎き存じ候ひて、大切の証文ども、少々ぬきいでまゐらせ候うて、目やすにしてこの書に添へまゐらせて候ふなり。」

この方がたしかに文意はよく通ると思われますので、これに従って理解します。

「このような異義を言い立てる人々の言葉にまどわされそうになったときには、親鸞聖人のお心にかなって用いられた聖教をよくよくご覧ください。聖教には、真実のものと仮のものとがまじりあっています。仮のものをさしおいて、真実の教えをとることが聖人のご本意です。よくよく注意して、聖教を読み誤ってはなりません。

どれもこれも、おなじことの繰り返しですが、書いておきました。露のようにはかない命が、枯れ草のようなこの身に残っているうちは、一緒にいる人たちの疑問も聞き、聖人のおっしゃったことを、お話もしましょうが、私が死んだ後は、さぞすじの通らないことになるだろうと歎かわしく思って、大切な証文を少し抜き出して、箇条書きにしてこの書に添えました。」

この「大切の証文」が何を指すかについて、諸説がありますが、私は、第一条から第十条の聖人の語録と考えたいと思います。その理由は、語録の部分に、他の著作にはみられない、親鸞聖人の直接のご教示が、生き生きと記されているからです。おそらく唯円さんは、耳底に残る聖人のお言葉を、なんとかして書き留めたい、そしてそれを、異義を退ける根拠としたい、と思ったのでしょう。そしてそれに値するものを、それらの言葉は持っていたと考えられます。『歎異抄』が現代においても、尊重される所以《ゆえん》です。

親鸞一人がためなりけり

「聖人のつねの仰《おお》せには、「弥陀の五劫《ごこう》思惟《しゆい》の願《がん》をよくよく案《あん》ずれば、ひとへに親鸞一人《いちにん》がためなりけり。されば、それほどの業《ごう》をもちける身《み》にてありけるを、たすけんとおぼしめしたちける本願のかたじけなさよ」と御述懐《ごじゅっかい》候ひしことを、いままた案ずるに、善導《ぜんどう》の「自身《じしん》はこれ現《げん》に罪《ざい》悪生死《あくしょうじ》の凡夫《ぼんぶ》、曠劫《こうごう》よりこのかた、つねにしづみ、つねに流転《るてん》して、出離《しゅつり》の縁《えん》あることなき身としれ」といふ金言《きんげん》に、すこしもたがはせおはしまさず。さればかたじけなく、わが御身《おんみ》にひきかけて、われらが身の罪悪のふかきほどをもしらず、如来の御恩《ごおん》のたかきことをもしらずして迷《まよ》へるを、おもひしらせんがためにて候ひけり。」（八五三頁・六四〇頁）

「親鸞聖人がつねにおっしゃっていた「阿弥陀さまが五劫もの間、思案なされた本願をよくよく考えてみると、それはただこの親鸞一人のためであった。それほどの業をもつ身であるのに、助けようと思い立ってくださった本願のもったいないことよ」と言うお言葉を、今考えてみると、善導大師の深心釈の「機の深信」、すなわち「自分は現に、罪悪をかかえて生死の世界にまよっている凡夫であり、はかりしれないむかしから今に至るまで、つねにこの迷いの海に沈み、つねに流転して、そこから離れる縁がない身と知れ」と言う言葉と、少しも相違していません。そうすると、もったいないことに、聖人は自分の身に引き寄せて、私たちが罪の深いことも知らず、如来のご恩の高いことも知らずに、迷っているのを、知らせるためにそうおっしゃっていたのです。」

唯円さんが、聖人のつねの仰せと言っている「弥陀の五劫思惟の願をよくよく案ずれば、ひとへに親鸞一人がためなりけり。されば、それほどの業をもちける身にてありけるを、たすけんとおぼしめしたちける本願のかたじけなさよ」という言葉は、ここに引かれている「機の深信」ではなくて、むしろ「法の深信」、すなわち「かの阿弥陀仏の四十八願は衆生を摂受して、疑なく慮りなくかの願力に乗じて、さだめて往生を得」という言葉に対応するように思われますが、「機の深信」と「法の深信」が一具だということを含めて、唯円さんはこう言っているのでしょうか。いずれにしても、出離の縁がない罪悪生死の凡夫である自分が、本願によって救済されるということが、浄土の教えの核心であることはいうまでもありません。唯円さんは、聖人が、「わが身にひきかけて」と言っていますが、聖人のお気持ちとしては、そういう弟子たちに「おもひしらせんがため」ということではなくて、本願の教えを自分ひとりのこととして受け取っておられたのではないでしょうか。そこに、今日の言葉でいう聖人の教えの実存性というか、現代の人間にも切実に響く理由があると思います。

「まことに如来の御恩《ごおん》といふことをば沙汰《さた》なくして、われもひとも、よしあしといふことをのみ申しあへり。聖人の仰《おお》せには、「善悪のふたつ、総《そう》じてもつて存知《ぞんじ》せざるなり。そのゆゑは、如来の御《おん》こころに善《よ》しとおぼしめすほどにしりとほしたらばこそ、善《よ》きをしりたるにてもあらめ、如来の悪《あ》しとおぼしめすほどにしりとほしたらばこそ、悪《あ》しさをしりたるにてもあらめど、煩悩具足の凡夫、火《か》宅無《たくむ》常《じょう》の世界は、よろづのこと、みなもつてそらごとたはごと、まことあることなきに、ただ念仏のみぞまことにておはします」とこそ仰せは候ひしか。」（八五三頁・六四〇頁）

「ほんとうに、如来のご恩ということを問題にしないで、私たちは、善悪ということばかり言いあっています。聖人は、「善悪ということは、私にはわからない。どうしてかと言えば、如来のお心に善いとお考えになるほど知りつくしたならば、善いということを知ったということになろうし、如来が悪いとお考えになるほどに知り尽くしたならば、悪いということを知ったということになるであろうからである。しかし、私たちは煩悩をそなえた凡夫であり、この世は火宅無常の世であるから、すべてのことは、みなうそいつわりで、まことはないが、ただ念仏だけが真実である」とおっしゃっていました。」

ここの文章も、聖人の仰せとして言っていることで、「善悪のふたつ、総じてもつて存知せざるなり」ということと、「念仏のみぞまことにておはします」ということとが、文意の上で、すんなりと結びつかないので、二つの文章を別々に考えた方がよいようにも思います。

そして、とくにこの後半の文章には、聖徳太子の言葉と伝えられる「世間虚仮、唯仏是真」と相応じて、凡夫である自己も、無常の世界も、すべてうそいつわりであって、まことといえるのは、如来から回向された念仏だけである、という聖人の徹底した現世否定と高次の宗教的世界の肯定の言葉が記されています。それは、聖徳太子と親鸞聖人によってはじめて自覚にのぼされたすぐれた仏教理解の表現であり、日本人がついに到達し得た最も深い宗教的自覚であったと申せましょう。

仏教が、善悪という道徳のレベルを超える本当の宗教性をそなえているということは、仏教が伝来した後も、容易に理解されなかったことです。「念仏のみぞまこと」という言葉は、善因楽果・悪因苦果という因果の関係を超えて、他力・本願力の救済のはたらきを身をもって確証された親鸞聖人にしてはじめて明言し得た言葉であったのです。

「まことに、われもひともそらごとをのみ申しあひ候ふなかに、ひとついたましきことの候ふなり。そのゆゑは、念仏申すについて、信心の趣《おもむき》をもたがひに問答《もんどう》し、ひとにもいひきかするとき、ひとの口《くち》をふさぎ、相論《そうろん》をたたんがために、まったく仰せにてはなきことをも仰せとのみ申すこと、あさましく歎《なげ》き存じ候ふなり。このむねをよくよくおもひとき、こころえらるべきことに候ふ。これさらにわたくしのことばにあらずといへども、経釈《きょうしゃく》の往《ゆ》く路《じ》もしらず、法文《ほうもん》の浅深《せんじん》をこころえわけたることも候はねば、さだめてをかしきことにてこそ候はめども、古《こ》親鸞の仰せごと候ひし趣《おもむき》、百分が一つ、かたはしばかりをもおもひいでまゐらせて、書きつけ候ふなり。かなしきかなや、さひはひに念仏しながら、直《じき》に報土《ほうど》に生《うま》れずして、辺地《へんじ》に宿《やど》をとらんこと。一室《いっしつ》の行者《ぎょうじゃ》のなかに、信心異なることなからんために、なくなく筆《ふで》を染《そ》めてこれをしるす。なづけて『歎異抄』といふべし。外見《がいけん》あるべからず。」（八五四頁・六四一頁）

「ほんとうに、私たちは、むなしいことばかり言いあっていますが、ひとつ心のいたむことがあります。それは、念仏を申すについて、お互いに信心の在り方を論じ、ひとにも言いきかせるとき、相手の口をふさぎ、議論を断ち切るために、聖人のおっしゃったことではないことをも聖人の仰せと言うことは、なげかわしいことです。このことは、よくよく考え、心得るべきことです。

以上のようなことは、私ひとりの勝手な言葉ではありませんが、経典や釈義の道理も知らず、教えの浅い深いも十分に心得ているわけでもありませんから、きっと変なことでしょうが、親鸞聖人のおっしゃったことの百分の一ほど、ほんの少しを思い出し書き記しました。幸いにも念仏しながら、ただちに報土に生まれないで、辺地にとどまることは、かなしいことです。同じ念仏の教えを受けた者の中に、信心が異なることがないように、泣く泣く筆をとってこれを書きました。『歎異抄』と申します。同門の人以外にはみせないでください。」

ここには、直接聖人の教えを聞いた直弟子の歎きが記されています。日本人の共通の傾向として、権威にたよるということがあります。自分の主張を通すために、門弟たちのうちにも、師説でもないのに師説だと言うということがあったのでしょう。唯円さんには、それが堪えられなかったと考えられます。そこで、聖人のお言葉を思い出してここに書いたのだというのです。唯円さんの苦衷というものがうかがわれます。

流罪記録

これで『歎異抄』は終わりますが、この後、蓮如上人書写本には、「流罪記録」といわれる次の文と、蓮如上人の奥書とが記載されています。

「後鳥羽院《ごとばいん》の御宇《ぎょう》、法然聖人、他力本願念仏宗を興行《こうぎょう》す。ときに、興福寺の僧侶《そうりょ》、敵奏《てきそう》のうへ、御弟子《おんでし》のうち、狼藉子細《ろうぜきしさい》あるよし、無実《むじつ》の風聞《ふうぶん》によりて罪科《ざいか》の処《しょ》せらるる人数《にんじゅ》のこと。

一　法然聖人ならびに御弟子《おんでし》七人《しちにん》、流罪《るざい》。また御弟子《おんでし》四人《しにん》、死罪《しざい》におこなはるるなり。聖人は土《と》佐国《さのくに》幡多《はた》といふ所《ところ》へ流罪《るざい》、罪名《ざいめい》、藤井《ふじい》元彦男《もとひこおとこ》 云々《うんぬん》、生年《しようねん》七十六歳なり。
親鸞は越後国《えちごのくに》、罪名《ざいめい》、藤井《ふじい》善信《よしざね》云々《うんぬん》、生年《しようねん》三十五歳なり。
浄聞房《じようもんぼう》　備後国《びんごのくに》　澄西禅光房《ちようさいぜんこうぼう》　伯耆国《ほうきのくに》　好覚房《こうかくぼう》　伊豆国《いずのくに》　行空法本房《ぎようくうほうほんぼう》　佐渡国《さどのくに》
幸西成覚房《こうさいじようかくぼう》・善恵房《ぜんえぼう》二人、同遠流《どうおんる》に定《さだ》まる。しかるに無動寺《むどうじ》の善題大僧正《ぜんだいだいそうじよう》、これを申しあづかると云々《うんぬん》。遠流《おんる》の人々、以上八人なりと云々《うんぬん》。
死罪《しざい》に行はるる人々
一番　西意《さいい》善綽房《ぜんしやくぼう》
二番　性願房《しようがんぼう》
三番　住蓮房《じゆうれんぼう》
四番　安楽房《あんらくぼう》
二位《にい》法印尊長《のほういんそんちよう》の沙汰《さた》なり。

親鸞、僧儀《そうぎ》を改《あらた》めて、俗名《ぞくみよう》を賜《たま》ふ。よつて僧《そう》にあらず俗《ぞく》にあらず、しかるあひだ、禿《とく》の字《じ》をもつて姓《しよう》となして、奏聞《そうもん》を経《へ》られをはんぬ。かの御申《おんもう》し状《じよう》、いまに外記庁《げきのちよう》に納まると云々《うんぬん》。流罪《るざい》以後、愚禿《ぐとく》親鸞と書かしめたまふなり。

右この聖教《しようぎよう》は、当流大事《とうりようだいじ》の聖教となすなり。無宿善《むしゆくぜん》の機《き》においては、左右《さう》なく、これを許すべからざるものなり。

釈蓮如（花押）」

（八五五頁・六四一頁）

この文章は、『教行信証』「後序」の記録とあいまって、「念仏停止」という政治的弾圧に対する親鸞聖人の激しい怒りを表し、またその不当性を指摘するものと言えましょう。とくに最後の「僧にあらず俗にあらず」という言葉は、聖人自らが念仏者の社会的位置を示そうとされるものとして、重要な意味をもつものです。

それから、蓮如上人の「奥書」は、『歎異抄』が教団の禁書であったと主張する人たちの根拠となる文章ですが、それは「無宿善の機」という言葉が理解できないところからくる誤解で、蓮如上人は、

信もなくて大事《だいじ》の聖教《しょうぎょう》を所持《しょじ》の人は、をさなきものに剣《つるぎ》を持たせ候ふやうに思《おぼ》し召《め》し候ふ。そのゆゑは、剣《つるぎ》は重宝《ちょうほう》なれども、をさなきもの持ち候へば、手を切り怪我《けが》をするなり。持ちてよく候ふ人は重宝になるなりと云々。（一三二四頁・九〇八頁）

とおっしゃっています。この場合も、上人の言葉は、「信心決定」ということと結びつけて理解すべきことで、「宿善も遅速あり。されば已・今・当の往生あり。弥陀の光明にあひて、はやく開くる人もあり、遅く開くる人もあり。とにかくに、信・不信ともに仏法を心に入れて聴聞申すべきなりと云々」（一三三二頁・九一三頁）という言葉とも照合して、理解すべきであると思います。

そして、蓮如上人が、わざわざ「奥書」で、こういうことを記されたのは、やはり、唯円さんの主張に含まれるある傾向を、察知しておられたからではないかとも考えられます。いずれにしても、『歎異抄』は、初めに申しましたように、親鸞聖人の他の著作とよく照合して読まなければならない書物です。

私と『歎異抄』との出会い

最後に、私と『歎異抄』との出会いということを、少し申し述べたいと思います。

私も、年齢からだいたいおわかりになりますように、戦争中、戦争が終わったのが昭和二十年ですから、今から五十年以上前になりますが、広島県の江田島というところに海軍の学校がありまして、そこにおりました。

その時分はそういう時代でしたので、別に軍国主義とかそんな気持ちはなかったのです。国全体が戦争でした。十六、七歳でしたかね。で、これはやはり戦争に行くんだから、いずれ戦死せねばならないので、軍隊というのは、それについてどういう教育をするのだろうかという、そのことに非常に興味がありました。興味と言いますか、死ぬときの覚悟をどういうふうに学生たちに教えるのだろうかと。まあまだその時分は私は子供でしたが、子供ながらにそういう思いがありました。

精神教育というのがありまして、精神教育で何をするかというと、これは当時の軍人勅諭、「一つ、軍人は忠節を尽くすを本分とすべし」。まだ覚えておりますけれども、軍人勅諭を教官が説明する。率直な気持ちとしては、これでは死ねんなあという気がしましたですね。「一つ、軍人は忠節を尽くすを本分とすべし。一つ、軍人は礼儀を正しくすべし」、そういうことではたして戦場へ行って戦えるんだろうかなあという、そういう感じがしました。

ところが四月にその学校に入って、八月に戦争が終わりました。八月に広島に原子爆弾が落ちました。広島というのはそんなに江田島から遠くないんです。そのときは江田島で防空壕を掘っていました。江田島の周囲におりました日本の軍艦が、アメリカの艦載機に攻撃されて、どんどん沈んでいくわけです。学校も、爆撃が激しくなるというので、山へ防空壕を掘りに行った。防空壕を掘っている最中に、爆風がパッと来たんです。それでみなびっくりして外へ出ると、ピンク色の雲がもくもくと上がっていた。そのときは原子爆弾ということを知りませんですから、どこか火薬庫が爆発したのかというふうに思っておりました。それでまもなく戦争が終わった。戦争が終わって学校が廃校になりまして、無蓋の貨車に乗って、広島からみな帰るわけです。

そのときの広島というのは、本当に満目荒涼の瓦礫の山になっていました。なにもない。辛うじて鉄道が通っておりまして、みな貨車に乗って郷里へ帰りました。今は立派な建物がたくさん建っておりますが、そのときは満目荒涼たる広島の町。それから自分の心のなかと申しますか、それまでは目的があって、戦争に勝つとか戦うとかですね、日本の国は神の国だから必ず最後は勝つと、そう信じていたわけですから、それが一挙に崩壊してしまって、それでなんの支えもない。それが重なって、何をしていいかわからない。どう生きていいかわからない、という、そういう気持ちだったのです。そのときに、初めて私は親鸞聖人の教えに触れたと申しますか、出遇ったわけです。すぐに深くわかったわけではありませんが……。

私の父も学校の教員をしていたのが、たまたま聖人の教えを聞いて、途中で僧侶になって、寺へ入り布教をしていました。私が海軍に行くまでは、ひとこともそんなことを言わなかったですけれども、帰ってから初めて父のお説教と申しますか、法話を聞きました。浄土真宗では永代経や報恩講の法要がありますから、その法要に参加しまして、そこで初めて親鸞聖人の教えというものを、学校でそんなことは聞いたことはありませんから、そこで初めて聞いたのです。

その教えの中身は「煩悩具足の凡夫、火宅無常の世界は、よろづのこと、みなもつてそらごとたはごと、まことあることなきに、ただ念仏のみぞまことにておはします」と、そういう言葉。これは『歎異抄』の最後のところにあります。「火宅無常の世界」、この世界も、それから「煩悩具足の凡夫」、人間も、環境世界も「よろづのこと、そらごとたはごと」、一切のことにはまことというものは一つもないという、それはもう自分が直接経験しているわけですから、今まではこれが自分の人生の目的で、学校を出て海軍の軍人になってと思っていたのに、ガラッとひっくりかえってしまったわけですから、そういう自分の直接の経験と結び付いて、生きた言葉として迫ってきたわけです。

そしてそのあとに「念仏のみぞまこと」、なぜ念仏がまことなのか、そういうことはまだわからない。ただ、よろずのこと、一切のことにはまことはないということは、これはもう痛切にわかりました。そこから「念仏のみぞまこと」ということはどういうことか、ということを徐々に聞かせていただくようになったのです。

今は非常に豊かな時代ですけども、この現実の世界の実相《じっそう》というものは、そのころと、そんなに変わっていないと思います。「火宅無常の世界」「煩悩具足の凡夫」、どこか変わっておりますか。「火宅無常」というのは仏典にある譬えです。私たちの住んでいる世界は、周囲が火事で燃えている家の中で遊んでいるようなものだという。火宅、火の宅と書きますね。無常というのは常なるものは一つもないという。「火宅無常の世界」、環境も世界もすべて常なるものは一つもないと。それから「煩悩具足の凡夫」、私は煩悩具足の凡夫だ。まことの心は一つもない凡夫だということ、これも変わっていないですね。それが現実の実相というものです。

仏教というのは、そういうことだと決めつけていうのではありません。『歎異抄』の中では善悪の問題との関連でおっしゃっておりますけれども、「火宅無常の世界」「煩悩具足の凡夫」、世界と人間ですね、それが「よろずのこと、そらごと、たわごと、まことあることない」。一切は虚偽だというのです。それが実相ではないかというのです。

そのあと、「念仏のみぞまことにておはします」というのはどういうことでしょうか。これは、呼びかけです。念仏というのは、まあ名号と言ってもいいわけです。親鸞聖人は念仏という言葉も、名号という言葉も一緒に使っていらっしゃいます。名号というのは仏さまからの呼びかけです。名号というものを通して初めて私たちが生死を超え出る世界へ入って行ける。その呼びかけは、私のほうが何とかしよう、何とかしてほしいということじゃない。あなたのほうからの呼びかけです。それを真理とか永遠とか、そういうきれいな言葉で言えばわかりやすいでしょうけれども、そういうことでは人間というのは決して救われない。南無阿弥陀仏という非常に具体的な言葉、その名号のはたらきによって初めて私たちはこの「火宅無常の世界」「煩悩具足の凡夫」ということから離れられる。それは自分の力によってではない、仏さまのはたらきによるのだと、親鸞聖人は、南無阿弥陀仏の「南無」という言葉を「本願招喚の勅命」だとおっしゃったのです。

浄土門の人たちはたくさんいらっしゃいますが、「本願招喚の勅命」ということをおっしゃったのは親鸞聖人だけです。本願、仏さまの願から発した私たちを招き呼ぶ声、「来いよ、来たれ」という、その勅命が南無阿弥陀仏です。南無という言葉で始まっておりますけれど、中身は仏さまからの呼びかけなのです。その呼びかけに私たちが信順する、その信順ということが信心ということです。信順というのは、こういう条件をつけたりあいう条件をつけたりするのではない。すべてを任せるということです。

そういう信の世界を教えられたのが親鸞聖人の教えです。『歎異抄』という書物も、それを言おうとするものにほかならないのです。そういうことを、『歎異抄』を読んで、本当に学んでいただきたいと思います。

甲斐和里子さん

最後に足利義山先生のお歌を紹介して終わりたいと思います。これは、ご息女の甲斐和里子さんの「花鳥風月はただの歌人でも上手に詠みますが、釈教の御歌は釈教の信者ならでは詠みえませぬ。殊に他力往生の奥深いところにいたっては、一字まちがっても相ならぬゆゑ、誰も軽々しくは発表いたしかねますのですが、これこそお父さんには「以《も》て来《こ》い」のよい御報謝業でございますぞ。お慰みとしては花や月もよろしいが、最後の御報謝として、釈教即ち御法義《ごほうぎ》の御歌を専門にお詠みおきください」というおすすめに従って詠まれたものです。ここには、浄土真宗の教えのすべてがこめられているように思います。

「はかりなき　命のほとけましまして　われをたのめと　よびたまふなり」

それから、和里子さんが、

「ともしびを　高くかかげて　わがまへを　行く人のあり　さよ中の道」

という歌を作られたとき、「お父さん、こんなことが心にうかびましたが、ただ人と申したのみでは、御開山《ごかいさん》さまの御こととはっきりいたしませんから、「法の御親《みおや》」とか何とか御開山さまに相違ないとはっきりわかるようなことばを考えだしてください」とおっしゃったところが、「いやそのままでよろしい、方角がわからず迷いあるいている衆生の前に灯を高くかかげて心配せずについて来いよと道しるべしてくださるお人は親鸞聖人さまにきまっているが、人に問われるような場合があったら親鸞聖人さまの御恩を偲びまつりてと詞題をそえたらよかろう、南無阿弥陀仏、南無阿弥陀仏」とおっしゃったと、『草かご』（甲斐和里子著、百華苑刊）には記されています。

これが、聖人のみ後を慕う者の共通の気持ちであると申してよいかと思います。

あとがき

平成十三年四月から二年間、ご住職の浅田純雄さんのおすすめで、京都鞍馬口の明光寺の『歎異抄講座』に参加させていただきました。この本は、そのときのお話の記録です。

この講座は、長い伝統をもつもので、ご門徒さんたちとともに、多くの学生さんたちの参加もあって、たくさんの人たちに親鸞聖人の教えを伝える役を果たしました。

今回は、私が京都女子大学に勤めていましたときの宗教部の人たちもみえていて、大変なつかしいことでした。若い頃は何もお伝えできなくて、今になって恥ずかしい次第ですが、このたびは少しは自分の考えも言えるようになったかと思います。

法藏館が本にしてくださったのですが、かなり専門的なこともお話していたようです。多少は加筆しましたが、大体講座で話した通りです。

私の願いは、聖人の教えを聞く人が、聖人と同じ信心をよろこぶようになればいいということだけで、それ以外にはありません。

武内義範先生の著作集の編集をしていて、武内先生がどんなに親鸞聖人のことを大切に考えていらっしゃったかを強く感じました。先生の思いに応えるためにも、私も親鸞聖人の教えを少しでもわかりやすいようにする努力をしなければならないと考えます。
この本もそのための一助となればいいのですが。

平成十五年七月

石田慶和

石田慶和（いしだ　よしかず）
1928年京都府生まれ。京都大学文学部哲学科（宗教学専攻）卒。
現在、文学博士、仁愛大学学長、龍谷大学名誉教授。
著書に『信楽の論理』『親鸞の思想』『宗教と科学・ニヒリズム』（法藏館）、『念仏の信心――今なぜ浄土真宗か』『浄土の慈悲』（本願寺出版社）など。

歎異抄講話

二〇〇三年八月一日　初版第一刷発行

著　者　石田慶和
発行者　西村七兵衛
発行所　株式会社　法藏館
京都市下京区正面通烏丸東入
郵便番号　六〇〇-八一五三
電話　〇七五-三四三-〇〇三〇（編集）
〇七五-三四三-五六五六（営業）

印刷・製本　日本写真印刷株式会社

ISBN4-8318-3823-3 C 0015